鼎鍾文集

張鼎鍾　著

獻　給

支持和愛護我的家人：

源泉

鼎鈺、剛劍

美孫、敏孫、炳孫、思華

孝誠、孝恆

自　序

　　一轉眼，想不到我也進入「七十古來稀」的境界。為了對自己以前所做所為有所交代，退休後開始整理檔案，備遵規定送國史館存查，發現有許多以往的作品沒有被收錄在以前出版的：《圖書館與資訊》、《圖書館學與資訊科學之探討》、《圖書館自動化導論》及《考銓與圖資之省思》等四種專書中，引起我整理這些著作的念頭。家人和同道們，也希望把這些研究、心得、體驗、書評和賀辭、講稿、接受訪問的談話等雜文彙整出版。其中包括圖書資訊學的論述、圖書資訊會議的報導、書評、考銓論述、譯述、賀辭（聯）與講詞、追思文與部分輓聯和訪問等。英文的著作，則另編印 *Collected Works of Margaret C. Fung, Ph.D.* 一冊出版。還有許多講稿無法納入，例如赴美進修時，經濟拮据，曾以宣揚中華文化為題，做了很多演講，賺得演講費，津貼生活，以及在美工作時在大學中所作的講詞，可惜都沒有存底，無法整編刊出，頗以為憾。

　　圖書資訊篇收錄了我國圖書資訊現況與展望、公共圖書館服務的理念、資訊政策芻議、圖資教育問題、圖書資訊服務的標準、自動化的評鑑、中文資訊交換碼與中文圖書自動化之回顧、一些資料庫的作業情形：（1. 國立臺灣師範大學圖書館國際百科資料庫作業概況、 2. 我國教育資料庫 CERIS、 3. 由資訊網線上作業談蔣中正先生著作之存揚）、兒童圖書館和圖書館建築的問題，也涉及個人對檔案管理的一些看法。蔣慰堂先生是中國圖書館界的巨擘，我記錄了一些他給我的珍貴啟示，內容與圖書資訊有密切關係，故收錄在此篇中。另也把參加會議的經歷、感懷及心得等文章，一併納入圖書資訊會議報導篇，藉與同道分享當時國際間圖書館的情況。

　　書評篇介紹圖書資訊界出版品：（1.假如你要評鑑你的圖書館的話 — 一本圖書資訊界必讀之書、2.評介好書：轉型期中的學術圖書館事業、3.新書選介：「教育資料與圖書館學」、4.遭受冷落 — 學術排斥與南非之孤立），期與同道分享閱讀好書的樂趣。

　　考銓篇包括我對考銓工作的省思，工作的歷練、回憶及檢討，身心障礙特考的回顧與展望，以及個人對考試委員提名基本原則的看法。

　　譯述方面，翻譯了美國圖書館建築學專家David Kaser博士所著的「近廿五年學術圖書館建築之規劃」；與劉宛玲同道合譯的蔡素娥所著「美國東亞圖書館自動化的檢討與評估」一文。十餘年前曾經促成臺灣大學和哈佛大學之間學術合作的計畫，在哈佛大學費正清研究中心成立了李國鼎先生講座。李國鼎先生和錢復先生在講座中發表了有關我國經濟、政策和政治改革的講詞。我很高興有機會翻譯這兩篇文章與國人分享他們兩位睿智的卓見。

　　賀辭（聯）與講詞篇，收錄了對沈寶環教授七十華誕的賀辭及八十榮壽的賀聯、在聯合文學主辦的第五屆文藝營中所作演講「如何利用圖書館的資料」、代表考試院第八屆委員在任期屆滿歡送茶會上的致詞、「中國圖書館學會第四十五屆年會致詞」、「賀中國圖書館學會醫學圖書館委員會廿週年慶」、「1999年海峽兩岸圖書館建築研討會講詞」、「新亞書院慶祝50週年紀念致詞」、卸任中國圖書館學會理事長時的講詞 —「衷心的感謝和祝福」、賀國家圖書館七十週年紀念對聯，以及祝賀小兒炳孫卅初度的對聯。

　　追思與輓聯篇包括追悼父母親、好友蔣見美教授、先進王亞權女士、長輩蔣彥士先生的文章，及悼祭父母親、錢穆（賓四）老師和陳立夫（祖燕）老伯的輓聯。

　　訪問篇包括在黃克武先生編撰的《蔣復璁口述回憶錄》一書中我被訪問的內容、在臺視接受訪問的幾個節目中 ── 跨世紀的驕傲、刮目相看和妙語如珠，針對「為愛心加把勁」、「國建成果」及「婦女權利的前進與反挫」等主題所發表的言論。

　　很汗顏的是此文集內容涉及面雖廣，但無連貫性，體例也不一致。個人的研究心得、體驗和拙見，聊供同道參考，事實的報導也可以算是圖書資訊界和考銓界的真實記錄，可屬歷史文獻。倉促編輯付梓，可能導致難免的錯誤，尚請　斧正。在編輯前，承蒙各曾刊登過這些文章的單位惠予同意重印：中國圖書館學會、國立臺中圖書館、中央日報、中央月刊、國立政治大學圖書館、中華圖書資訊學教育學會、國立政治大學教育學系、財團法人私立潘氏圖書館社會教育推廣研究委員會、國立臺灣師範大學社會教育學系、國字整理小組主持人謝清俊及黃克東教授、國家圖書館、國立臺灣大學圖書資訊學系、私立淡江大學教育資料與圖書館學季刊社、世新大學圖書館、考試院考銓季刊社、考選部考選周刊社、國家政策研究基金會圖書出版組、中華民國哈佛校友會、正因文化事業有限公司，以及中央研究院近代史研究所，特此致謝。我要特別感激：張委員定成先生多年來給予文字上的匡正、國立臺灣師範大學圖書資訊學研究所吳所長美美的鼓勵與策劃、中央研究院中國文哲研究所圖書館劉主任春銀的嚴謹校正、國立臺灣師範大學圖書館 ── 林始昭、張秀琴、張海燕、郭美蘭等主任的費心校對、國家圖書館陳友民先生細心地編製索引，以及秀威資訊公司傅總編輯達德和張慧雯小姐的大力協助，也要謝謝吳淑華、張育慈和徐華玉三位小姐辛勞的襄助。

張鼎鍾　識於
2004年5月泉清鼎和之室

目　次

追思文與輓聯篇

訪問篇

索引編例

圖書資訊學
論述篇

邁向廿一世紀資訊服務的新紀元
我國圖書資訊服務的現況與展望

恭逢　蔣慰堂先生百歲冥誕，謹擬此文表示至誠的敬意，並對　蔣先生對我國圖書資訊之關懷與領導表示由衷的謝意。

摘　要

本文探討資訊時代中，新近發展的多元化需求及圖書館與資訊中心的重要性；敘述我國圖書館事業發展及現況作為背景資料，並依美國圖書資訊界權威 Walt Crawford 與 Michael Gorman 所提出圖書館營運的新原則，來闡釋未來圖書資訊發展應採的方向。

壹、前　言

圖書館被普遍認為是人類知識的水庫，是文明及有學術素養社會的表徵。當我們即將邁向二十一世紀資訊時代之際，圖書館可以利用新興科技生產品來提供多元化和有效的資訊服務，圖書館積極的角色也因而更加凸顯。

資訊社會中最顯著的現象就是資訊量的增加，據調查1950~60間全球資訊總數增加了一倍，1970~1980間增加了三倍，而1980~1990間則成長了七倍[1]。在科技成品提升及資訊爆炸這種情形非常明顯時，圖書館也面臨新責任和新挑戰，圖書館需要滿足各種資訊需求，包括文化維護及發展之資訊需求、社會、政治及經濟發展資訊需求、教育發展資訊需求，學術研究資訊需求、生活及休閒資訊需求以及終身學習的資訊需求，圖書館因此也被認為是發展各種國家建設之基石[2]。

貳、我國圖書資訊服務之現況

　　我國國家建設在邁向國際化、民主化、自由化、政府再造、提升生產力及競爭力之際，政府正全力進行「教育改革」，提倡終身學習，建立國家資訊基礎建設並欲建設臺灣為亞太營運中心。這些措施都需要圖書資訊服務，而且對它有更大的要求。圖書館變成檢索點（獲取資料點）、轉換點及傳遞知識的媒介。

一、圖書館與資訊中心

　　民國83年國家圖書館統計顯示：台閩地區有4,313所圖書館，包括一所國家圖書館，349所公共圖書館，143所大專院校圖書館，374所高中及高職圖書館，718所國中圖書館，2,283所國小圖書館，445所專門圖書館。比起民國80年3,508所圖書館，的確是成長了23%[3]。政府明令公立大專院校圖書館均應對民眾開放，以彌補公共圖書館之不足。大專圖書館之館藏、館員及設備均較佳，中學圖書館在空間、典藏及館員方面都較不足。

二、圖書館館藏

　　多年來大家都認為館藏是圖書館提供有效服務的基礎，民國83年的統計顯示，台閩地區現有館藏61,862,387冊；國家圖書館有1,303,812冊，公共圖書館有12,872,719冊，大專院校圖書館有20,605,541冊，高中圖書館有6,184,302冊，國中圖書館有4,209,968冊，國小圖書館有12,495,359冊，專門圖書館有4,190,686冊[4]。坐落於都市的圖書館藏書較為豐富，鄉間的藏書較貧乏，所以呈現不均的情形。今日圖書館的業務不再以藏書量來加以衡量，圖書館逐漸重視資料可獲性的範圍，不再過於重視圖書館本身所藏資料，而重視經由其他獲得資料

的途徑來服務讀者，並預估讀者的需求。

三、圖書館員

　　有效率的圖書館服務建築在稱職的專業圖書館員或知識工作者上，雖然我國有七個圖書館學系所，每年訓練三百位左右合格的館員。除了四所研究所外，大都是大學部開設相關科系，招收高中畢業學生，較缺乏學科背景。雖然鼓勵學生盡量選輔系來加強其學科之知識，但效果並不能完全滿意。

四、圖書館網路及圖書館利用

　　在民國60年初，我們就規劃圖書資訊服務。受到科技的影響，清華大學與淡江大學都用電腦做處理書目資料及期刊聯合目錄的嘗試。民國67年國立臺灣師範大學建立中文教育論文摘要資料庫，並與國外資訊系統 ORBIT 及 DIALOG 連線；惟當時的軟體均為因應個別圖書館需求而發展的，既無整體規劃，亦缺乏一致的標準。中國圖書館學會及國家圖書館體認出整體規劃的重要性，為資源共享及交流的方便，中國圖書館學會與國家圖書館聯袂研究圖書館自動化的相關問題：全漢字資訊碼（CCCII）、中文機讀編目格式（CMARC）修訂編目規則、採用國際圖書著錄標準、國際標準圖書號、國際標準期刊號，都是在60年底到80年初，圖書館執行自動化初期的成功實例。

　　民國70年代末期圖書館和資訊中心了解統整系統的重要性，而組成圖書館自動化委員會，研議全國圖書資訊系統，教育部全力支持圖書館自動化計畫。80年代中文古籍全文資料庫受到重視，中央研究院和國家圖書館分別都成功地建立了我國古籍全文資料庫及國家圖書資訊網與遠距教學[5]。國家圖書館、大學及學院圖書館聯合起來發展學術網路，這些措

施有助於線上公共目錄、資訊檢索及文件傳遞系統的整合、臺灣學術網路、種子網路（SEED Net）、HINT 及網際網路的開發，我國網路資訊服務因此進展得很快。由民國86年7月份網際網路連接了四萬用戶，直到民國87年5月份已有十八萬個用戶，由全球排名第三十位升到第十三位。中國時報亦報導臺灣有全部人口的8%以上，約一百五十萬人上網[6]。

參、圖書館發展方向

　　臺灣地區的圖書館的確應為資訊社會和國家發展擔負起責任，我國圖書館界所做的努力，與美國白宮圖書館與資訊服務會議的建議相吻合[7]：

1. 培養青少年資訊素養；
2. 利用網路分享資訊；
3. 充實圖書館經費來提升生產力；
4. 建立圖書館行銷模式；
5. 重視資訊素養以協助傷殘者；
6. 制訂國家資訊維護政策；
7. 居民密度低的地區也應平衡地發展網路；
8. 鼓勵多設多文化、多語言的節目及任用多文化及多語言的館員；
9. 修訂著作權法以因應新興科技；
10. 確保政府資源之充分利用；
11. 訂定國家資訊政策；
12. 確認圖書館是終身學習的夥伴；
13. 指定圖書館是教育機構。

　　經過圖書資訊界同道二年來的研究，檢視我國圖書資訊的現狀，中國圖書館學會提出了下列幾個發展方向：

一、改善圖書館組織體制架構

目前管轄圖書館的行政單位非常分歧。國家圖書館是隸屬於教育部社教司，大專院校圖書館由教育部之高教司來督導，省立圖書館由省文化處管轄，而學校圖書館則屬於省（市）、縣（市）政府教育單位的職責範圍。在這種分散的制度下，圖書館可以直線地向他們的督導單位和讀者溝通，而橫向的溝通管道闕如。由於圖書館在資訊時代裡必須加強合作，以謀求資源共享。國家資訊政策和密切的交流的確應加重視的。我們非常幸運，在教育部設置了圖書館事業委員會作為協調圖書館界業務及政策之機制。雖然近年來已有具體成效，但終究是教育部的單位，但在與其他單位所管轄的圖書館方面，協調確有其困難。因此在政府改造聲中，為了正確而有效地制訂我國圖書資訊相關政策，協調、合作、整合力量以及提升圖書資訊服務品質方面，本會建議儘速在行政院下，成立跨部會的全國圖書資訊專業委員會綜理之。

二、訂定圖書館法

在法治國家裡必須依法行政，完整的法律根據是所有執行者所應重視的。提升圖書資訊的服務品質，是要建築在完善的圖書館法上面。十七年以前圖書館界就草擬一個圖書館行政管理及服務可視為指導原則的圖書館法草案。經送教育部和行政院，多次修正，終於在民國87年初教育部指定一委員會來討論修訂，並於5月20日完成送教育部作業，雖然未來的路仍甚坎坷，但深望行政院、立法院能從速通過。同樣重要的是著作權法應依下列原則加以修正[8]：

1. 確保圖書資訊利用者可以運用到各種型態及款式的資訊與圖書資料。
2. 提供可使用資訊科技，在不損及著作權及所有權的前

提下，來發掘與創造資訊的途徑。

3. 顧及著作者或擁有者之補償或權益的情形下，鼓勵網路及資源共享。

4. 准許圖書資訊服務要有教育機構之較合理使用（Fair Use）的地位。

三、圖書館積極參與國家基礎建設

在國家資訊基礎建設上，美國國會圖書館館長James H. Billington指出資訊建設中，圖書館主要的任務是使電子圖書館（數位化圖書館）可以典藏及分享知識、歷史及文化。國家資訊基礎建設就是以快速和有效的方式提供資訊[9]，以滿足經濟和學術研究的需求。美國國會訂定法律建立並資助全國教育研究資訊網作為資訊高速公路，使教育機構和圖書館能充分利用資源分享及交換資訊。這就是將網路和各種網路連線，圖書館積極而成功地加入國家資訊基礎建設，將對實現全球資訊結構有舉足輕重的影響[10]。

四、建立知識資訊服務系統

圖書館和資訊中心是組織、分析、解釋、評估資訊的機關，在採訪、摘要、傳播、認知及輸入知識方面扮演了重要的角色。生產加值產品來支援研究並提升國家競爭力，的確值得重視[11]。書目、索引，經由摘要、資料庫、辭彙及標準，使資訊能為人所便於攝取及利用一直是我們關心的重點。我國也關心資訊的評鑑和科學化的預估，當我們在提倡電子化圖書館時，我國不能忽視正確的名詞和詞彙，以資找尋到正確的資訊[12]。多種中、西文名詞翻譯之不一致，使我們找同一個主題的資料時發生困難。漢字是很多東亞國家所用的文字，為了資訊共享及資訊服務達到目的，必須將所用工具標

準化：例如資訊交換碼、標題和名詞等等。特別建議設立知識服務系統，其方式如下[13]：

1. 責成國科會科學技術資料中心及國家圖書館，分別整合科技知識服務系統及人文社會科學知識服務系統。
2. 責成各資料中心提升加值產品之品質。
3. 交付國立編譯館負責專有名詞之標準化，並制定不同名詞參見檔之工作。
4. 結合東亞圖書館維護有關中文字集（如CCCII）等之資訊工具。

五、改善圖書館專業教育

　　圖書館專業的任務把圖書館館員轉變成知識工作者，圖書館員逐漸被視為資訊和知識的經營者。他們要具備知識管理的技巧來分析、組織、評鑑資訊而後生產加值品。我們應該涉及資訊產生的過程，我們應該協助管理數位化資料並協助讀者面對資訊爆發的困擾，我們逐漸要變成讀者使用電腦網路的協助者[14]。由於圖書資訊服務及圖書館員的任務，因新興科技的衝擊有極大的改變。圖書資訊教育課程必須配合做適當的修正，以面對挑戰。大學部的圖書館系應予取消，宜將此學門提升到圖書資訊研究所層次，這樣可以促使圖書館員掌握電腦技術、學科知識、管理與專業技術以及專業倫理。也就是說，圖書館學與資訊科學結合後，應採科際整合（interdisciplinary）的方向，明確鑑定圖書館員的資格，而使之能夠勝任的基礎工作，就是要變更專業教育制度，全面修正課程內容。

六、提升圖書館利用素養

　　每個有知識的國民必須要能有效地和有智慧地利用圖書

館。我國因為教學方法的關係，沒有培養學生利用圖書資源的能力。而利用圖書的素養必須從年輕時代就加以培養年輕人利用圖書館的素養。小學、中學、大學的課程都應以不同層次及方法，將圖書資訊利用教育納入教學課程中。

肆、結論

數十年來圖書館都遵守阮格納桑所創的下列五條圖書館學典章（*The Five Laws of Library Science*）[15]：

1. 圖書是要被利用的。
2. 每位讀者應有他要看的書。
3. 每本圖書有其讀者。
4. 節省讀者的時間。
5. 圖書館是個成長的有機體。

雖然這些原則仍然有用，但美國資訊學兩位大師 Walt Crawford 和 Michael Gorman 提出下列增添的使命[16]：

1. 圖書館是服務全民的。
2. 重視傳播知識的各種資料型態。
3. 有智慧地利用科技來增進服務。
4. 保持自由攝取知識的權利。
5. 尊重傳統更要創造未來。

將以上的名言再次解讀，讓我們重新體認圖書館發展的新方向：圖書資訊服務應利用科技成品，透過不同類型的圖書資料來滿足所有人類的需求，圖書館必須確保讀者使用資訊的自由，不但要傳播以往的知識，也要負責未來創造新知識，這些努力的方向當然需要充分的資源（人力、物力、能力）才能完善地執行任務，我國圖書館界大家同心合力，以富有創意的活動來邁向資訊全球化的目標。

註　釋：

1. *Library 2000*：*Investing In A Learning Nation* (Singapore: Ministry of Information and the Arts, 1994), 34.

2. "White Book on Library Development of the ROC (Draft)." *Library Association of China Newsletter* 5, no.4 (December 1998): 6；Library Assocation of China, *Conference Proceedings on the Prospectives of Chinese Librarianship in the 21st Century.* (15 March 1997).

3. 臺閩地區各類型圖書館地區分布統計（*Library Statistics of Taiwan Fukien Area*), Taipei: National Central Library, 1994, Table 3-1.

4. Ibid., Table 3-2.

5. Heng-hsiung Cheng 鄭恆雄,"全國圖書資訊網路新系統之規劃 與建立 The Planning and Establishment of the New System for the National Bibliographic Information Network," *Journal of Library & Information Science*《圖書館學與資訊科學》 23, no.1 (April 1997): 8-19.

6. Blaise Cronin, "Social Dimensions of the Digital Revolution," in *Proceedings of the Conference on Information Science and Technology-1998: Perspectives in the 21st Century* (April 17-18, 1998), 5.

7. *Information 2000: Library and Infromation Services for the 21st Century* (Washington D.C.: U.S. National Commission on Libraries and Information Science, 1992), 15-19.

8. Ibid., 18.

9. James H. Billington, "Delivering Electronic Information in a Knowledge-Based Democracy," in *DEIKABD Conference Proceedings* (May 3, 1994), 3.

10. Ibid., 15.

11. Op. Cit. *Library 2000: Investing In A Learning Nation* (Singapore: Ministry of Information and the Arts, 1994), 35.

12. Tian-Long Wan, Martha Evens, Yeun-Wen Wan and Yuen-Yuan Pao, "Experiments with Automatic Indexing and a Relational Thesaurus in a Chinese Information Retrieval System," *Journal of The American Society for Information Science* 48, no.1 (December 1997):

1086-1096.

13. Wang-jiun Wu, [Establishing National Scientific Knowledge Based Services System,] (Taipei: Agricultural Science Information Center, 1997), 8; Yang Mei-Hwa, "Public Libraries and Information Society," in *Conference Proceedings on the 21st Century Public Librarianship* (March 26-27,1998).

14. Hsiao-Chin Tu 涂曉晴, "從NII的發展探討圖書館及圖書館員的角色定位 From the Development of NII to Refine the Roles of the Libraries and Librarians," *Journal of Library and Information Science* 《圖書館學與資訊科學》23, no.1 (April 1997): 34-41.

15. Shiyali R. Ranganathan, *The Five Laws of Library Science*. 2nd ed. (Bombay, India: Asia Publishing House, 1957).

16. Christian Lind Hage, "Books, Bytes, Buildings and Bodies: Public Libraries in the 21st Century," in *Conference Proceedings on the Public Librarianship in the 21st Century* (March, 26-27, 1998), 19-25.

原載於《蔣復璁先生百歲誕辰紀念文集》。臺北：中國圖書館學會，民87，頁112-116。

邁向新紀元的公共圖書館服務理念

摘　要

　　本文討論公共圖書館邁向21世紀時所面臨的挑戰 — 圖書資料、設備的多元化；圖書資訊素養；民眾需求的多樣化；國家政策及措施的新穎化。針對以上的挑戰，界定圖書館的新功能和新角色，並指出當前我國圖書館的問題以及如何發展資訊事業的方向。作者建議採用美國圖書館學學者 Levinson 所提的10個理念來作為加強圖書館服務的依據。

壹、前　言

　　今天應邀參加88年度公共圖書館資訊系統成果觀摩暨研討會，感到非常高興，在進會場之前，參觀了此次展示的資訊系統，也讓我覺得非常興奮。回想二十年前，王教授振鵠是國立中央圖書館館長的時候，我們經常工作到晚上十二點，做一些推動圖書館自動化的基礎工作，例如配合國際標準，制訂適合中日韓文用的資料交換碼、中文機讀目錄格式，及修正中文圖書編目規則。如果我們不採納國際標準，我國的資料在國際上根本無法交流。我們也曾經討論要訂定中文標題，但是到今天為止我們還沒完成這項工作。雖然那時候所做的工作都是一些基礎工作，但也奠定了日後我國圖書館自動化成功發展的基礎。當時在師大圖書館引進 DIALOG、ORBIT，連線索取國外的資料，也是現在網路能夠搜取各國資料的先前作業。在這二十年當中，我國的圖書館自動化及各方面都有長足的進步，而且這些成果都讓大家非常欽佩，尤其我個人深深感佩同道及先進們對圖書館事業的投入和付

出，藉這個機會向各位先進和同道們表示感佩之意。

在臺灣省政府教育廳和文化處的大力支持，及臺中圖書館程館長良雄及各位諮詢委員的指導下，能夠將公共圖書館自動化系統建置起來，真不容易。我是中國圖書館學會的成員之一，代表學會，向指導單位文建會、教育部、國家圖書館、國立中央圖書館臺灣分館，以及承辦單位省立臺中圖書館和其他協辦單位，表示最深誠的敬意。

貳、新挑戰

當我們慶幸可以使用圖書館新興的科技來提供有效服務的時候，我們也因為科技的日新月異、社會的變化及國家建設的需要，面臨了以下新的挑戰。

一、圖書資料多元化

我們現在的館藏不僅是紙本式的圖書，而有太多非紙本式資料，如視聽資料、微縮資料以及琳瑯滿目的電子資料，圖書館及圖書館員面對多元的資料與如何提供讀者最適用的資料，真是一大挑戰。也就是以往常說的：「在適當的時間，提供最適當的圖書給最適當的讀者使用」，這個挑戰現在更加明顯，而且給予我們這個專業更大的壓力了。

二、設備多元化、新穎性及圖書資訊素養

圖書館的第二個挑戰就是設備的多元化、新穎性及圖書資訊素養的挑戰。因為資料的多樣化，使用這些資料時一定要用特殊的設備，而設備卻是日新月異，今年是新的，明年可能就陳舊了，五年以後就已經到了不能使用的情況，因此我們的設備需要經常更新。讀者要使用這些設備時也面臨了一些挑戰，需要館員指導，以便培養他們利用資訊的素養，

這對於圖書館也是一項很大的考驗。

三、社會的多元化，民眾需求的多樣化

　　圖書館面臨的第三個挑戰是社會的多元化，民眾的需求增多，從簡單的查詢到複雜問題的分析與解答，到指導讀者去找尋適合的資料，這些都讓圖書館員必須隨時充實新知及進修。因為現在學科分得很細，民眾所要求的資料也很細，所以需要一些學科背景的圖書館員，才能夠勝任這項職務。因此，民眾需求增多與多樣化也是個大挑戰。

四、國家的新政策與新措施

　　在國家建設當中，很多新的政策和措施也形成一大挑戰，例如，現在我國正在大力推動行政革新、國家資訊基礎建設及提升國家競爭力等；近年來教育部也積極推動終身教育、終身學習；在經濟方面，國家要把臺灣建設成為亞太營運中心、科技島。這種種措施都需要圖書資訊的提供及相關資訊的收集與組織，圖書館會被要求配合辦理，這也是這個時代我們所面臨的挑戰。

參、圖書館新功能和新角色

　　公共圖書館的目的是在於提供全國民眾社會教育的機會，不斷更新館藏及呈現知識文化進展的過程，使民眾各自形成意見並發表他們的創作與評論。這是聯合國教科文組織的「公共圖書館宣言」所提出來的意見。這項宣示已經提出多年，現在更讓我們體會到在民主社會裡，人民的知識是民主、自主最重要的條件。要使民眾有充足的資訊來做適當的選擇，如：選賢與能，必須讓民眾能掌握到所要的選舉資訊。所以這項宣言到現在還是相當重要。國內外學者都認為圖書

館是不斷成長的有機體，公共圖書館是民眾的大學，是終身教育的機構，民眾在此從事閱覽以吸取新的知識。這些都是過去學者提出來的看法，有很多圖書館已朝這個營運要點來發展了，但是也有很多圖書館尚未依據這要點來營運。這個營運要點也把公共圖書館功能指出來，就是公共圖書館以推行社會教育、實施全民教育和終身教育，普遍提高民眾文化水準為營運目的。

最近世界各國普遍都在推動國家資訊基礎建設（NII），美國率先推展，我國也隨後跟進。在這個時期美國學者McClure 認為現代公共圖書館新的角色是[1]：

1. 全國的電子資訊中心、社區資訊資源中心，就是要結合社區內其他機構，納入圖書館服務的範圍，例如工商團體連結網路、公共圖書館能夠結合社區需要，提供各項資訊給民眾使用等。

2. 政府的資訊代理中心，現在資訊公開法公布以後，公共圖書館在資訊的收集更方便，也要以更公開的方式提供資訊給讀者使用。

3. 政府的資訊資源中心。

4. 公眾的使用中心，網路架設以後，可以在家裡上網使用，並不是每一家庭都有電腦，可以來到公共圖書館使用，甚至可以在公共圖書館免費獲得E-mail傳遞服務。

5. 終身學習教育中心，公共圖書館有提供電子教室或是網路的資源設備，讓讀者在圖書館或是家裡，都可以利用圖書館所提供的課程或是資訊來繼續教育自己。

6. 地方經濟的發展中心，網路上有提供社區的求才、採購及各種有關社區的資訊資源，都提供民眾使用，對於社區經濟的發展，是一個正面服務的方式。

7. 資訊及網路素養中心。

我們都很希望民眾可以隨心所欲地利用資訊，但是他們如何利用資訊？如何使用這些設備來獲得他們所要的資訊？這也是公共圖書館應提供的服務，除不斷將有關科技的資訊、網路的資訊提供給讀者，也要訓練他們如何使用。以上各項功能和角色，圖書館本來就在做，但是網路時代給予圖書館更多的責任更多的使命。

陳昭珍教授曾經歸納網路時代圖書館的服務應該包括流通、書目查詢、參考服務、視聽和文獻傳遞服務、利用教育、科技資訊教育、地方文獻電子資料庫、文化休閒的電子化資訊服務等，就是從讀者的借書服務、推廣服務及各項圖書館的服務，都可以透過電子化網路來提供。因此，除了設備以外，資訊的分析與傳遞方面更要多加努力[2]。

肆、當前我國圖書館的問題

多年來國內《圖書館事業發展白皮書》是由圖書館白皮書專題研究小組進行研究，吳美美教授等多位同道們，經圖書館學會榮譽理事長指導下研擬的，所費的心力很多。圖書館白皮書中指出國內圖書館現在面臨的困難，這是廣徵很多圖書館反應所得的結果，其中有很多的共識，藉此機會跟大家分享白皮書的內容。

在公共圖書館部分主要的問題是公共圖書館的功能沒有被民眾所了解，民眾只是來圖書館看書或做功課，而不是來利用圖書館的資源，這是民眾對圖書館的了解不夠；第二個最大的困難就是公共圖書館隸屬不同主管機關缺乏整合及政策，例如臺中圖書館以前隸屬教育廳，後來移撥到文化處，而臺北市立圖書館、高雄市立圖書館又分別由北高二直轄市的教育單位管轄，各鄉鎮圖書館則歸屬於各鄉鎮（市、區）

公所。文化中心雖然有輔導鄉鎮圖書館的責任，但是沒有實際隸屬關係。如何落實資源整合、資源共享及政策統一，都是相當困難的事情。這三個問題是因為圖書館分屬於不同的機構來管理，在行政上有困擾，館際合作也沒辦法做得很好，因為資源是人力的資源、財力的資源、圖書資料的資源，這三種資源都有經費的問題，而不同行政體系管理，在資源的分配上就沒有辦法整合或平衡。

　　圖書館法及標準還沒完全發生作用，一是因為圖書館法（草案）還沒經立法院通過成為法律。希望由教育部來統籌訂定各類型圖館營運的標準，多年以前中國圖書館學會曾經訂定過，但是時間已經很久，因時空的改變，使這個營運標準已經不合時代的需求。教育部所訂定營運要點，完全沒有約束性，只是參考性的資料。圖書館經營標準是一個很大的問題，沒有標準就沒有辦法依據標準來營運、規劃及衡量。所以中國圖書館學會覺得應該挺身而出來訂定圖書館專業的標準。另外就是專業服務人員質量的問題，圖書館的人力一向是非常不足，根據國家圖書館（前國立中央圖書館）民國83年所做的調查，在臺灣省一個圖書館員要服務11,221人，而鄉鎮圖書館經常是沒有專業人員，學校圖書館也是人員不足，就連國家圖書館的編制也是不夠的，唯一較好的大概只有大學及學術圖書館。

　　在圖書館學教育方面，各學校已經不斷在增加圖書館學系及研究所，培養出很多專業人員，但很多圖書館遇缺不報，而去延攬別人已經訓練好的館員，沒有報缺，考試院也沒有辦法招考人才，這也是很大的問題之一。

　　圖書的設備與服務，城鄉差距很大，購書經費也不足，有些圖書館有錢買書，但是沒有人編目，所以這也是一個很大的困擾。另一個重要的層面是知識加工的工作做得不夠，

索引及書目都非常有限，雖然現在比以前做得好多了，但是文字的問題沒有解決，沒有完整的索引典，只有法律、農業方面有索引典，聽說醫學方面也在做了，但其他的學科都缺乏知識加工的工作，這都是圖書館界所面臨的重大的困難。

伍、發展圖書資訊事業的幾個方向

所以國內圖書館事業發展的方向，正如白皮書所描繪的方向[3]：

1. 儘速通過圖書館相關法規及擬訂營運標準。
2. 建立全國圖書館行政輔導體系，從全國性到鄉鎮，訂定輔導政策、整體規劃和提供服務等。
3. 設立全國圖書館事業的發展與研究基金，希望政府撥款及民眾募款來成立基金會，促使圖書館事業的發展。
4. 建立中文主題知識體系，希望能夠分別建立各種主題的中文資料庫，例如索引、摘要、索引典、引用文的檢索系統等，這是一項很大的工程，我們需要政府的支援，也須積極和行政院繼續溝通這些問題。
5. 建立圖書館網路系統，現在公共圖書館在省文化處的支援下已經有很好的基礎，但現在鄉鎮圖書館因經費關係，沒有辦法在短時間內全部連結全球資訊網，所以希望國家的資訊基礎建設也能夠包含圖書館，希望網路連接國內所有的圖書館，各類型的圖書館相互間也有網路，不同圖書館網路間可以互相支援及使用。
6. 加強圖書館利用教育，記得二十年前在師大召開的第一個研討會，就是圖書館利用教育的研討會。當時在國內研討會情況還很少，我們覺得民眾必須知道怎麼利用圖書館，而現在不但是利用圖書館，也要知道如

何利用圖書館的設備、網路。希望民眾的資訊素養可
以提高，那麼他們就可以更充分地利用圖書館的資源
與服務。

7. 整體規劃圖書館學與資訊科學教育課程，課程內容
則需要配合時代做適當的調整，所以我們希望在每
個學校，不管是什麼科系，都能夠開設圖書館利用的
課程，在公共圖書館也可開這類型的課程，設立讀書
會，利用課程和活動來行銷圖書館，也希望儘量使老
師會利用圖書館，老師們會利用圖書館後，學生也比
較會來利用圖書館。

8. 提供多元化的在職進修管道，鼓勵圖書館員接受繼續
教育。

這幾點是我們大家要努力的方向。

陸、二十一世紀公共圖書館服務的理念

美國圖書館學者Levinson提出了十個A來做為圖書館服務
的理念[4]。

1. Availability（可獲性）　　　6. Assured Confidentiality（保密性）
2. Accessibility（易接近性）　7. Affordability（付得起）
3. Appropriateness（易適性）　8. Acceptability（接受度）
4. Adequacy（足夠性）　　　　9. Adaptability（適合性、彈性）
5. Accountability（可靠性）　　10. Assessability（評估性）

雖然在以前傳統的圖書館也是使用這些服務理念，但是
在網路時代的圖書館服務理念，要特別加強，第一就是希望
可以容易取得資料，取得的資料是實用的，而且希望圖書館
有足夠的資料。資料必須正確可靠，也要注意讀者在網路上
使用的隱私權；現在的趨勢是需要付費才能使用，網路上的

資源付費使用可能是必要的，因為電訊費相當貴，希望所設
立的收費標準，是讓讀者付得起的情形；必須了解讀者實際
的要求，圖書館提供他們的資料及服務是能夠被接受的。此
外要有彈性，工作的輪調有必要，從事讀者服務的館員不要
一直都只做讀者服務。最後，我們所做的事情需要經常評鑑，
才能夠知道新的變化與需求，以便因應。

柒、結　語

　　圖書館事業的發展最重要的還是團隊的精神，尤其在網
路時代，我們發覺圖書館可以借重網路來進行資源的共享與
合作，不管是在進行圖書館自動化或者是一般性的圖書館業
務，都希望可以發揮團隊的精神。圖書資訊專業是需要大家
的合作與協助，在網路時代下更有此必要，尤其在圖書館自
動化方面，希望以後能夠避免以往發生的錯誤，也就是各別
圖書館各自設計各種不同的系統，而不能和其他圖書館系統
相通的話，這是一個相當大的缺失。以往圖書館自動化是有
這種情況發生，不過這幾年來科技的發展使技術上的問題已
經可以克服，但希望人們的觀念也可以克服各自為政的態度。
希望大家團結一致，大家共同推動圖書館事業的發展。

註　釋：

1. Charles R. McClure et al., "Enhancing the Role of Public Libraries in the National Information Infrastructure," *Public Libraries* (July/August 1996): 234.
2. 陳昭珍，「網路時代公共圖書館的資訊服務」，《圖書館學與資訊科學》，23卷1期（民國86年4月），頁20-32。
3. 中國圖書館學會研訂，圖書館事業發展白皮書（稿），民國88年12月。（於89年4月正式發表）
4. Risha W. Levinson, *Information and Referral Networks: Doorways to*

Human Services (New York: Springer Pub., 1988), 59-60.

原載於《書苑》41期，民88年7月，
頁3-9。

研議中華民國資訊政策之芻議

摘　要

　　本文探討資訊之性質、涵蓋面；說明應擬定均衡而富協調性的資訊政策之重要性，使之有一定方向及步調來達成共同的目標，以加強國家發展之建設的潛力與效果。說明其他國家作法，並提出擬定政策原則與步驟之意見。

　　資訊是多面體，相互有關、相互依持，涵蓋了資訊通訊、資訊管理、資訊技術、資訊經濟、資訊隱私權、資訊網狀組織等眾多方面。在發展此多元體系時，必須要注意到均衡而有協調的政策之擬訂，如此可使各相關的單元有一定方向、有一定步調、有共同的目標，在相輔相成的情況下，有所依據，而不致雜亂無章。向多種方向飛馳後的結果會減低資訊的力量，削減國家發展及建設的潛力與效果。世界各國對資訊政策的擬定，都覺得有其必要性，而且有些國家都開始著手辦了，澳洲、西歐、英國、美國等地都在積極進行。

　　美國有一國內資訊隱私權委員會研議有關問題，它所做的一些工作，頗值得我們參考。

1. 研究通訊和傳播管制的執行。
2. 研議出版法。
3. 將政府和私人在發展電腦資料庫時的職責予以明確界定，制訂國家標準，包括電腦資訊的交流的各種有關標準。

　　以上幾點都可以做為我們擬定政策的參考，針對下列各項的問題給予明確的、協調的、肯定的、平衡的方針上的導向：

1. 資訊的創造；
2. 收集；
3. 組織；
4. 供應；
5. 處理；
6. 傳播；
7. 轉變；
8. 利用。

由於這種多面體系，我們在發展資訊方面已有很重要的措施，也在最高行政單位中設置小組，協調各單位的相關方針，使之不抵觸、不矛盾、符合國際性、與國際標準吻合、具有前瞻性，這幾個重點仍須加強重視。

行政院資訊小組在李國鼎、周宏濤政務委員主持下，有重大的貢獻和績效。我國的六大資訊系統的建立、文建會協助國立中央圖書館和中國圖書館學會所推動的圖書館自動化都很有績效，但是我們必須訂立一個具體、有協調、包容各要點的圖書資訊政策。在研議此政策時，本人提出下列原則和步驟的淺見，敬供參考：

1. 將制訂國家資訊政策列為全國重點工作及目標。
2. 擴充並加強行政院資訊小組的職責，使之協調並鞏固目前各單位所負之責任，並使之包含高階層各有關部會的高級人員。
3. 設置一顧問委員會，提供諮詢。
4. 提高部分有關單位，如國立中央圖書館之地位，使之在行政組織方面提升到更高階層，並參與撰擬國家資訊政策。

資訊科學與圖書館學的教育問題

摘　要

　　本文闡述資訊科學之定義及內涵，說明圖書館資訊科學教育發展的面向，並介紹美國訓練資訊服務界的課程設計。強調資訊及電腦系統在社會學及倫理方面應有的考慮，課程的設置必需有符合國家特性及資源相關的科目。強調電腦是使用的工具，並不是最終的目的。建議在資訊科學與圖書館學的教育上予以整合及整體的規劃。

　　資訊科學是目前熱門的名詞，但並沒有被整體地或完整地了解，它所涵蓋的層面並不只限於電腦。它是一種相當複雜的「科際」學科，涉及的面頗廣。據資訊科學專家 Harold Borko 的定義：「資訊科學是研究資訊之實質及資訊行為的學科，探討資訊交流的力量，處理資訊使之盡量能被利用而有用的各種途徑及方法。它涉及與資訊來源、收集、組織、儲存、檢索、傳譯、傳播、轉化及利用。它的理論和運用包含了下列各科目：數學、邏輯學、語言學、心理學、電腦技術、作業研究、美工、圖書館學及行政管理學。」根據 Rees 和 Saracevic 兩位資訊科學的教授的意見，研究資訊科學應包括系統分析、資訊及傳播之環境影響、資訊媒介、語文分析、資訊組織、人和資訊的關係等。我國的資訊工業年鑑也下了一個定義，僅就狹義而言，資訊工業包括：

1. 電子計算機業：含製造業和銷售業。
2. 資訊處理業：包括軟體工業、資料處理服務業以及資訊提供服務業。

　　圖書館和資訊中心服務人員就屬於資訊提供服務業，也可屬於資料處理服務業。

　　目前國內正有計畫地規劃資訊教育，但並未考慮到整體資訊科學所涵蓋的層面。目前在規劃如何訓練電子計算機製造業及電腦硬體軟體的人才時，似乎忽略了資訊提供服務這個重要的單元。這是「科技與文化整合」的一行，也是資訊事業中重要的一面，為了提醒有關人士和同道的注意，特將近年來其他國家對於資訊服務教育的一些看法綜合地提出，並將他們所設計的課程也稍加說明，切望以下簡短的報導和拙見，能使圖書館資訊科學教育也獲得同等的規劃機會，而使我國的資訊科學逐步走向正常而富協調的全面發展。

　　由於各國資訊系統錯綜複雜，必須要確立一些基本訓練課程，以便相互間的溝通了解。為了達到資訊傳遞的目的，合作是必需的。資訊分析家、電腦技術師和傳播學家都參與了資訊的傳遞。更進一步而言，沒有那種行業不是在傳遞或處理資訊。只是有些行業比其它各業更重視資訊，如：銀行業、保險業和教育事業。

　　為了要確保學校課程和社會上的需求能適當地配合，首先我們要認清當前有那些資訊人員會被僱用，以及將來又會需要那些資訊人才。

　　美國方面在訓練資訊服務界從業人員，有幾種不同的課程設計：

　　一、一九八〇年 Donald King，一九八二年 Evans 曾將資訊人員分成六類：資訊理論家和資訊科學家、資訊系統專家、資訊掮客、資訊技術員、資訊經理和管理者、教育家和訓練者。

　　一九七八年 Garrison 認為，為了培養多種資訊專才，需要有一個主要課程。他認為下列課程是資訊傳遞過程中最基

本者：電腦技術與電信技術、電腦程式設計、系統分析、設計和評估、資訊網、管理學、資訊的組織。

上述課程固然都包括在資訊系統技術中，而它不但和資訊的傳遞有密切的關係，且有助於資訊傳遞。然而資訊傳遞需要多方面的配合，並不只限於傳遞媒介的利用。可以說資訊就是一種由一個心靈傳遞到另一個心靈的東西，致而資訊的產生和利用都是重要且必經的過程。

我們應擴大觀點來確定一個聯合資訊和傳播媒介的主要課程。首先且是最重要的乃是先要決定那些資訊須被選擇、獲得、控制和傳遞，然後要考慮如何傳遞及其利用之道。

不論這個利用資訊的機構是個圖書館、技術資料中心或別的地方，也不論此資訊儲存的媒體是電子的、書本形式的或非書資料式的，所有上述的問題都得考慮。

換言之，如今需要的主要課程就是一套中心知識，關於：資訊如何被創造、生產和傳遞；資訊如何被人和機器利用及操縱；它是如何被組織、控制和獲得；它又怎樣被儲存、檢索以及全盤地經營、推廣而傳播。

在一九七八年聯合國文教組織巴黎會議中Saunders發表了他所設計的主要課程，更吻合以上的要求，其發展更均衡地適用於資訊教育之全盤需要。

這些基本的主要課程包含下列科目：研究人類的傳達能力、使用者研究、資訊來源、資訊系統、特別儲存和檢索法、管理系統研究和定量分析的方法。

二、西德漢諾瓦圖書館，資訊與文獻管理執行長　Prof. Gunter Bock　在其著作「綜合圖書館學、資訊科學和文獻學三學科之整體教學計畫」一文中，報導德國漢諾瓦工業學院所進行一的個實驗，一套適用於圖書館學、資訊科學和文獻學整體性的課程。

　　根據聯邦政府研究部（Federal Ministry of Research）的調查，西德的資訊科學業和文件管理業需要大批的大學畢業生。為了他們將來在職業上作彈性的適應，這教育計畫的範圍要盡量地廣泛。課程設計應採組合形態，以便未來如有更進一步的研究，可以順利地修改。

　　此實驗性計畫案採用了「學科導向」的方法：首先將上述三學科中的重要學習項目加以分析；然後從其中可得知這些學科所需為何。這個計畫由中央規劃小組、一個推行小組（十五名由這三學科所推出的專家），及一個顧問委員會（二十五名由學術界、工業界和從業人員所推出之代表組成）共同密切地合作執行。並諮詢過四十名以上的專家。

　　在一九七八年到一九八○年間，已發展出下列課程：（一）大學圖書館研究圖書館行政。（二）一般文獻管理工作，以及（三）生物及醫學文獻管理。一九八二年，完成公共圖書館課程的設計。而在一九八三年更進一步設計資訊資源管理的課程。其研究結果印成十四份研究報告。

　　這個整體訓練課程，包括主要課程，以及由上述三學科分枝出來的四門次要課程。如：電腦和資訊科學導論、編目、資訊系統、資料文獻管理、資訊處理之社會學觀，等二十五個科目。

　　對圖書館員和文獻管理人員而言，有超過半數以上的課程是完全相同。這個費時三年半的訓練課程分成兩部分。前十八個月的基本課程，其中包括六個月的校外實習。接著是二十四個月的主要課程。這包括了專門訓練課程和三個月在另一個校外機構實習。在全部二千二百個上課時數中，大約有三百小時用來作校內實習。

　　由於側重實習教育，特別設立五個新的實驗室（電子資料處理實驗室、生物實驗室、裝訂和影印實驗室、線上檢索

訓練中心、圖書館和文獻管理教學中心）。

從一九八○年起，這個計畫案的結果已逐步實現：也就是產生了一個涵蓋圖書館學、資訊科學和文獻管理學的全新的科系。他提示目前資訊服務人員應受多元訓練的觀念。

三、巴西 Ponificia 大學資訊系的 Ana Regina Cavalcanti da Rocha 在其著作「資訊社會中之電腦專家教育」一文中，提出過去一個世紀中，人們始終相信，科技進步只會帶給全人類無窮的福祉。在我們這個世紀，由於太空飛行和電腦的出現，使人們產生了一種對未來更有信心的新心理，也是一種相信由科技帶來進步的心理傾向。但是，也由於我們曾經歷數次戰爭，而明瞭了科學和技術可以帶來真正的重要的科學上的進展，但也可以為人類增加製造毀滅的機會。

由於科技帶來了一些問題，人們開始懼怕並且會問：發展科技到底是為什麼？科技究竟給社會帶來好的或壞的影響？我們是否該歸真反璞並且拒絕科技？而答案是無論如何，目前我們已活在一個科技的世界，要想重返無科技的社會是絕不可能的。然而，想因此確認科技帶來進步的觀念也是危險的，因為它可能導致人們遺忘了一些有關法律、自由和倫理的重要問題。

由於電腦在收集、儲存和傳播資訊的容量上的革命性發展，它無疑地已對社會產生了重大的影響，權力已由以往的地主和資本家手中溜走，而移轉至控制資訊者的手中。

如今電腦已出現在全世界所有國家，即使連低度開發國家也擁有它。它們對社會的影響已遍及許多方面（經濟的影響、權力的移轉、隱私權、個人自由、個人利益）。對於正在開發中的國家，這些經濟上的影響是如此地重要，以致於我們必須要先回答一個問題：我們真的需要電腦嗎？

為了要確保對電腦作有益性的利用，當低度開發的國家

想要使用它時需要先對它作縝密的研究。應鼓勵對電腦作必要性的應用，然而對一些無關緊要或奢侈炫耀性的使用卻需避免（例加：當使用電腦只是為了提升地位）。

在全世界各大學中，電腦科學和資訊系統學已成為最熱門的科系。當學生們完成學業而步入工業界，就成為所謂的電腦專家或資訊系統專家。他們須要嚴肅地思索：他們即將踏入的世界；電腦專家在這世上的地位；他們即將負起的社會責任；他們將面臨的難題和他們所能做的。他們會被要求去執行這些電腦系統，而且他們必須明瞭這些系統在社會學和倫理方面應有的考量。

當然，就電腦專家的教育而言，就是要有系統地教導和訓練學生的科技知識和技術，然而今日它也必須要包括社會學和倫理學上的重要觀點，在我們的大學課程中，必須包括一些能讓學生以社會學和倫理學觀點來思考電腦在社會中的用途等科目。

我們必須了解一個重點：這課程應包括一些和國家特性、資源有關之科目及對電腦的可用性相關聯的科目。如果只一味模仿已開發國家的經驗，卻沒有根據自己獨特環境而修改的話，那會對一個國家的社會和倫理系統產生嚴重損害。故除了全面及整體的規劃外，更重要的該是體認，那些其他國家的經驗可值我們採用，而那些必須經過修正後才能用。電腦的使用是可以提高效率，增高素質，加速生產力，但終究它只是工具，而非最終的目的，器必須利，但這並非資訊科學教育的整體，尚待我們能善為之，慎思之。

原載於中央日報，民72年4月14日，第10版。

資訊科學教育制度

摘　要

　　此文強調資訊科學之多元與科際性，其中包括語言學、邏輯學、機械人文學等，也涉及基本資訊學科的理論，說明有關我國資訊人才培訓的情形，並提出修正學制時應注意的原則。

　　民國六十年代末期，蔣總統經國先生提示說：「我國科技要趕上工業先進國家，必須普及電腦教育及使用，由政府、教育界及企業界共同努力，全力發展電腦及資訊工業，以促進工業的升級，增強我國產品在國際市場上的競爭力。」為了全面提高生產力、增進社會民生福利、加速國家現代化，我國將資訊工業列為策略性工業。因此，各界人士都開始重視資訊。但大都是站在不同的立場，以不同的角度來看資訊；對資訊的觀念缺乏一個整體性的剖視。這種偏差將阻礙資訊事業的正確發展方向。因此，對資訊這個富有多種層面的個體，來進行整體和整合的了解與探討是相當重要的課題。

　　研究資訊科學的學問統稱為資訊科學。這門多元科際性的學科涵蓋了資訊移轉過程中的每一個階段，其中包括語言學、邏輯學、機械人文學等等，這些涉及基本資訊理論的學科，電腦製造工程和軟體設計工程的學科，也包括了圖書資料學、資訊管理學等。按資訊工業的狹義定義而言，包括兩大資訊產業：一為計算機的製造業和銷售業，一為資訊處理業的軟體工業、資料處理服務業、和資訊提供服務業；廣義定義而言，是資訊產業加電腦運用。也可以說，舉凡儲存、

整理、組織、處理、管理、傳播和運用人類活動與記錄的基礎理論、科學技術和方法都屬於在「資訊」的這個範疇中。大多數人一提到資訊科學或資訊工業，都直覺地認為它只是電腦科技。這種偏重電腦科技的看法，當然是因為電腦技術發展得十分神速，資訊系統的日趨複雜；沒有電腦技術和產品，資訊的產生組織和運用也因此不能達到最高效益。這種挑戰，導致出純對電腦技術研究的重視，而忽略了資訊提供、資訊運用、資訊管理和服務的層面，只是把「器」利了，而未能善於運用這個「器」處理原始資料，使之成為資訊，也沒有效地將所產生的資訊提供出來使用，又如何可使資訊達到提高生產力、增進社會民生福利和加速國家現代化的效益？因此，我國發展資訊事業必須要採一個整體和整合的態度。最基本的當然是由教育問題著手，資訊教育制度是亟需以整體和整合的態度來加以規劃和執行的。

目前我國有關人才培育方面，有訓練計算機技術和管理人才之議。在行政院資訊發展推動小組下分設五組，其中一組是人才培訓組，負責策訂國內資訊工業人才培育計畫、調查資訊人才供需、研審學校資訊課程標準、策訂電腦輔助教學方案、輔導並訓練公民營機構資訊人才，與研訂資訊專業人才資格檢定制度等，可見政府重視百年樹人的教育問題。國內資訊服務的圖書館界也十分關心此事。據師大圖書資訊科學研究所的調查，我國圖書館科系教育界對資訊科學課程的比重頗引以為憂。個人近年來涉獵資訊科學，體念出一些原則，不揣冒昧地提出來供修正我國學制時參考。

（一）資訊科學涉及範圍頗廣，在培育人才方法，希望不只側重在電腦的硬軟體技術或工程部分。基本理論學科及資訊提供、服務和管理人才方面也同樣值得重視。

（二）資訊的提供、管理和服務方面，以往在國內

都是大學部圖書館科系的職責，直到近年來才有研究所的開創。根本觀念是把圖書館學視為一種學科性（Subject Specialization），而非專業性（Professional School）的教育。舉凡學科性的訓練，大都是由大學部開始作基礎性的學科介紹，而後在研究所階段再作專精的主題研究。但資訊管理、提供和服務在基本上是個專業性的養成教育。它的成功與否，要先有學科背景，例如人文科學、社會科學或自然科學，而後要有分析和整理資料的知識（怎樣運用人腦及電腦來分析、組織及處理資料），以及提供資訊服務的能力（利用圖書及電腦設備檢索資料庫）。為了要培養出具備這些條件的人才，美國的圖書館學研究所就因此而易名為圖書館學與資訊科學研究所的情形甚為普遍。在美國為具專業機構美國圖書館協會認可的六十餘所圖書館研究所中，至少有三分之二的研究所都冠以資訊科學一詞，合併資訊科學與傳統的圖書館學為一體。

　　（三）資訊師資的培育更是教育中的教育。電腦教育在國外已普及到小學階段，在我國中等學校和高職方面也在起步，針對供應中學和職業學校的師範院校更不能不把培育中等學校電腦課程的職責引為己任。尤以電腦輔助教學，集合電腦硬軟體和教授法的大成這一項也很重要。它的性質是師範教育教材教法的一種，和運用視聽器材來配合教學有異曲同工之妙。拙見認為有效地發展資訊教育的確是奠定我國資訊事業基礎的先哨：

1. 成立資訊科學學院，集中電腦有關課程至一學院，設立下列：(1)電腦工程系、所，(2)電腦系統分析電腦軟體設計系、所，(3)圖書館資訊科學研究所，前兩者招收中學理工組畢業生，後者招收其他科系大學畢業生。圖書資訊學研究所重視背景學科、特殊學科文獻之了解而

後施以有關電腦的教育，諸如電腦之硬軟體、電腦語言、程式寫作、系統分析、資料組織、資料庫結構、索引方法及理論、資訊檢索、資訊系統評鑑、建立資料網等等。課程安排必須使傳統的圖書館學與新興的資訊科學搭配洽當。對資料的認識、資訊的處理、新科技產品的運用、傳播學的應用、語言學和心理學的了解，才能使資訊服務發生效益而臻完善。

2. 在師範院校成立資訊教育學院，分別成立：(1)電腦科學系培養中等學校和高職的師資，(2)系統分析及電腦應用系，培養教育行政人員及運用新科技產品製作補助教學等教材教法的人員。灌輸系統化教育行政原理及實務的知識，培育師資利用電腦軟硬體作有效的教育運用，(3)設立圖書資訊系，訓練服務社教機關（如公共圖書館）的資訊服務人員和中等學校圖書館資訊老師。

以上簡略的說明，是建議把相關資訊的系所併入一個學院，如此可將資訊課程作整體和統籌的發展；可使共同必修科及相關科目的內容更能配合，更可協調，更能連貫。資訊科學亦可一脈相承地更上一層樓。國家建設聲中，資訊科學有其重要性；國家艱辛之際，不容浪費，不可重覆，更不可忽視資訊科學的任何一方面。資訊的整理、提供和服務一向在國內是屬於圖書領域中，未能利用新的科技產品來進行，也未受到重視。傳統的圖書館學已無法適應時代的需求，而資訊科學的發展也必須包括資訊服務才臻完整。在學制方面必須要正視資訊科學教育整體和整合的規劃。

原載於《中央月刊》16卷1期，民72年11月，頁77-79。

如何培養圖書資訊人才
以因應資訊社會的新需求

摘　要

　　本文旨在探討資訊的本質、資訊科技對資訊服務的影響，以及如何因應資訊社會的新需求，培養適當人才，來面臨資訊時代的挑戰。由資訊社會的產生和演變，說明資訊服務人才應具備的知能，並以臺灣為例，說明培植這類人才要素及途徑。

壹、資訊與資訊社會

　　資訊是人類生活的依據，左右人類的言行。自從印刷術出現以後，資訊可說是經濟的資源，也是一種商品。資訊的蒐集、組織、儲存、傳播和利用，就變成社會發展的重要課題。近年來更因為對於軟體、資料庫管理及電腦利用者所需工具的重視，不僅是知識的傳播，更重視知識的內容。將資訊服務變成為顧客特製的產品，將資訊加工再加工，資訊仲介服務（information broker）增加了資訊的價值，使資訊經濟資源的本質更為明顯。電腦和電信技術的結合，使所有資訊有關的活動在開發世界市場方面扮演了重要的角色，導致社會的每一部分均有重大的改變，而塑成以資訊為基礎的社會，這些變化可謂是資訊時代的大革命[1]。

　　尤其是網際網路（Internet）的普及、全球資訊網（world wide web）的推出、以及資料快速數位化後，資訊的生產、典藏、傳播、取閱、保存等全面改觀，新出版的數位化資料經由網路傳播，舊有的出版品亦積極轉為數位化，朝網路傳播

的方向邁進。免費的資料在網路上唾手可得，付費的資料亦相繼提升為網路版，網路成為取閱、研究、教學、服務、工作及日常所需資訊的捷徑[2]。藉著 www 瀏覽器的協助，圖書資源的傳播，經由標準的電腦使用介面，不但可以看到全文資料，而圖形、動畫、聲音亦可生動地呈現於電腦螢幕上；電子文件具有如此之威力，目前世界很多圖書館都在積極地將其館藏數位化，進行電子圖書館的工作[3]。

貳、圖書資訊科技處理之發展

原由人工處理資料為資訊，發展到由資訊科技處理，在過去三十年來，圖書館所面臨資訊科技的衝擊，大致可分為三個階段：

1. 在70年代，僅是電腦的應用，進而發展一些圖書館自動化作業的成品，例如採訪、編目、流通作業的自動化系統。
2. 80年代才逐漸發展資料庫，利用資料庫作業。
3. 到了1990年網際網路的出現，使得圖書館的資訊功能快速發展，邁進電子圖書館的境界，更展現出對資訊的內涵和知識的重現[4]。

參、圖書館與資訊研究之新意義

當經濟和科技資訊都是現代社會的機具時，我們面臨一些很具挑戰性的問題，那就是資訊科技對我們這些資訊專業服務者產生什麼樣的影響？我們是否可以成功地把藏書變成數元化的資訊服務？有什麼信賴系統、價值及工具可以在這個震盪的時代做我們導航，帶領我們進入數位化世界。我們必須改變我們的觀念、目標和價值觀，這種價值觀造成的變

化被認為是，給予我們資訊服務人員的一種機會、任務及創造的時機，也可以說是人類文化史上空前的變化[5]。要面臨這種挑戰，必須由培育適任的資訊服務人員開始，也就是說由教育歷程及終身學習的歷練來因應資訊社會的新要求。所以美國圖書館協會在1992年修訂之認可標準為配合資訊社會的發展與綜合各方意見，倡議將圖書館學一詞改為「圖書館與資訊研究」（Library and Information Studies），並界定「圖書館與資訊研究」的意義與範圍為：「係專指研究記錄性資訊與知識，及便於其管理與利用之服務與技術的一門學科，涵蓋資訊與知識之創造、溝通、辨識、選擇、徵集、組織及描述、儲存及檢索、保存、分析、解釋、評估、綜合、傳播與管理。」此新名稱適足反映了美國圖書館教育對於資訊社會發展的回應，在圖書館學的領域中添加資訊研究的新內涵[6]。

肆、圖書館資訊服務人力資源

　　圖書館與資訊科學教育係專業教育，為圖書資訊服務培育人才，因此與圖書館、資訊服務及資訊機構的人力需求息息相關，美國、英國早自1970年代開始即著手圖書館與資訊服務人力資源的政策制訂與市場調查，並提供圖書館與資訊科學教育的參考與規劃。

　　1970年6月美國圖書館協會圖書館教育組（Office for Library Education）擬訂了「圖書館教育與人力資源」（Library Education and Manpower）政策。其目的是調整圖書館職位，使不同資格者均充分發揮其才能，並建立適當的升遷管道，便於圖書館有效運用人力資源，主張圖書館需有專業（Professional）人員及輔助（Supportive）人員，並明訂碩士學位為圖書館專業人員必須具備之基本資格。此政策於1976年修訂並改題名為「圖書館教育與人力運用」（Library Education and Personnel Utilization），

對圖書館各級工作人員之職務與責任有很大影響力，另外也關係著圖書館教育的發展。

1987年 Nick Moore 主持一項圖書館員與資訊人員人力資源研究，提出「圖書館員與資訊人員新興市場」（Emerging Markets for Librarians and Information Workers）報告中指出，因為資訊社會的來臨產生許多新的資訊行業，而形成了新興市場（Emerging Market）。由於經費緊縮，就業市場競爭激烈，使得英國圖書館與資訊科學系所畢業生就業困難，所以鼓勵圖書館與資訊科學系所學生朝新興市場發展。但是這些畢業生由於缺乏電腦、統計、新聞學、與公共關係、人際溝通方面知識與技能，很難符合新興市場的工作要求，所以 Moore 建議圖書館與資訊科學系所應重新檢討與規劃課程，以培育學生具備適當的知識與技能以符合新興市場的需要，也促成日後圖書館與資訊科學教育的課程改變與組織重整行動[7]。

伍、國際間圖書資訊學課程設計

1994年 Peter Ingwersen 提出圖書館與資訊科學的基礎範疇為：資訊計量學（Informetrics）、資訊管理（Information Management）、資訊檢索系統設計（Information Retrieval Systems Design）、資訊檢索互動（Information Retrieval Interaction）與資訊尋求（Information Seeking）。

1995年美國田納西大學 J. Michael Pemberton，主張資訊研究是一整合性的學科，必須提供此學科整合的理論與實務，建議應提供下列五種課程：(1)資訊環境概介；(2)資訊科學與技術導論；(3)資訊資源之選擇、徵集與評估；(4)資訊內容的表述；(5)資訊查詢與評估[8]。

University of Michigan於1995年開始進行資訊科學、資訊技術、與圖書館學核心課程計畫，Kellogg Coalition on Reinventing

Information Science Technology and Library Education設計了四種核心課程，包括：(1)核心知識（Core Knowledge）；(2)資訊資源的組織（Organization of Information Resources）；(3)一般資訊資源（Sources of General Information）；(4)資訊管理技術（Technologies for Information Management）。

　　英國圖書館協會公布的「課程認可程序」（Procedures for the Accreditation of Courses）亦要求圖書館與資訊科學系所課程應涵蓋下列五個重要領域：(1)發展分析與管理技能，以應用於資源之徵集、組織、與運用以及提昇圖書館與資訊服務；(2)掌握社會的資訊需求；(3)認識圖書館與資訊服務的角色、功能與價值；(4)了解資訊的徵集、製作、組織與傳播；(5)具備實務工作所需的技能。

　　英國資訊科學家學會制訂「資訊科學課程與資訊科學家學會團體會員標準」（Criteria for Courses in Information Science and for Corporate Membership of the Institute of Information Scientists），涵蓋資訊科學、資訊管理、資訊科技的知識與技能，與輔助技能之課程[9]：

1. **資訊科學**：為該學科的核心基礎，係有關資訊之創造、徵集、評估與確認、組織、儲存、轉換、檢索與傳播之理論與實務，涵蓋下列知識與理論：(1)資訊之特質、供應者與使用者；(2)資訊資源；(3)資訊儲存與檢索；(4)資訊之分析；(5)資訊之傳播；(6)資訊科學之理論等。

2. **資訊管理**：涵蓋下列的知識與理論：(1)規劃；(2)傳播；(3)管理資訊與控制系統；(4)人類資源管理；(5)財務管理；(6)進陞、經濟與行銷；(7)政治、倫理、社會、與法律因素。

3. **資訊科技**：涵蓋下列知識與理論：(1)電腦系統：硬

體與軟體；(2)遠距離通訊；(3)資訊科技應用；(4)環境。

4. **其他輔助技能**，包括：(1)研究方法；(2)語言學；(3)外國語文等。

1996年在哥本哈根舉行的第二屆圖書館與資訊科學理論國際會議（Second International Conference on Conceptions of Library and Information Science）中探討了資訊科學核心領域與各領域間的關連性，分為八方面：資訊概念、知識組織與傳布、資訊尋求與行為、資訊檢索、資訊評估與相關性、網路與資訊整合、資訊經濟與管理、資訊計量學與科學計量學[10]。

陸、臺灣圖書資訊課程設計經驗

臺灣地區圖書資訊事業在近十年來的發展相當神速，主要原因是因為圖書館的經營深受資訊科技的影響，另外政府對圖書館事業投入不少的建設與補助。根據臺灣圖書館在民國86年調查資料顯示，目前臺灣地區的圖書館共有4,830所。由以上數據顯示，臺灣圖書資訊領域人才的需求相當龐大[11]。臺灣資訊服務專業人員均由大專學校培養而成，目前臺灣地區共有八所圖書資訊系所（師大、臺大、輔大、淡大、世新、中興、政大、玄奘），其中學士6所、碩士6所，博士僅有1所。大學部畢業生至1998學年（1999年7月）止，共計8,006人，碩士班畢業生至1998學年止共計284人，博士班畢業生至1998學年止共計4人[12]。

教育部門為改進人文社會科學教育，近年推動「人文社會科學中程教育改進計畫」。在圖書館學門規劃方面，於一、二期規劃報告中曾對提升師資、改進教材、改進教學方法、進行課程規劃、加強學術活動等提出具體建言。在圖書館資訊學門規劃部分，先後由臺大圖書館吳館長明德、臺灣大學

圖書資訊系陳雪華教授主持。強調新興技術的運用、服務與資訊的加值，加強知識內涵的建構，並與實務界相結合，將觸角延伸至資訊社會中的各個層面，超越傳統的框架，進行圖書館與資訊服務的整合性知識與技能之教育，以期培養出優秀的圖書資訊專業人才。建議各相關系所開設通識課程。例如：圖書館利用教育、資訊社會與終身學習、圖書館與網路資源、資訊素養等課程，教導學生具備蒐集、分析、整理資訊等基本能力，培養學生具備廿一世紀資訊社會基本的素養[13]。

　　根據陳光華教授、陳雪華教授研究，他們建議開設「電子圖書館」系列課程，以培養電子圖書館人員，內容規劃如下：

1. **資訊技術**：人工智慧、人機介面、多媒體、自然語言處理、作業系統、系統分析、知識工程、計算機結構、計算機概論、軟體工程、程式設計、資料庫統計、資料結構、電腦安全、電腦網路、電子商務、網際網路、演算法、數位系統、數位代數。

2. **資訊管理**：分類編目、索引要摘要、智慧財產權、傳播理論、資訊心理學、資訊倫理、資訊尋求行為、資訊管理、資訊檢索、電子出版、圖書館自動化、圖書館管理、圖書館學導論。

3. **資訊資源**：網路資源、參考資源、第二外國語[14]。

　　為了提供知識加工方面的知能，更應加強主題分析。吳萬鈞先生、賴鼎銘教授等也認為圖書資訊系所課程應加強語文、專門學科、知識加工及資訊課程。最能提供知識加工知能，就是主題分析和資訊分析方面的課程：

1. **主題分析**（Subject Analysis）：對文獻內容或檢索問題中所含的主題概念進行分析的過程。主題分

析又稱為內容分析（Content Analysis）或文獻分析（Document Analysis），含下列四個層面：(1)主題之結構分析；(2)主題之分面分析；(3)主題之範疇分析；(4)主題之標引分析。所需知能應由下列基礎課程提供：(1)資訊科學原理；(2)資訊心理學；(3)邏輯學；(4)語言學；(5)術語學；(6)分類理論與實務；(7)索引典理論與實務；(8)主題概念分析原理與實務。

2. **資訊分析**（Information Analysis）、資訊研究（Information Research）、資訊調研（Information Study）：針對科研、生產或管理等方面之全面、某一特定課題、或某一指定之任務，從事資訊資源之調查研究、系統性地蒐集及實地考察，然後就有關資訊加以分析、判斷、綜合及歸納，並將成果以綜述、述評、專題報告、評鑑或預測等形式發表，供決策部門及研究人員參考，必須要掌握下列六個層面：(1)課題選擇；(2)資訊搜索；(3)資訊整序；(4)科學抽象；(5)成果表達；(6)成果評價。而基礎課程宜有：(1)統計學；(2)計量學；(3)資訊預測；(4)系統論；(5)科學學；(6)未來學；(7)哲學[15]。

目前臺灣進行多種電子圖書館計畫：臺灣大學計研中心的「文化資產的數位化系統」：中央大學電算中心的「以網路提升地球科學教育之電子資料庫系統之建置」；清華大學資訊科學系的「在NII下盲用電子圖書館的雛型建立」；清華大學歷史研究所的「清華大學虛擬博物館計畫」；交通大學資訊科學系的「智慧型資訊擷取系統之研製」；臺灣大學圖書館、人類學系、圖書館系、資訊工程學系的「臺灣大學電子圖書館與博物館文獻與藏品數位化計畫」；資訊工業策進會系統軟體實驗室的「系統軟體關鍵技術發展五年計畫：數位

圖書館」；清華大學藝術中心的「藝術中心電腦導覽計畫」等等[16]。

自1996年起，交通大學推動「浩然數位圖書館」。「數位圖書資訊處理」乃屬於跨學門之研究領域，融合了資訊、電信、資管、統計、傳播等相關領域。自1998年9月起以2年的時間與國科會科學技術資料中心共同執行「國科會數位圖書館暨館際合作系統建置計畫」，透過設置「數位圖書資訊學程」，有效結合該校理工科技的專長特色，規劃數位圖書資訊學程課程如下[17]：

1. **核心課程**：(1)資料蒐集方法；(2)圖書館與網路資源；(3)圖書館學概論；(4)圖書館技術服務；(5)數位圖書館；(6)資料庫（管理）系統；(7)資訊檢索；(8)數位圖書館資訊組織與交換。

2. **選修課程**：(1)資料結構；(2)資料處理（統計）分析；(3)網際網路技術；(4)Web 與資料庫整合；(5)演算法（與架構）；(6)計算機網路（概論）；(7)影像處理；(8)多媒體資訊系統或多媒體人機介面；(9)資料挖礦與自動學習；(10)智慧財產權。

1997年臺灣大學圖書館學系接受教育部委託，從事一項圖書館學系核心課程之規劃研究，為圖書資訊學教育規劃了基礎類課程，包括：資訊與資源、組織與分析、使用者與服務、資訊科技與應用及系統與管理。

1998年李德竹教授研究圖書資訊學系所資訊科學相關課程，分為八大領域：(1)電腦與程式設計；(2)資訊需求與尋求行為；(3)資訊儲存與檢索；(4)資訊系統分析、設計與評估；(5)資訊科學與技術；(6)圖書館自動化、網路與通訊；(7)資訊政策與管理；(8)資訊社會、倫理及其他[18]。

1998年12月19日中華圖書資訊學教育學會第三屆第二次

年會，針對「圖書資訊學核心課程」舉辦座談會，以凝聚大家對核心課程的共識。分組對各核心課程討論內涵，包括圖書資訊學導論課程組、圖書館自動化課程組、參考資源與服務課程組、圖書館管理課程組[19]。

　　圖書資訊學導論課程組認為此課程內容應該決定於圖書資訊學學門的核心焦點為何，才能據以設計圖書資訊學課程內容。技術服務課程組認為該組核心課程涵蓋館藏發展、分類與編目、網路資源組織的詮釋資料（Metadata）、索引與摘要等課程。但在分類與編目課程名稱由於輔大改名為「資訊組織」與「主題分析」，因此在名稱方面需要討論如何訂定。此外，分類與編目課程是依語文分為中文分類與編目與西文分類與編目，或依敘述編目與主題編目來劃分課程。

　　圖書館自動化課程組認為該組課程內容應包括系統分析、書目中心、書目機讀格式、系統需求書、詮釋資料、數位圖書館，但因圖書館自動化課程與其他核心課程（如採訪、分類編目等）重疊，所以圖書館自動化課程有分合兩種不同的觀點。

　　參考資源與服務課程組認為該組核心課程包括：參考資源、參考服務、讀者服務等，但資源類及服務類基礎課程的分合開授方式，各校情況不同，但傾向將資源與服務分別開課教授，中文參考資料與西文參考資料可合併教授，但傳統中文參考資料不可偏廢，並且趨向合併為「參考資料」一科教授，採教授原理原則下，廣為科學各類專科文獻課程進階課程的基礎。除資源教育外，服務精神教育十分重要並重視專業倫理[20]。

柒、大陸學者意見舉隅

　　大陸圖書情報學學者來新夏教授，也曾提出其對圖書情

報人員訓練的看法。訓練課程內容應配合下列主要目標：(1)
了解圖書情報領域的歷史，以及未來的功能趨勢；(2)了解
信息技術及其實現手段，以及適合於應用這些技術的條件；
(3)懂得圖書情報管理的理論與實務；(4)設計並建造書目、
文摘、索引、或數據庫；(5)懂得利用現代技術來提供各種情
報服務；(6)了解情報員從生產者到用戶的全過程中的所有問
題；(7)懂得適用於情報服務領域的研究方法。要達到這些目
標課程，應包括下列幾個面向[21]：

1. **歷史與未來**：圖書、圖書館之歷史與展望；信息時
   代與未來社會；圖書館學史與展望；情報科學史與展
   望。

2. **情報的生產與傳播**：作者；出版者；文獻傳遞的形式
   和過程；國際傳播；情報生產者的職責。

3. **情報源的蒐集與儲存**：選擇；採購；館藏管理；館藏
   評價；圖書情報專家的職責。

4. **情報的記錄與描述**：描述：外在形式的描述；目錄編
   目：內容上的描述；分類：原則與理論、主題索引、
   控制詞表、敘詞表的構造、組織、文檔組織、記錄結
   構與格式。

5. **情報處理與加工**：形式的轉換；內容的轉換；情報分
   析；關於特定形式的特殊考慮；情報轉換服務的衡量
   與評價。

6. **情報檢索**：分析用戶提出的要求；檢索策略；情報
   源；情報檢索服務的評價；評價標準；評價方法。

7. **情報傳述**：道德法律和哲理上的考慮（如版權）；情
   報的傳遞；文獻的傳遞；從外部的情報源提供文獻；
   向特殊讀者傳遞情報；情報傳送服務的衡量與評價；
   職責。

8. **情報用戶與情報的使用**：影響情報需求的因素；潛在用戶；情報需求的類型；交流渠道；情報流現象；研究情報用戶及其需求的方法；情報服務的類型及其所滿足的需求；圖書館、檔案館、情報中心、情報分析中心；情報源諮詢中心；各種類型的網路；情報檢索服務；情報專業人對用戶的責任。

9. **管理**。

10. **通訊技術**。

11. **研究方法**。

捌、臺灣地區圖書資訊繼續教育的貢獻

圖書館學會是臺灣地區歷史悠久與影響力最大的圖書館專業學會，於1953年在臺北成立，40餘年來對臺灣地區的圖書館員繼續教育貢獻不遺餘力。所辦理的研習班類別有：圖書館基礎類、讀者服務類、技術服務類、圖書館管理類、圖書館自動化及資訊科技類等5類[22]：

1. **讀者服務類**：含圖書館讀者服務專題研習班、資訊媒體與服務專題研習班、圖書館資訊服務專題研習班、學校圖書館經營實務專題研習班、圖書館參考服務專題研習班、圖書館與終身學習研習班等。

2. **技術服務類**：含分類編目專題研習班、圖書館技術服務專題研習班、館藏規劃專題研習班、機讀編目專題研習班、主題分析與機讀格式專題研習班、圖書館館藏發展專題研習班、視聽資料製作專題研習班、圖書館視聽資料管理專題研習班等。

3. **圖書館自動化與資訊科技類**：含圖書館自動化（及網路）專題研習班、資訊媒體與服務專題研習班、圖書館與電腦網路應用專題研習班、電子圖書館及資訊檢

索專題研習班等。

4. **圖書館管理類**：含營運管理專題研習班、圖書館管理科學專題研習班等。

5. **圖書館基礎類**：圖書館經營基礎研習班。

其他類尚有視聽資料製作專題研習班、圖書館與出版專題研習班、圖書館視聽資料管理專題研習班等。這些研習班對專業訓練及在職人員之繼續教育都產生有力的績效，此外空中大學亦經電視頻道講授圖書資訊學的課程。同道們經過多次的研究、討論、分析現況，目前臺灣地區圖書資訊課程呈現下面規劃的趨勢：

1. 圖書資訊的徵集（館藏發展）
2. 圖書資訊組織（含分類、編目、主題分析、索引）
3. 圖書資訊傳播（讀者服務、資訊素養、參考資源與服務）
4. 圖書資訊自動化（資訊系統）
5. 電腦與網路
6. 管理（行政、統計）
7. 外國語

最近受委託淡江大學再加研究，課程的設計實在是個挑戰和難題。

玖、結　語

王振鵠教授曾說過：「二十世紀的圖書館由於遭受到知識爆炸、資訊技術發展與資訊社會的需求，而面臨到空前未有的震撼和挑戰。全球圖書館事業受到資訊科技的衝擊，在功能和服務上都有鉅大的改變，從國家建設到民間社會發展，都對圖書館的資訊服務產生迫切的需求。這些需求包括來自於政府和民間開始重視到「知的權利」之重要，體認到唯有

使民眾享有充分的資訊，民主社會方能健全發展」[23]。圖書資訊服務人員之充沛與適任是使民眾獲「知」、社會和國家發展要素之一。當社會對「知」的重要性予以重視時，當新興科技足以加速及有效地處理時，圖書資訊服務界應正視如何培育稱職的人才來提供有效服務。個人提出下列建議就教於各位同道：

1. 提昇學習位階，圖書資訊服務人員所掌握的職能，由簡單的資訊儲存和檢索演變成知識管理，其教育最好提昇到研究所階層。英國學者 Carolyn Angell 也強調學科背景[24]，在大學階段必須先獲得學科知識，攝取電腦與語言知能，而後再進入圖書資訊研究所學習知識管理的理論與實務，包括知識內容的加工、資訊科技電訊傳播和各種科技的整合。

2. 若要維持大學部，必須明確訂定圖書資訊學大學部與研究所分別的課程結構，共同核心課程或基礎課程，各校亦就各自特色與資源設計特色課程，使大學部學生可選圖書資訊系為輔系，圖書資訊系大學部學生亦必須選一專門學科為輔系，有學科基礎知識再學習圖書資訊科技。

3. 各校除研議核心課程外，亦可各就其特色與資源設計特色課程。例如：交通大學的「數位圖書資訊學程」。

4. 減少必修科目，增加選修的課程，使圖書資訊服務員能獲得更廣闊和專精的知能，同時亦強調實習的重要性。

5. 加強在職訓練及繼續教育，使圖書資訊人員可以隨時充電，隨時代的要求，提供適時的資訊服務。

臺灣圖書資訊服務者進入公立圖書館或資訊業界服務

前，必須經過公務人員任用考試，必要時可以依「教育人員任用條例」應聘出任。公務人員任用考試這個關卡既能提升專業知識，又可加強訓練。圖書館資訊系所畢業生應充分掌握時機，報名考試，獲得應有的任用資格，為國家服務，並為提升國家競爭力而努力。也希望兩岸圖書資訊界共同努力，研訂有效教學途徑，使廿一世紀知識服務業能百尺竿頭，更進一步。

參考文獻：

1. Herbert K. Achleitner, "Information Transfer, Information Technology, and the New Information Professional," in *The Impact of Emerging Technologies on Reference Service and Bibliographic Instruction* (London: Greenwood Press, 1995), 137-149.
2. 黃鴻珠，「網路資訊之使用與發展」，公務人員委任晉升薦任訓練課程講義（臺北：文官培訓所提供）
3. 陳光華；陳雪華，「『電子圖書館』支援課程之探討」，《圖書館學刊》，第12期（民國86年12月），頁93-126。
4. 李華偉，現代化圖書館管理（臺北：三民書局，民國85年），頁223-224。
   Karl Min Ku, "The Website Library and Its Partliamentary Information & Dissemination Services: A Case Study of the Parliamentary Library of Taipei, Taiwan, ROC," Paper to be presented at IFLA 2001 Conference in Boston.
5. 同1。
6. 王梅玲，「邁向二十一世紀─圖書資訊學教育回顧與展望」，《國家圖書館館刊》，第2期（民國89年12月）：頁13。
   http://web.cc.ntnu.edu.tw/~mwu/activities/1998/12.html。
7. 同6。
8. 同6。
9. 同6。
10. 同6。

11. 鄭寶梅，「圖書館事業現況調查分析」，《第三次圖書館年鑑》（臺北：國家圖書館，民國88年8月），頁29。
12. 王梅玲，「臺灣地區圖書資訊學教育」，《民國八十九年圖書館年鑑》（臺北：國家圖書館，民國89年12月），頁238-239。
13. 陳雪華，人文社會科學第三期中程教育改進計畫（90-93）─圖書資訊學門規劃報告（民國89年2月29日），頁61-63。
14. 同3。
15. 農業科學資料服務中心編，《建立國家科技知識服務系統》（臺北：農業科學資料服務中心，民國86年），頁10-13。
16. 同3。
17. 數位圖書資訊學程http://vic.lib.nctu.edu.tw/liborg/org06b6-1.htm。
18. 同6。
19. 王梅玲，「臺灣地區圖書資訊學教育」，《民國八十九年圖書館年鑑》（臺北：國家圖書館，民國89年12月），頁233。
20. 同19。
21. 來新夏，中國圖書館學、情報學教育的回顧與展望，《第一屆21世紀海峽兩岸高等教育學術研討會論文集》(I)（臺北：淡江大學，1993年11月4日），頁139-140。
22. 王梅玲，「圖書資訊學教育」，《第三次圖書館年鑑》（臺北：國家圖書館，民國88年8月），頁218-223。
23. 王振鵠，「20世紀臺灣圖書館事業之回顧與展望」，《民國八十九年圖書館年鑑》（臺北：國家圖書館，民國89年12月），頁21。
24. Carolyn Angell, *Information, New Technology and Manpower, Information Research Report* 52 (Cambridge: The British Library Board, 1987), 45-51.

原載於《海峽兩岸資訊服務與傳播發展研討會論文集》。杭州，民90年9月13-16日，頁21-29。

電子計算機在教育上的應用

摘　要

　　說明電子計算機作業性質及程序與圖書館相似之處，簡介如何運用電子計算機提供圖書館服務，並說明電子計算機教育研究者，對電子計算機輔助圖書館服務應有的認識與運用。

壹、導　言

　　電子計算機和圖書館的作業，在基本觀念上看來大致相同：電子計算機主要的部分是資料的收集和輸入 ─ 處理（整理分析） ─ 儲藏 ─ 輸出以便運用，而圖書館的作業：採訪徵集就是資料的收集和輸入，圖書的分類編目是處理 ─ 典藏 ─ 而後流通。

　　因此可以說基本觀念上，電子計算機的作業性質和程序與圖書館相似，頗有異曲同工之妙。

　　圖書館的功能是收集人類經驗、經記錄的知識（Recorded knowledge of human experiences），給予組織，存在館內，便於借出利用，這也是輸入、處理、儲存及輸出的作用。

　　電子計算機最大的特點是：
1. 速度快
2. 儲存量大
3. 正確
4. 變化多
5. 自動化
6. 勤勞

　　圖書館服務的準則是在適當的時間內提供適當的圖書給適當的讀者使用（Right book to the right reader at the right time），在執行這個準則時也強調速度和正確性，尤其是在年產七十萬種圖書的今日，知識爆炸，資料眾多，圖書館收藏圖書整理，圖書館的服務和管理都可藉重電子計算機這科技產品來加速效率，圖書資料經過電子計算機來處理後就稱作資訊。

　　運用機器來處理資料這個觀念，源自一八九〇年美國要作人口統計的工作，Herman Hollerith 主持此事覺得頗棘手，當時美國國會圖書館館長 John Billings 給他一啟示，於是打孔卡、列表機等就用來處理龐大的資料，Hollerith 也是 IBM創辦人，所以我們圖書館界常常喜歡提到這則故事，不僅是美國，大英博物館 Panizzi 也和 Charles Babbage 討論用Analytical engine 來處理大英博物館的目錄，一九三〇年 Ralph Parter 用打孔卡來做出納的工作。

　　運用電子計算機來處理圖書管理和提供服務的活動稱為圖書館自動化作業。

　　圖書館自動化作業包括三大部分：

1. 技術服務 ─ 採訪、編目、分類
2. 讀者服務 ─ 資訊儲存和檢索（Information Storage and Retrieval）、電腦輔助資訊（參考）服務（Computer Assisted Reference Services）、出納
3. 行政管理研究（Operational Research）

貳、運用電子計算機提供圖書服務之簡介

　　圖書館自動化的基本出發點是始於「書目控制」，主要目的是要知道每書是誰寫的，屬於什麼叢書，書名為何，現在何處，以及一個圖書館藏書的記錄。讀者到圖書館來查

資料首先用的工具是卡片，在人工作業時代，是用打字、印刷、手寫的卡片或書本式的目錄來依照一個序列排出來（筆劃、筆順、字母順）。運用電子計算機來處理資料，將圖書資料輸入電腦儲存媒介後可以按任何方式來排列、來檢索。現在是運用電子計算機，可以在終端機上檢索資料，工作人員也可以隨時修正資料、輸入新資料，在速度及利用上均甚便捷，採購圖書、出納、參考服務都可利用電子計算機。

參、教育研究者對電子計算機輔助圖書服務應有之認識與運用

對讀者有幫助的電腦輔助服務是：

1. 書目
2. 資訊服務，即電腦參考服務
3. 資料庫的檢索

   資料庫就是將資料經電腦依資料的性質和用處予以整理、分析過濾、歸納輸入電腦儲存媒體就成為資料庫，再經電腦傳到讀者手中。

資料庫有數字、書目、綜合三類。

在美國書目資料庫提供者有下面兩型：

1. 以圖書為主的（OCLC, WLN, RLIN）
2. 以期刊雜誌索引為主的（BRS, DIALOG, ORBIT）

前者是依美國國會圖書館MARC為根據，後者是索引製作單位用電腦製作之摘要及索引，資料庫磁帶輸入資訊服務的磁碟，再經BRS等單位向外傳播。

教育方面，我們用得最多的有：

1. 專業機構：American Psychological Institute ── PsyAbstract
2. 政府機構：National Institute of Education ── ERIC
3. 商業機構：Institute of Scientific Information ── Sci-

Search、Science Citation Index

4. ERIC — Educational Resources Information Center為教育研究者收集各種有關教育資料。

5. ERIC Clearinghouse on Adult Career, & Vocational Education — Ohio State University

6. ERIC Clearinghouse on Counseling & Personnel Services — University of Michigan

7. ERIC Clearinghouse on Early Childhood Education — University of Illinois

其他使用電子計算機從事教育相關的研究及重要的努力尚有：

1. Resources in Education（RIE）

2. Current Index to Journals in Education（CIJE）

3. Information Analysis Products（IAP）

肆、結　論

　　圖書及圖書館的服務都是教育的要素，由於圖書的內容適當的供應，可以使教育更能奏效，而電子計算機這個技術成品，可以使圖書館的藏書及圖書館服務更迅速而提供更有效的效果。近年來我國圖書館自動化的發展非常驚人，以前我們所做的基礎工作已經完成，例如標準、字集等等。非常期望大家共同努力使電子計算機和圖書資訊服務相互配合得更完善，教育的成效也可更有效率。

原發表於國立政治大學教育研究所舉辦之「電子計算機在教育上的應用研討會」，民國71年5月14日。

圖書資訊技術服務標準

摘　要

　　本文說明整理和組織圖書的標準，是達到圖書為多數人所利用的目的，介紹圖書資訊相關的各種標準 — 字集標準、國際標準期刊號、國際標準圖書號、國際圖書著錄標準等。報導民國73年4月由師範大學與中國圖書館學會共同舉辦國內第一次圖書資訊技術服務研討會開會經過及討論結果，最後作者提出五點今後發展標準的意見。

壹、前　言

　　舉凡一個社會邁入有秩序、有理性、進步和富強的境界時，每一件工作的執行都應有一定的法則、規範和標準為依據。因此，法則與遵守法則和一個社會、民族或國家的進步是息息相關，而又互為因果的。我國已由勞力密集的社會進入技術密集的社會，這已足以表示我國已步入智力競爭的層面。尤其此際我國同時大力提倡文化建設和資訊工業，邁入空前的文化與科技整合的階段，一方面既重視資訊有效的利用來提升文化與科技，一方面並強調運用資訊以研訂營運方針的重要性。另一方面也積極倡導書香社會，促進讀書風氣，這些體認可由政府規劃六大資訊系統，圖書資訊自動化作業計畫上窺其梗概。其中尤以政府和民間在提倡書香社會時，所獲得的共鳴更令人興奮。

　　廿世紀時代的特色是資訊量多、資訊用途多，資訊的效益顯著，使資訊逐漸成為國力強盛的表徵。在講求經濟效率和

正確性的今天，資訊的互享是大家追求的目標。要達到這個目的，有效的方法是運用新式科技產品 ── 電腦去收集、分析並整理資料，使之成為資訊，再經過電傳設備構成資訊網，同樣的資料經過一次的處理，即可提供多數人多次的使用。而實現這種構想的基本工作在於標準的制訂、更新和採用；為了圖書達到為人多多利用的目的，整理和組織圖書的標準也是奠基的工作。

貳、資訊服務相關標準

　　與資訊相關的標準有很廣泛的範疇，由電腦所用的資訊交換碼（Information interchange code）到電腦的指令（command）到電傳的協定（protocol）甚至磁帶的規格都有標準可循。國際間對於標準的擬訂，曾有多種頗富績效的努力。國際性的組織如國際標準組織（International Organization for Standardization）世界科技資訊系統（UNISIST）及國際圖書館協會聯盟（International Federation of Library Associations and Institutions）都盡了很大的力量。分別研究擬訂諸如ISO標準，國際標準期刊號（ISSN）、國際標準圖書號（ISBN）、國際圖書書目著錄標準（ISBD）、以及國際機讀編目格式（Universal MARC format）等之標準。美國方面也嘗試過、有些也成功了，諸如英美編目法與美國國會圖書館機讀目錄格式等。但是真正獲致大家共同注意標準這個問題是在七十年代末期。近十年來美國國會圖書館、美國標準局、美國全國資訊諮詢委員會，和美國圖書館協會才成立專門研究與圖書資訊服務有關標準的委員會和組織，例如 Z39 委員會及美國國會圖書館全國資訊網發展處等等。但在不統一中再求統一是件相當困難的事，因此我國在目前提倡資訊服務時應採未雨綢繆的措施，以免重踏覆轍而受害無窮。談到圖書資訊關係最密切的標準

必須先了解圖書資訊服務的類別及其內涵。圖書資訊服務分為兩大類：（一）公眾（讀者）服務。（二）技術服務。前者主要的功能在於協助讀者，解答問題，提供參考服務，辦理圖書借閱等等；後者則包括徵集、組織與整理，使圖書資訊有條理便於利用。因之技術服務是讀者服務的基礎。而健全及優良的技術服務有賴完整而符合標準的準則。這些準則包括分類法、編目規則、機讀編目格式、標題、辭彙和線上輸入輸出之檢索法等等。

參、圖書資訊技術服務研討會的召開

為了順應資訊時代的趨向，因應目前圖書資料自動化的需要，並逐步實現建立資訊網的構想，近四年來圖書館自動化的發展成果頗值歡忭。個人深覺以美國的經驗作為前車之鑑，在推動圖書館自動化作業時，率先提出標準製訂的重要性。除了向同道和有關單位一再反應外，並建議由中央圖書館和中國圖書館學會共同組成全國圖書館自動化規劃委員會。擬訂圖書館自動化計畫時，就以標準的制訂為第一要務。編目規則、機讀目錄格式和標題的製作都是圖書館自動化計畫的重點工作。這三項重要而艱巨的工作在各專家的領導，同道們集思廣益和辛勤的努力下都已大致完成，並付諸利用。深感到：(1)標準的建立與統整必須要經過擬訂者和使用者之間的意見溝通和心得交流才能達到實用性；(2)任何一項標準必須參考國際間已被認可的有關標準的經驗，他山之石可以攻錯，始可符國際性；(3)筆者研讀博士學位後，深深體會到接受再教育的可貴。所以在去秋學畢歸國後回饋於祖國時，就常想舉辦些再教育的活動，藉以溝通意見並交換經驗。坦誠的討論和建設性的建議既可使我國有關的標準草案予以統整，亦可使基層人員和領導的人員互相體認在擬訂

標準和應用標準之時的艱難或問題。更重要的是希望培養出一種專為學術，破除門戶之見的研究風氣，促使青年同道參與基礎工作，引起他們的參與興趣。圖書資訊技術服務研討會的召開，並在上面幾種認知和先進的督促下，先經問卷調查意見，奔走經費，幾經洽商，獲得教育部、文建會、國科會等的贊助，在今年四月九日至十日，在極有限的經費下，由師大和中國圖書館學會共同舉辦國內第一次的圖書資訊技術服務研討會，開閉幕式分別由郭校長為藩和王館長振鵠主持，兩位所言句句珠璣。教育部陳次長梅生和文建會陳主任委員奇祿分別致詞，給同道莫大的鼓勵。值得珍惜的是蔣復璁院長說明他與嚴文郁故教授親自領導創立我國現代分類編目規則的史實，這段口述不但是寶貴的史料，更是給青年人最佳的啟示。

　　此次會議報名參加的人很踴躍，達一百九十餘人。但因場地限制，致向隅者不少，覺得十分抱歉。會中敦請國內圖書館技術服務權威藍乾章教授和旅美學人麥麟屏博士分別主講當前我國技術服務之準則，及主題檢索之現狀，線上作業系統中各種分類法之理論與應用，標題與索引系統之應用與發展，並分別由嚴文郁、沈寶環、胡述兆、陳興夏、黃世雄、李建興、楊國賜等教授與本人主持討論，胡歐蘭及盧荷生教授補充講解，參與的同道發言踴躍，散會時仍感意猶未盡。會中討論的結果獲得下列的共同認識：

1. 統一中西文資料所用的分類法：應彙集各國際間分類法之優點，以中國圖書或杜威分類法為骨幹，來制訂一符合我國國情和資料特性的分類法；此一分類法應可處理中文及西文資料，並應有一脈相傳的簡節本供分類兒童圖書資料用。

2. 與國際知名團體合作發展兼具國際性之標準，例如申

請杜威基金合作翻譯杜威十進分類法，發行該分類法中文版，作為發展我國富國際性的分類法時參考。

3. 我國編目法為配合自動化的需求，已按照國際標準予以修正；在傳統和符合國際標準的衝擊下，我國新的編目規則已有良好的基礎，尚待不斷的研議，以求更臻完美。

4. 根據上述編目規則及國際機讀編目格式而訂定中國機讀編目格式，在原則及應用上都較其他國家性的機讀編目格式為進步。因為減少一道轉換的手續，而便捷良多。但在分析文獻部分要用的欄位400號（Tag 400）方面，必須詳加研議，使國內兩套根據國際機讀編目格式的成品能統整而為一套。所幸這工作在同一基礎上發展，相互包容，理應不難。在制定過程中，宜立即與國際書目控制中心（Universal Bibliographic Control Office）取得密切聯繫而獲技術支持及認可，並應用機讀磁帶力加推廣。

5. 運用主題來檢索資料是最受資訊利用者歡迎的，也是最有效的方法。一般是運用標題來查圖書，運用索引典來查專科論文。國外以美國國會標題表及教育資料索引典最為有名。英國的前後關係索引法（PRECIS）最為詳細。事實上，美國國家醫學圖書館的標題表兼具標題表與索引典的優點是值得效法的。我國標題表的初稿也已完成，是依據我國的分類法，參照美國國會圖書館分類法十八版編訂的。雖然在名詞上有見仁見智的看法，但可運用「參見」或「見」來解決新舊名詞的問題。國內已成的索引典僅有農業資料的索引典，尚待開發的專題索引典尚多，諸如教育、科技、醫藥等等。目前標題表已有很好的架構。國外專家對

我國這種工作均予好評。應該進行的工作是根據「字彙結構」（Thesaurus Construction）此書，參考美國醫學圖書館標題法擬出規範，由各專門學科的圖書館或學術單位按此原則擬定兼具索引典和標題表雙重功能的檢索工具。

此次會議日程雖覺緊湊，但大家興緻很高。參與人士覺得沒有語言的隔閡，可與同道及專家學者暢抒意見，在擴充見聞，交換心得上，頗有收穫。的確達到下列研討的主旨：（一）資訊再教育之加強。（二）整理與組織圖書資訊技術之增進。（三）中西文各類分類法及標題應用觀念之溝通，以及線上系統所用分類及索引認識之提高。

麥博士不辭辛勞，犧牲假期返臺來為國內同道服務，專業和愛國的精神都令人欽佩。各先進、王館長、藍教授、各講解和主持教授、中國圖書館學會和師大同仁以及服務同學都認真地講解、主持、討論及協辦研討會的各項事務，團隊精神之表現讓人感佩。

肆、結　語

四年來，國內外技術服務標準都有新的發展，國內同道在各先進的領導下，備歷艱辛，獲得優異的成果，確實值得慶幸的。個人也因所建議及計畫的發展方向尚無偏差，而稍覺安慰。

最後提出幾點拙見以供今後發展標準時參考：

1. 國家標準除顧及國情與傳統外，必須符合國際準繩。
2. 所有準則應為當前及未來的需要而設計；必須考慮到日後資料的型態、資訊的需求以及科技設備等發展趨向。
3. 任何一項標準應有包容性，應儘量溝通而避免重覆研

究的浪費，團隊精神是成功的先決條件。

4. 急待積極研讀的標準之一是圖書編印製作的規格，諸如款式、開式、天頭、地腳、索引及字體等。使我國圖書在出版時有所遵循，而不致有低水準或過於草率的成品呈現在書香社會中。

5. 以上所提到的標準都具空間和時間之特性，但所有標準應有所依據。這種標準中的標準也是一個國家的圖書資訊政策所應注意的一項。此項政策方針，是國家圖書資訊事業發展的藍圖，在現階段成長期中，在我國已進入進步富強的階段時，圖書資訊業急需此一方針加以配合，這是刻不容緩的當務之急。尚期有關主管單位集思廣益，匯集智慧予以制訂，以便圖書資訊界有切實可遵循的規範。觀念的統整和意見的溝通有賴資訊政策研訂過程中的研議和檢討。一旦此方針確定，相信圖書資訊事業之走向康莊大道，燦爛的前途是指日可待的。

原載於《社會教育論叢》2輯，民73年9月，頁58-63。

從現代科技看圖書之典藏

摘　要

　　本文闡述圖書典藏之重要性、圖書破損的原因、國外致力於圖書保存的努力，以及如何利用現代科技解決圖書保存的問題。

壹、典藏重要性的今昔觀

　　古代重視圖書的保存，「藏」的價值遠比其「用」的價值更受注意，所以古代的圖書館稱為藏書樓。現在的圖書館則因為鼓勵使用，提倡圖書的利用價值，也愈來愈感到維護和典藏的重要性。如何使圖書耐用與持久是廿世紀後二十年代特別感到極需解決的問題。一方面圖書館希望書籍被利用，一方面又恐圖書遭損壞，有些是人為的損壞，損耗是無可避免的；而自然的易碎或腐蝕卻是應該設法克服的。今日的圖書館因此受到兩種壓力的衝擊：一方面要儘量使資料能夠給讀者使用，另一方面是怎樣使圖書的壽命延長。這種困擾形成圖書館員精神上的負擔，也是極待解決且富挑戰性的專業課題之一。

貳、圖書破損的原因

　　圖書易損的原因不只是因為利用得多而造成的，紙張製作的方法，產生酸性的紙是不能持久的最大原因。富有酸性的紙經過廿年就會破碎成粉。二千年前，我國蔡倫發明造紙術是用棉質、纖維；後來用樹木紙漿，以機器來大量生產，

就得用明礬松香等化學原料來使之成型，酸性因而產生，廿世紀圖書排架的生命最多也只有半世紀。

參、國外致力於圖書保存之努力

一九八〇年美國國會圖書館做過調查，發現每年花費在保存圖書上的經費總額在五百萬美元以上，但效果卻不理想，很多單位都致力於解決這個問題的研究，尋索癥結是大家努力的方向。

在這方面努力的單位有很多，有座落在美國麻省新英格蘭文獻保存中心、美國國會圖書館的典藏組所領導的國家圖書典藏計畫、美國圖書館協會技術服務委員會、全國圖書保存顧問委員會、研究圖書館學會，以及很多圖書館學研究所都在這方面投入相當大的力量，由計畫到訓練都有頻繁的活動。

肆、現代科技如何協助解決圖書保存的問題

基本解決問題的方法當然是儘量使用無酸的紙張來印刷；有化學方法、縮影的方法和電腦設備的方法。

1. 治標和預防的方法則是使用化學脫酸的方法。
2. 運用縮影技術，翻製為單片或捲片，電腦輸出縮影資料，來保存資料的內容。
3. 運用電腦設備來存真及複製：(1)類比式錄影碟（Analog Video Disk）；(2)感光數位式儲存碟（Digital Optical Disk）。

也可說有消極脫酸和積極使用電腦存真的方式，目前科技已發展到非常使人滿意的地步，而使我們可以予以利用。

化學脫酸辦法其程序必須符合幾個條件：(1)持久性；

(2)PH值（氫離子濃度）在7-8之間，這種情形下酸鹼的程度就中和了；(3)滲透得快而均勻；(4)無氣味無毒性；(5)無副作用；(6)可以增加鹼質儲存量；(7)價格低廉。

脫酸處理方法有很多種，歸納起來是單頁的處理和大批處理兩種，原料大致是碳酸甲脂鎂、氫氧化鈣、碳酸環己銨、甲氧化鎂、碳酸氫鎂、氧氮雜環己烷（嗎）和乙基鋅。

特別值得介紹的是 DEZ 計畫，即大批用二乙基鋅氣密封圖書蒸氣的法子。

一九八〇年美國太空總署辦理DEZ計畫測試，今年評鑑檢討，（一九八四、一九八五）可以造廠。測試時間先試了一千六百餘冊，其他由紐約公共圖書館、印蘇大學圖書館、新英格蘭文獻保存中心、國家檔案處、哥倫比亞大學和史丹佛大學圖書館藏書五千冊分別記錄，置於小框中加以實驗，以求證實。經過三年試驗和評鑑。這種大批脫酸活動證實效果良好價格較低，每次五千本，每本只費三至五元。廠房蓋好後每次可處理二萬五千冊，數量增高價格則更為減低。

運用縮影器材價格較高，複印品素質很差，使用也受到限制。再運用類比錄影碟把無聲電影和畫片存入，國會圖書館用此法處理這類非書資料。

最後運用數位式感光碟（Optical Disk），用感光碟這種技術，由於它具有幾個特性：(1)密度極高；(2)明晰度高；(3)閱讀不致損壞；(4)儲存量高。一面碟就可以存四十兆數元，每一個感光碟可以容二十個磁碟套，每個磁碟套可以放一萬一千張卡片影像，廿四個感光碟就可以存入五百五十萬張普通3×5卡片的書目資料。每一頁用掃描方式輸入，只需要二秒鐘的時間，雷射印表機將所掃描讀進去的資料以半秒鐘速度即可印出。

這個新技術在美國圖書館已經使用到翻製舊卡片的工作

上。一八九八年開始，國會圖書館就開始製卡片，後來成立卡片發行單位，印寄各圖書館所需要的卡片，以節省各館原始編目的人力和物力。到一九八〇年這些卡片已達五百五十萬張，其中包括三十種不同字母的數百種語言的卡片。

前年開始用感光碟的電腦設備來一面做索引，一面攝影象，證實這種設備來存真及輸真之可行性。

用含鹼的紙來印刷，圖書館界無法控制，只能站在宣導的立場來做。而利用新的線學方法縮影機和電腦技術，我們可以主動地利用這些設備來達成目的。我們可以預期感光碟的價格會在最近期內降到一百萬數元組只要美金八元的費用，快速又可儲量多，既可存真又可以輸真，可謂是很理想的設備，科技雖然解決了我們典藏的問題，也同時產生版權所有及服務費用的問題。這是我們研議科技，而又要研訂一些相關的政策，這也是資訊服務界要慎思的課題。

原載於中央日報，民72年12月16日，
第10版。

圖書館自動化的評鑑

摘　要

　　說明圖書館自動化開發的情形、圖書館自動化的效力與效益、評鑑的途徑與方法；特別強調各圖書館對自身特殊的目的、功能、服務對象、業務範圍和作業程序要有深切和明確的了解。

壹、前　言

　　近二十年來，歐美圖書館自動化作業已發展到十分進步而普遍的階段；由每個單位自行開發的系統進步到下列幾種情況：（一）全部由廠家視圖書館業務設計完整的按鈕系統（Turn Key System）；（二）由個別的系統提升到整合的系統（Integrated System）；（三）由單獨單位個別作業時而加入資訊網狀組織連線作業，世界共享資源的系統。圖書館自動化作業使圖書館的服務更趨向開放、無限制及擴大的境界，有所謂的無牆圖書館（Library without walls）及電子圖書館（Electronic Library）之說[1]。經過電腦有效的分析、整理和組織，文獻內容、數字資料及社區活動都藉重電腦和電傳技術，讓使用者可以在圖書館裡的終端機上、攜帶的輕便印字機（TX700）、家用電腦，或家裡的電視等就近的設備，就能利用到這些資料。連百科全書也輸入電腦便於查檢。所以資料權威藍開斯特（F. W. Lancaster）教授預言說：今後的社會是無紙世界[2]。這種趨向雖然不能為人所輕易地接受，但可看出科技已進步到無須用紙或墨，就可利用到資訊，來達到受

教育、獲知及休閒的目的。

　　由於資訊工業已成為我國策略性工業，政府同時也在大力推動文化建設，並因須要因應國內外對中文資料處理的需求，近四年來我國圖書館自動化研究和實施的成果也頗令人興奮，頻頻傳出圖書資訊系統的研議。已建立之系統如國立中央圖書館、農業科學資料服務中心、中山科學院和師大等等均頗有績效。發展和運用圖書館自動化系統固然相當重要，但評估的活動更值得重視。本文就此問題綜合藍開斯特[4]、Matthews[5]、Fasana[6]、Brownrigg[7]、King[8]、Martin[9]及本人意見作一概略的探討。

二、圖書館自動化系統的效力（Effectiveness）及效益（Benefits）

　　基本上，圖書館自動化的功能在求經濟、正確而又快速的資源共享。期在節省人力與物力的原則下獲得更多效益，增進圖書館的功能及效力，以增加資料的可獲性。

　　圖書館自動化作業大都有以下六種效益：（一）減少人力，增加生產力並有副產品的產生；（二）改善控制以減少錯誤；（三）增加速度；（四）增加服務的廣度和深度；（五）改善資訊的傳播和發行；（六）減低每一作業的單元成本。這些效益必須為自動化系統的效力所左右。自動化系統的效力應包括：（一）此自動化設備反應的時間；（二）速度；（三）正確性；（四）安全性；（五）可靠性和（六）彈性。圖書館自動化的成本問題亦與之有密切關係。以往自動化成本分析通常是依照下面的幾項來計算：（一）人員的薪金；（二）材料費用；（三）機具的租賃費或採購費用；（四）空間的需求（作價計算）；（五）維護費；（六）所用的電腦時間；（七）程式設計費；（八）人員訓練費用。

　　以長遠的角度來看，圖書館自動化作業通常是應該合乎成本效益。工作人員的薪水不斷上昇，而電腦設備的價格卻直線下降，其效力亦不斷增加。一筆機讀格式資料完成了，其他的作業（如採訪、編目、流通、裝訂）都可以使用這筆資料。用單價來比較人工和自動化系統並不容易。以往圖書館都很重視各種業務的統計，但並沒有對成本分析特別注意。有人抱怨說：「在沒有利用電腦去管理圖書館前，從來沒對人工作業做過價格分析[3]。」但自從圖書館自動化推展以後，每位圖書館專業人員都開始關心效力、效益和成本的問題。也因為有了這種認識才加速了圖書館自動化的發展。

參、評鑑途徑

　　由於自動化系統能否達到預期的效果和目的，是由下列三項因素來共同決定的，故而評鑑方面也由此三項來著手：

1. 自動化系統的效力（Effectiveness）
2. 自動化系統的效益（Benefit）
3. 自動化系統的成本（Cost）

　　現擇四種圖書館自動化的系統為例，來說明自動化系統的效力、效益和成本的關係：

1. 線上目錄系統：一般自動化線上目錄系統有下列的效益：
   (1) 由於線上款目，使所得資料更具新穎性。
   (2) 經由電訊設備及機讀式資料庫加強圖書館之間的合作。
   (3) 很經濟地加強了標題分類的深度。
   (4) 更有效和經濟地提供更多的檢索點。
   (5) 能以（如：顏色、語言、尺寸大小及出版年月等）非傳統式的方法檢索資料。

(6) 得以從遙遠的地方，同時提供大量的檔案給多數人使用。

(7) 得以各種特性的組合（如：作者及出版者）來查尋某項資料。

(8) 由於檢索鍵 Truncation 節略法的設計，即使用不完全或不正確的書名或作者資料也可以檢索。

但此八項效益必須視每一輸入資料記錄之價格及目錄維護之費用是否平衡而定。系統效力方面，則以讀者用作者、書名、標題及其他檢索款目檢索之成功率及每一檢索所需之時間來作為評鑑的標準。

2. 自動化出納系統的效力應該是：

(1) 增加正確性及改善控制力。

(2) 加速借還圖書的速度。

(3) 可以維持記錄的新穎性。

(4) 能將多種系統（如：訂購、編目、流通、裝訂）統合為一。

(5) 其他：如減少複本書之需求。

這五項效益必須視現在及將來可能之費用，以及每一次出納的成本而定。而系統的效力則以正確性及速度來評鑑。

3. 自動化館際互借系統應該具備下列效益：

(1) 改善正確性及控制力。

(2) 增加處理的速度。

(3) 每一參與作業館員其生產力（借書量）增加。

(4) 各種統計的更加完全與正確。

(5) 文件和需處理文件減少。

以上的利益必須以請求借書與被借機關所用之費用數量及以服務速度及處理文件之正確性（Accuracy of Transactions），來評鑑系統的效力。

4. 自動化圖書館資訊網的效益有七：

   (1) 資訊網可提供自身無法自動化的小圖書館，在技術上與經濟上均可享受自動化的效益。

   (2) 共同分享昂貴的電腦資源：(a) 加強利用與發揮其最大功能；(b) 改善使用機器之效率。

   (3) 使用圖書館有合作與分享的能力與意願。

   (4) 促進標準規格化（Standardization）。

   (5) 改進了管理方面之控制力，並提供有助決策的數據資料，如：選書作業，可以透過資訊網，知道某一地區已存有多少複本及其在被使用的情形，而得以改進。

   (6) 經由下列三種資訊館的效益，而減少資料和人力的浪費：(a) 改善館際互借手續；(b) 進行合作採購政策；(c) 合作編目。

   (7) 各圖書館可以在控制採購、流通及其他作業上有所改進。

上述的效益必須看個別圖書館所獲的利益，是否值得資訊網建立經費和平日的維持費；視資訊網內各個自動作業活動，依各活動之品質及時間，而來評鑑其系統是否有效。

肆、評鑑方法

歸納而言，評鑑一個自動化圖書館系統的效力、效益及成本，可以使用下列不同的方法來進行：

1. 依系統的目的來評鑑：圖書館中每一特定作業的目的，都要很謹慎地界定。應該檢視自動化系統，以決定其到底滿足了多少原定之目的，滿足的程度如何？在多久的時間內做到？

2. 價格評鑑：每一作業、編目、流通等的單位成本都應該用來做為各種不同系統之比較基準。也要據此來衡量系統之效益。

3. 量的評鑑：在眾多可以用來為量的考慮因素中，最顯見的便是：某特定時間內，自動化在處理記錄方面的數量之多寡。另一考慮因素是使用量之多寡。自動化系統均有增加圖書館利用的能力（即增加圖書資料被人看到的機會，或其可獲性）。達到這一目的的可能方法有：

(1) 印刷目錄及書目的廣為發行。

(2) 更有效率的採購手續。

(3) 更有效率的編目手續（註：更有效率的技術服務的處理方法，使得大眾能更快與更廉價取得資料，從而增加圖書資料被人看到（Exposure）的機會與可獲性。）

(4) 利用機器操作之目錄（Machine Catalog），特別是線上目錄，可獲有更多的檢索項目。

(5) 因有更多的檢索項目，以及機器內便有的重複裝置（Redundancy）以彌補人為缺失，使得可以更有效地利用目錄。

(6) （如：因任何時間都可以知道某一本書在何處）而使記錄得以改善。

(7) 合作採購、編目等作業減低了單位成本以及對複本書的需求，致而有更多的經費用在館藏及讀者服務上。

4. 品質評估：應考慮下列因素：

(1) 自動化系統是否更為精確？錯誤情形是否減低？這些資料可以由調查及品質管制方面獲知。

(2) 可查性：自動化系統是否有助資料的可查性？線上目錄，流通系統由於提供了更多的檢索項目，加上補正錯誤的技術，與系統內原裝有的指導用法的特點，可以查到資料的機會就增加了。

(3) 參考能力之改善：圖書館資訊網可以加強小機構的參考服務能力。這是由於利用各地的終端機，使得廣大的書目資源得以被人使用。一個圖書館的參考能力可以在參加資訊網前以及參加之後的表現來評鑑。

(4) 此種資訊網可以更加有效地分享書目資源，而且由於線上連繫，每一圖書館的館藏，都是此系統中擴充了其他圖書館的館藏，而每一個圖書館的資源也增加了。同時也可藉由機器處理而改善館際互借手續。線上系統也終將可能與電傳系統或數位儲存（Digital Stores）結合一起，而達到快速、無遠弗屆取得資料全文的目的。

　　費用因素永遠是最最重要的。每一個計畫的負責人都希望能以所得之經費達到預定的目的。

伍、結　語

　　由評鑑圖書館自動化系統可用的途徑及方法，可知在執行前，研究其可行性時所收集的資料及分析，對評鑑而言是相當重要的根據。自動化系統的評鑑，可以促進圖書館自動化的進步，而且對整個圖書館的服務也有重大影響。在評鑑期中，必須根據數據資料，這些數據資料足以推動圖書館向進步的方向邁進。

　　一九七○年代，圖書館自動化開始向線上整合系統

（Integrated On-Line System）發展。亦即同一系統做許多圖書館的不同功能，包括採訪訂購、分編、流通控制等等。此多功能的圖書館系統，經過不斷地研究和分析後，一個完全整合的線上系統，可以在讀者需求方面提供許多有價值的數據資料。以下這類數據在這以前都很不容易取得的：

1. 館藏在某些主題方面的不足，或那些是常為人所詢問查尋，而圖書館卻沒有收藏的圖書資料。
2. 複本書的需要。
3. 辨識在使用目錄的時候會產生的一些問題，和被使用過的檢索方法，從而決定目錄還需要那些其他的款目？需要款目的種類為何？及還要那些特性？

這整合的系統能夠不間斷地做工作成效分析，而人工系統作業在這種分析方面卻只能單獨一次一次地做，或特定某一檢查或是一時間內來做。

一個線上系統不但可以設計未收集評鑑時需要的數據資料，同時也可以由於與電腦的計算及數據程式配合，而做出分析與其間相關關係（Correlation），並將結果以表格或圖形在線上銀幕或印刷表格紙上，呈現出來，使得行政人員知悉圖書館的各種表現，其失敗之處和本身限制等等。當自動化系統更廣為人用時，將可以對圖書館作業作到不間斷的督導作用和品質控制作業。在這個力量的驅使下，圖書館的業務也等於獲得了評鑑的效果，而益臻完善。

我國現在開發圖書館自動化作業之初，有以前其他國家的成敗以為借鏡確受惠不少。評鑑方面更值注意。其本工作是各圖書館對自身的特殊目的、功能、服務對象、業務範圍和作業程序要有深切和明確的了解；其次是製作統計時，在人工階段應有以這種作法的效力、效益和費用為統計數據資料的出發點。為準備未來的自動化作業，圖書館人員在人工

階段就應開始建立對系統分析的觀念，有了系統分析的基礎
來進行系統評鑑的工作則較容易，才不致有措手不及之感。
圖書館自動化系統貴在促進資源共享，既有此目標，國際間
均以發展整合系統和資訊網自動化系統之際，我國各圖書館
在進行自動化規劃時，似宜以此為發展的方向。

註　釋：

1. R.S.Taylor, "Patterns toward a User-centered Academic Library," in *New Dimensions for Academic Library Service*, ed. E. J. Josey (Metuchen, New Jersey: The Scarecrow Press, 1976), 298-304.
2. F. W. Lancaster, *Toward Paperless Information Systems* (New York: Academic Press, Inc., 1978), 4.
3. C. J. Hunt, "Evaluating the Performance of a Computerized Library System: The Acquisitions System in Manchester University Library," quoted in F. W. Lancaster, *The Measurement and Evaluation of Library Services* (Arlington, V.A.: Information Resources Press, 1977), 280.
4. Ibid., 272-287.
5. Joseph P. Matthews, *Choosing an Automated Library System* (Chicago: American Library Association, 1980), 10-76.
6. Paul J. Fasana, "Determining the Cost of Library Automation," in *A Reader on Choosing an Automated Library System* (Chicago: American Library Association, 1983), 12-20.
7. Edwin Blake Brownrigg and J. Michael Bruer, "Automated Turnkey Systems in the Library : Prospects and Perils," in *A Reader on Choosing an Automation Library System* (Chicago: American Library Association, 1983), 49-56.
8. John Leslie King and Edward L. Schrems, "Cost-Benefit Analysis in Information Systems Development and Operation," in *A Reader on Choosing an Automated Library System* (Chicago: American Library Association, 1983), 70-90.
9. Susan K. Martin, "Technology Sources You Never Learned in Library

School," in *A Reader on Choosing an Automation Library System* (Chicago: American Library Association, 1983), 117-120.

"Networks for Libraries: An Evolving Resource, The Scope of Networking in The Professional Librarian's Reader," in *Library Automation and Technology* (N.Y.: Knowledge Industry Publications, Inc., 1980), 1-20.

原載於《社教系刊》13期，民73年6月，頁17-21。

中文資訊交換碼與
中文圖書資料自動化之回顧

摘　要

　　回顧我國制訂中文資訊交換碼（CCCII）與中國機讀編目格式(CMARC)訂定之經過、國際推廣與認可之史實；簡介國立臺灣師範大學圖書館採用國際百科資料庫之概況；說明該館電腦檢索國際百科資料庫的情形。

壹、前　言

　　由於資訊不但是科技發展、技術轉移、文化維護與發揚以及政策制訂與執行之基本工具，亦是建設現代國家和切實執行措施的重要根據。有效而及時的資訊通常是運用科技成品（如電子計算機設備）來對資料作有系統的收集、整理、分析和儲存。這種途徑的有效性已為大家所共識。這也是本人在過去十幾年來積極提倡及努力推動圖書館自動化的原因。中文資訊交換碼的發展與中文圖書資料自動化的發展有密切的因果關係。

　　約在二十年前，資訊科學發展時期，剛剛回國報效，教授圖書館學，經常在閱覽有關專業文獻時，涉獵到不少歐美圖書館自動化的資料，也接觸到發起美國圖書館自動化、負責推動制訂有關自動化標準和作業人士的著作。這些著作包括當時首創國會圖書館機讀編目格式，現任美國國會圖書館副館長艾芙蘭女士（Mrs. Henriette Avram）及美國資訊網創始人吉戈（Frederick Kilgour）等所撰的現況報告、技術性的資料和構想。由這些實際而又富前瞻性的作品中，我獲得了不

少的心得與啟示，因而種下了我研究及發起中文圖書自動化的種子。

民國六〇年代中期，在出席美國圖書館協會年會（American Library Association Annual Conference）中，巧遇艾女士。當時美國圖書館自動化已頗具規模，線上電腦圖書館中心資訊網即原俄亥俄資訊網提供具效率的共同編目作業，其他兩個資訊網（Research Libraries Information Network 學術圖書館資訊網）及當時的華盛頓州資訊網 WLN（現改稱西部圖書館資訊網Western Library Network）也在開始作業。因為曾在國外哈佛大學哈佛燕京圖書館管理過中文圖書，非常關心如何處理、保存及維護中文書籍之新穎方式，即把握住那短短共進午餐的時間，向艾女士提出許多問題，例如：「美國國會圖書館在實驗西文圖書館自動化成功後，對於非羅馬字如中、日、韓文圖書資料之自動化有什麼具體的計畫？」

她很坦誠地告知：國會圖書館對非羅馬文字資料之自動化覺得相當棘手，正把古代斯拉夫（Cyrillic）文字的字集（Character set）制訂出來，對東亞文字圖書館之自動化還得請教我們，最迫切需要的是符合國際標準各種文字的資訊交換碼，這是圖書館自動化最基本的工具。本人藉機提出許多有關國際標準的問題，也收集到不少可索取國際標準單位的名稱和地址。由於這次的晤談，逐步收集到美國國會圖書館所訂定的 Cyrillic 字集、機讀編目格式與磁帶樣品，以及十餘種國際標準組織（International Organization for Standardization; ISO）所訂的有關標準。

貳、中文資訊交換碼之根據與誕生

在美向各有關單位和美國國會圖書館收集到高達二英尺的國際標準資料，手提回國後，曾向有關單位反應此資料之

可用性，以及訂定資訊碼之必要性。

　　為了要實驗中文圖書資料自動化之可行性，引起眾人對資料利用的重視，加強國內研究資源改善學術研究環境起見，一方面在國立臺灣師範大學圖書館研究試用電腦處理教育論文摘要、引進國際百科資料庫、推動其他學術圖書館之自動化作業；另一方面則一面向國立中央圖書館王館長振鵠、有關當局及人士反應資訊碼製訂的重要性。

　　民國六十八年六月，美國學術團體審議會（American Council of Learned Societies, ACLS）接受委託，派赫格博士（John Haeger）訪問我國與日本，調查有關處理漢字體的電腦技術，以因應美國國會圖書館即將停止人工編目及製卡活動後的需要。透過亞洲學會之王世榕先生和黃克東教授與本人聯繫。當時即建議赫格先生拜會國立中央圖書館王館長會談此事；原因是任何圖書館標準之制訂與圖書館自動化之倡導均應由國家圖書館來領導。赫格、王世榕、黃克東諸先生與國立中央圖書館王館長振鵠交換了一些意見，雙方都了解到運用電腦處理中文資料之複雜性、現況及展望。

　　赫格在獲得我國處理中文資訊之資料後，在是年十一月由美國學術團體審議會（ACLS）召開一次東亞圖書館自動化會議，當時由國科會通知謝清俊教授代表我國出席，此會的重要議題是東亞資訊交換碼的採用。當時日本已發展出日本工業標準碼 JIS 6226，會議中討論是否採用此碼來處理漢字。所幸我國處理中文資料系統有很卓越的績效，致而使大會決議觀察我國發展情況而後再決定。

　　謝清俊教授到開會時才得悉此事關係圖書館界。返國後即與國立中央圖書館王館長振鵠聯絡。王館長告其與當時致力中文圖書自動化研究的周駿富教授及本人聯繫。民國六十八年聖誕前夕，正要出發去望子夜彌撒，謝教授來電，告知

會議要點，詢及本人意見。當時就向他說明，由我國制訂一涵蓋此有關資訊交換碼之重要性與可行性。在本人接受其邀請於次日到技術學院開會後，徹夜未眠整理出以往收集的資料，包括關鍵性的 ISO 2022 和 ISO 646 等標準。

民國六十八年十二月廿五日在臺灣工業技術學院電子計算機系辦公室開會的結果，正式策劃如何聯合電腦界、文字界和圖書館界的力量，分成三組來進行這一巨人工作。

1. 國字整理組：由謝清俊負責國字整理、加碼，及建立計算機檔案等工作。
2. 國際關係組：由本人召集、推動國際資訊標準之審查、認可、及宣傳，並收集有關資料及聯繫人士。
3. 圖書館自動化作業組：由王館長振鵠召集。

在編碼方面，本人建議先確定我國資訊交換標準碼之名稱，深為慶幸是由本人所建議之名稱 Chinese Character Code for Information Interchange（CCCII）為與會人士同意而採用至今。

當時因情勢急迫，若在短期內我國不能提出具體的資訊碼，則中華文化及正統文字均將受到嚴重的損害。為防止日本漢字和中共的中文羅馬字藉機摧毀中國正統文字和文化的陰謀，及時地組織與合作使我們達成任務，其中的艱鉅、緊張的確是一言難盡。茲就本人所參與及記憶所及之處簡報如下：

國內有關人士之支持在極匆忙、短暫的時間內要完成這種富時代意義的工作，必要有充足人和物的資源。當時人的資源已因團結文字界、電腦界、和圖書館界人士，力量很充分，而物力的支持的確是非常缺乏。所幸的是李政務委員國鼎、蔣秘書長彥士、陳主任委員奇祿經中美會王紀五先生之詳細地陳情，了解這件工作的重要性，為之奔走。除了中美

會的支援外，徐元智基金會和明德基金會都給予支助，由於李政委的爭取，行政院曾撥予部分第二預備金支持之。記得當時本人曾不斷地向他們提出書面和口頭的報告，亦陪同謝清俊教授面謁嚴前總統、何敬公、陳立夫先生等報告詳情，獲得他們的首肯。孫院長運璿曾親自主持會議，中美會、教育部、研考會和資策會並為此事召集過或參與過不少會議。俟文化建設委員會成立後，此計畫又移到文建會，由陳主任委員奇祿組織圖書館語文委員會來支援此一工作。

參、國際的推廣與認可

為因應國際上急需處理東亞資料的標準字集、維護我國正統文字和傳統文化，並奠定我國處理資訊之根本基礎，國際關係組有下列幾項具體的工作目標。茲將從事各項工作達成任務的經過略述於後：

1. 收集國際間有關標準碼和圖書館自動化作業之資料以增進我國成品之國際可用性：除向上述國際標準組織及美國國會圖書館收集有關資料外，尚向設置在英國的國際書目控制中心（Universal Bibliographic Control Office）取得國際機讀目錄格式（UNIMARC），據此發展我國之機讀編目格式，使我國之成品較其他國家之機讀格式更直接，而富國際可用性。

2. 進行向國際標準組織（ISO）申請技術審查工作，以促進中文資訊交換碼之權威性，成為國際上處理中文資料的依據，爭取國際間之認可而註冊為國際標準。在辦理此事時，採取多元步驟：

  (1) 聯繫圖書館界，提出中國圖書館學會同意負責中文資訊交換碼之出版，增加圖書館界賦予此碼之專業認可。

(2) 在發展中文資訊交換碼第一集時，即透過艾芙蘭女士介紹與國際標準組織主持人 Gunna、Sunblad 等人聯繫，而將 CCCII 逐步由國際技術小組加以審查，逐步獲得認可。

(3) 促使國外資訊網採用此字集：欲使任何的成品獲得肯定，必須要經過考驗。要經多數人利用證實可用性後，自然而然會成為大家所採用的標準。"Recognition by use" 是當時的策略。故而曾與美國兩大資訊網 ── 美國學術圖書館資訊網（RLIN）和線上電腦圖書館中心（OCLC）積極聯絡；促請我國之電腦專家謝清俊、黃克東、楊鍵樵、張仲陶等教授給予此等資訊網技術協助，並與該書目供應中心資訊網的各階層之人員聯繫，如 OCLC 之 Kilgour、Brown 及王行仁、Jay Lee，RLIN 之赫格、Helena Gin 及 Alan Tucker 等，使之了解我國資訊碼之優點，而予以使用。

(4) 密切與美國國會圖書館之各階層人士如 Boorstin 館長、Walsh 副館長、Avram、Roland、Agenbroad 等多人保持密切連繫，透過此一管道向國際標準組織爭取國際標準之認可。

3. 協調國內外中文圖書館自動化作業的需求與供應：辦理引進國外資料庫、開拓圖書館自動化國際合作途徑，促進上述美國兩大資訊網與國內合作，以連線及共同建立資料庫 ── 如善本書資料庫等。

4. 洽請專家來華作技術指導 ── 曾邀請下列各權威人士來華作技術性之指導或合作之洽商：

(1) 美國國會圖書館James Agenbroad ── 民國六十九

年六月。

(2) 美國研究圖書館資訊網 ─ Helena Gin ─ 民國六十九年十月。

(3) 華盛頓大學盧國邦先生及美國國會圖書館王冀先生 ─ 民國六十九年十二月。

(4) 美國 OCLC 資訊網創辦人 Frederick Kilgour 及主理東亞語文自動化主持人王行仁先生。

(5) 美國資訊科學專家 Elfko Saracevic。

(6) 美國資訊科學學會會長 Charles Davis、Bonnie Carol、Donald King 等。

5. 召開及出席國際會議,促進國際合作,爭取認可,展示我國各項處理中文資訊之成品與學術研究的成果:

(1) 一九八〇年三月,會同謝清俊教授前往美國華盛頓出席美國亞洲學會第卅二屆年會(Association for Asian Studies),發表中文資訊交換碼第一集。同年七月安排楊鍵樵教授出席美國圖書館協會(American Library Association)年會發表論文。同年八月會同王館長振鵠、黃克東及楊鍵樵教授赴馬尼拉參加國際圖書館協會聯盟(IFLA)會議,發表論文,並洽商國際合作事宜。

(2) 曾會同謝清俊教授出席美國圖書館協會一百週年年會,除代表我國力爭參加國際圖書館社團會籍外,並對中文資訊交換碼和圖書館自動化規格方面進行以下的工作:公布中文資訊交換碼、中文交互索引資料庫、中文圖書目錄機讀格式之修訂本,指出其他資訊碼之得失,使國際間了解我國在圖書館自動化作業以及中文資訊方面技術上及

學術上的發展和成就，進而採用我國所發展的成品。曾在美國圖書館協會之圖書館自動化作業標準委員會、東亞圖書館委員會、華人圖書館員協會中文資料處理討論會，以及美國公共圖書館討論會中作此項工作。

(3) 於民國七十年在臺北召開中文圖書資料自動化作業國際研討會，邀請到西部圖書館資訊網 DeBuse 等，美國國會圖書館 James Agenbroad 和 Barbara Roland 以及海內外包括中、韓、美、日百餘人出席此會。本人當時在印第安那大學攻讀博士學位，特地趕回臺北籌備此大會。經李國鼎政務委員大力的支持、中美會人力和物力的支援，成績斐然。尤以美國學術圖書館資訊網RLIN可以在該會的展示產品中，選擇到他們需要的機具，是我國對國際圖書館界貢獻之一。在此會中，美國學術圖書館資訊網接觸我國精湛之科技成品，經我國學者協助他們撰寫了招標規格，把他們的需求反應無遺。傳技中華一號得標後，成為發展該資訊網中文圖書資料自動化的基本電腦設備。在此會中亦正式發表了我國新發展的編目規則和中文機讀編目格式。日本國立國會圖書館、韓國科學資料中心朴主任等在會中表示受益不少，更加深美、日、韓與我國的合作意願。

(4) 在民國七十一年十月美國俄亥俄州，美國資訊科學學會年會中，舉辦了一項中文資訊及電腦輔助教授中文的研習會。在一個二千餘人參加的國際會議裡舉辦了一次成功的學術性會議，本人提

供了半年的時間組織此會。參加發表論文者有王館長振鵠、沈寶環教授、藍乾章教授、黃克東教授、謝清俊教授、楊鍵樵教授、胡歐蘭教授、李德竹教授、吳瑠璃教授、江綉瑛女士，及農資中心的代表徐美珠女士等參加。這次會議也是經中美會支援的，以極少的經費召開了一項有百餘人出席、影響深遠的專題研討會，其無形的影響及成功的學術外交是大眾所珍惜的回憶。俟我國有關圖書館自動化作業標準發展到民國七十一年時，本人提倡研究我國資訊網之建立與資訊政策之擬訂，曾有各方同道提出精闢意見，並曾擬定計畫。

6. 向國際間電子計算機製造及運用方面推廣中文資訊交換碼及中文圖書資料自動化系統。

7. 向海外僑校推廣教授與學習中國文字之正確方法 —— 曾與 Penny Herbert 及黃克東教授共同發展電腦輔助中文教學之教材教法。

肆、感　言

這件關係我國文化與科技的工作得以進行，經過十年的努力，艱辛地維護，得到國際間的肯定，真應飲水思源，要深深地感謝上面所提到各位關心國家榮譽、深信資訊就是力量的領導人士。我們更覺得慶幸的是在這項工作上，我們三種學科的人合作無間，表現出很好的團隊精神，全力以赴。致而國際上採用我國發展的標準，我國資訊碼的結構和字集，得到美國標準局的認可。這種肯定不是某一個人的成就而是大家努力的結果，力量是由少積多的。資訊就是力量、團結

就是力量，乃是這件工作上，大家可以告慰且互勉的。

原載於臺北資訊應用國字整理小組編印之《國字整理小組十年》，民78年，頁71-75；《中文資訊交換碼（Chinese Character Code For Information Interchange）簡介》，民82年5月，頁1-12。

國立臺灣師範大學圖書館
國際百科資料庫作業概況

壹、國際百科資料庫簡介

　　交通部國際電信局於六十八年底開放了中美資料交流，洵為我國研究工具上一大進步，暨研究人員之一大福音。師大圖書館為了本校師生研究之便，首先與美國 S.D.C. 電腦公司（System Development Corporation）簽約，向電信局租用電傳線路、終端機（CRT）及電傳機各乙部，經由衛星傳真，使用該公司所建立的七十餘個資料庫，其內容有農業、化學、生物、食物、石油、能源、生態、工程、商業、會計、社會科學、人文科學等等。資料形式包括書籍、期刊、技術性報告、專利、會議紀錄……等，範圍有限於美國出版品的，而大都屬國際性的。讀者僅由各種訊息，如篇名（書名）、作者、標題、期刊名、負責的機構名稱、資料形式、出版年代等，由終端機指令電腦查尋，並立即提供書目性資料或線外複印書目資料；某些資料庫更可接受原件訂購的指令，由線外複印資料的原件，航空郵寄至國內。

貳、本館國際百科資料庫電腦檢索服務概況

1. **對象**：本校師生及各大專院校、工商、學術機構等研究人員。
2. **服務項目**：暫定為十個資料庫，教育學、心理學、圖書館學、社會科學、生物學、化學、地理學、工程、科技、石油能源等。
3. **服務時間**：星期一下午二時～四時；

　星期二上午九時～十一時，下午二～四時。

4. **檢索步驟**：(1)選擇資料庫；(2)決定檢索名詞，審查有關同義字，核對各資料庫辭彙表；(3)草擬檢索語句；(4)決定線上複印或線外複印，及複印形式；(5)上機檢索。

5. **收費**：

(1) 線上檢索依資料庫使用費（25美元/時、120美元/時不等）、通信費（每分鐘新台幣10.1元）及顯現字數電傳費（26.5 元/千字母）三者合計，以三分鐘起價。

(2) 線外複印：依資料庫定價（每引證自新台幣2.89元至7.22元不等）並郵費計算。

6. **本館檢索實況**：

自五月至九月底，來使用電腦檢索服務的次數僅十八次；其中多為私人公司，檢索產品訊息，工商業界比學術界更經常使用。檢索時所遭遇的困擾有三：(1)無標準檢索程序，較費時；(2)電腦系統邏輯不夠，使用字彙限制頗多；(3)資料庫遠在美國，檢索費用高。

參、感　想

1. 推廣利用此項服務的觀念，使學術研究方法更上層樓，因國際百科資料庫利用電腦檢索時效好、資料全。

2. 國內應研究資料格式之標準，以便電腦化與合作。

3. 各單位就所長建立專科資料庫，進一步作全國資訊網的建立。

4. 引進國外資料庫，以免浪費電傳費。

原載於國立中央圖書館出版之《圖書館事業合作與發展研討會會議紀要》，民70年6月，頁450-451。

我國教育資料庫CERIS

摘　要

　　本報告共分為五個單元：（一）教育論文摘要的歷史、內容範圍、功能以及特性；（二）教育論文摘要編纂之方式；（三）中文教育資料庫之結構；（四）中文教育資料庫之檢索系統；以及（五）結論 ── 面臨問題。

壹、教育論文摘要之歷史、內容範圍、功能及特性

　　教育論文摘要是由教育論文索引發展而來，其前身為教育論文索引。該索引由王振鵠館長所領導編印，最初原為民國四十六年至民國五十年間所發表之三千多篇教育論文的索引。從民國五十二年至民國六十六年共出版了十五輯。三年前（即自民國六十七年）增加摘要一節，改名為《教育論文摘要》。

　　《教育論文摘要》之內容以收錄前一年在臺灣刊行的中文雜誌、期刊、報紙上所發表的教育論文為主。所有的短評、通訊、書評和文藝創作均不收錄。此一工作由師大圖書館閱覽組胡開雲主任會同該組同仁共同編纂。

　　在功能方面，教育論文摘要乃是收集、查證、檢索中文教育文獻的工具，也就是開啟中文教育文獻的一把鑰匙，希望能夠藉此便於研究及參考。

貳、教育論文摘要之編纂方式（圖一）

　　在編排方面則採用分類編排法。沒有固定採用中國圖書分類法，或採用其他分類法。主要是參酌各家之分類法及配

圖一：教育論文摘要編製流程圖

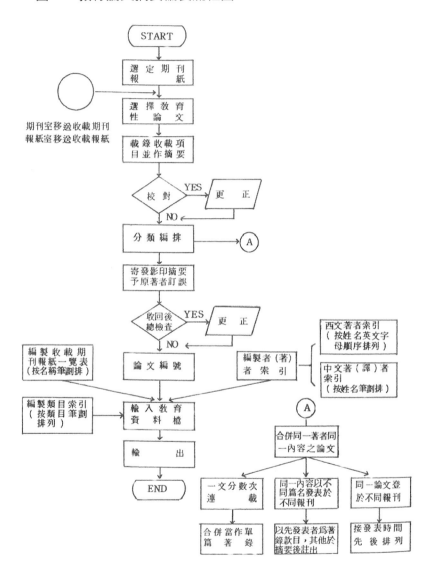

合師大特殊的實際需要，在同類的篇名裡再依篇名的筆劃、筆法（點、橫、直、撇）順序排列。每一篇資料包括編號、篇名、著譯者、刊名、卷期、頁次、出版期及摘要。

在編製的流程上是先選擇具有學術性的期刊及報紙，選定其所刊載之教育論文，撰其摘要於印就之摘要卡片上。卡片有一定之格式，包括編號、主題、篇名、著譯者、刊名、卷期、頁次、摘要等項。由於卡片具有一定的格式，在編印時較有系統而且也較方便，尤其在排印時容易為印刷者所了解。摘要繕就即以分類編排，同時將摘要影本寄給原作者勘誤，以求其正確無誤；分類後即做一總檢查，給予編號，並編製著者等索引及報刊一覽表。

教育論文摘要之性質與 *Current Index to Journals in Education* 類似，與 RIE（Resources in Education）不同，內容不包括研究報告。

參、中文教育資料庫之結構（圖二）

自前年開始研究中文圖書資料電腦化作業以來，認為中文教育論文摘要可用電腦建立為中文教育資料庫以便於檢索資料及製作彙編本。所以結構上採取網狀性的方式，以便於將來其他終端機連線，即指Network Structured TOTAL Database Management System。其主要的特性是在組織資料及變動資料時之間靠著 linkpath 建立資料項目的相關性。同時我們所使用的是 randomizing。這樣在檢取資料時較迅速，在聯絡時為雙方向的途徑而非單向途徑，故在查尋時可以加入很多的條件。在整個的資料庫結構上，分為兩個部分。一為長方形，代表 master dataset，可以做檢索條件，也就是 access point。菱形的是代表資料可以變動的，也就是可以儲存詳細資料的地方。

圖二：中文教育資料庫之結構

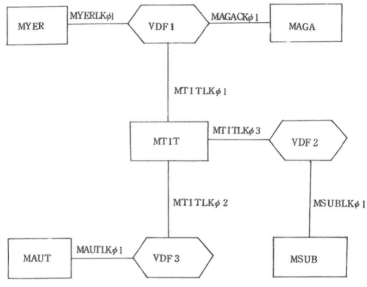

Master：
1. MSUB：標題（Subject）
2. MTIT：篇名（Title）
3. MAUT：作者（Author）
4. MAGA：刊名（Magazine）
5. MYER：年代（Date）

Variable：
1. VDF1：篇名、刊名、年代
2. VDF2：篇名、標題
3. VDF3：篇名、作者

　　在這資料庫結構中包括五個主檔資料，做為檢索條件，即標題、篇名、作者、刊名、年代。然後，菱形者包括三者：(1)VDF1：這個領域可以儲存篇名、刊名、年代。(2)VDF2：這個領域可以儲存篇名和標題。(3)VDF3：這個領域可以儲存篇名和作者。在檢索時非常方便，可以篇名、標題、作者、刊名或年代等來檢索，亦可兩項、兩項配合檢索之。由於此五種條件配合檢索資料，有 Boolean logic 可以縮小檢索到確實的資料。

肆、中文教育資料庫之檢索系統

在電腦檢索資料方面,每一筆資料的內容包括篇名、作者、刊名、卷期、頁數、出版年代和摘要。如以主題檢索,則每一筆資料均包括這些項目,且具備標題。從標題、篇名可以找到資料,從作者和年代亦可找到。此資料庫本身目前無法與 ERIC 相比的是沒有把編號放入,此實為急待改正之處。因此一系統將可印出 hard copy 和做 microfiche,因此編號有其重要性,故本系統在主檔方面必須再加入編號。在檢索方面因希望此一資料庫將可為不諳中文結構者所使用,故在輸入時採三角號碼輸入方式,見字生碼,打三次即將中文字輸入電腦,正如魏鏞先生所說現在之中文電腦不是一個真正的中文電腦,只是一個輸出輸入的系統,而此一輸入系統即使用三角號碼來輸入。因為用三角號碼同文字的關連較少,我們不須要知道字之部首、字基即可取回資料。檢索方面亦使用三角號碼來檢索。除了在終端機 CRT 上我們可以輸入及檢索出資料以外,在輸出部分可以用印字機打出,該印字機採撞擊性、矩陣式列表機,即採 dot matrix plotter mode 把資料打出。在輸出部分可以把 copy 全部印出,這不並意謂線上檢索之形式就是印字機上打出的形式,欲將所存摘要資料以固定格式印出尚須用另一程式才可印出書本式的摘要資料。此一印出資料為十六開,並不很理想。以往之教育論文摘要是二十五開,所以還必須以照像製版方式予以縮版為二十五開,其字體仍與五號字一般大。

在硬體方面所採用者為 Perkin Elmer 3220 中央處理機,據說這個系統的容量(capacity)非常大,有 IBM 370/158 的容量,需要非常多的磁碟,現在一年的資料就用了五個 megabyte,非常地不經濟,其原因在於我們未將所有 Field 和

Format 完全確定下來，現在仍在嘗試階段。

所謂中文資料語言並不是程式語言是用中文來做的，只是將 COBOL 修正了一下，使中文資料能輸入而已。

在設備上，Perkin Elmer 3220 的處理機，可以擴充到 33,600 個 megabyte，同時可以連接128部終端機，也可以同時增加好幾個列表機。

這部機器具有 Microprocess function，在插入資料（inserting），編輯（editing），及刪除（deleting）資料等方面，十分簡便。

伍、結　論

中文教育資料至今只把去年一年的資料輸入而已。希望將來繼續從二方面進行，一方面是將以往每年的資料放入，以後的每一筆資料在做完摘要以後即以三角號碼輸入資料庫。換句話說，每一篇文章一經刊出以後，一週左右該文之摘要資料應即已存入電腦資料庫。因受先天文字條件的限制，所以中文資料無法做 computer generated index，到現在為止我們嘗試的是做 computer format index，做好之後摘要用 computer 排而已，許多工作仍是人腦在做。有待改善之處仍舊很多，尤其是有很多 Format 方面的問題，我們極其希望在圖書館整體自動化之下有一標準的規範，然後此一資料庫由於其精簡和格式確定，可以省掉許多 computer 裡的記憶空間。

目前所做的工作都是嘗試性的。根據我的體驗，資訊的工作亟待規劃的是專題化與分工合作。目前圖書館自動化作業，不單純是圖書館處理資料之需求，不只是要把龐大的資料以極短的時間、極快的速度，提出正確的答案，而且負有另一重大的使命 —— 傳播中華資訊以及維護傳統文字的使命。

在傳播中華資訊方面，我國急待分工合作建立各種中英

文之專題資料庫，有系統地將我國研究發展之成果提供給世界各國人士參考，此舉不但在學術研究上助益甚大，更可以依此達成藉學術進行外交效益。

利用電子計算機處理中文資料涉及中國文字檢索（索引）的問題，並不是單純的機器處理文件的問題。我國文字的特性、傳統、檢索方法、常用率以及標準的字型與之關係更為密切。必須防範一切外來可能之危害。防範是消極的抵制。主要的應是積極地由基礎上來進行，積極研究發展中文圖書資料自動化作業的規範和成品。

1. 顧及我國文字、文獻及文化之傳統特性。

2. 符合國際標準化。

3. 各種成品統一化、制度化及通用化。

我等在發展任何中文資料自動化之系統時必須遵循上述原則才可達到預期的效果。在目前政治逆流的情況下，我國亟應從速辦理以滿足國外對中文圖書資料自動化作業之迫切需求，盡力排除海外非正統中國文字損害傳統文化之危機，運用中文圖書資料電腦處理之方法展開對共匪之文化戰，爭取奠定海外東亞圖書館採用我國發展之中文圖書資料自動化系統之基礎，而確保我國在海外所散布之文化根源。

原載於國立中央圖書館出版之《圖書館事業合作與發展研討會會議紀要》，民70年6月，頁486-492。

由美國資訊網線上作業
談蔣中正先生著作之存揚

摘　要

　　蔣中正先生追隨國父創建民國，對中華民國的締造、統一，民主制度的建立，中華民族的獨立自主和世界和平的貢獻是歷史上永垂不朽的一頁。

　　蔣中正先生一生的言行和著作，不但是研究中國哲學、倫理、歷史、社會、政治、經濟、外交、軍事和法律的重要資料，也是研究國際關係和世界歷史不可缺乏的參考文獻。

　　自美國圖書館界運用電腦建立書目資料庫，發展資訊網系統以來，各界人士都可以運用線上檢索系統，有效地運用文獻及圖書。資料的利用不再受到時間和空間的限制。資料的可用性及可獲性因科技的進步，而得加強。由於資料庫的建立和資料網的發展，文獻不但可被充分運用，亦可普及，而使文獻獲其永儁性。

　　本研究係運用美國著名的資料庫，以線上作業系統查檢蔣先生本人的著作及他人所撰有關蔣先生的著作來分析其可獲性。以查「現版書書目」、「雜誌索引」、「歷史文摘」、「傳記索引」、「美國俄亥俄書目中心」、「美國研究圖書館群之中、日、韓文書目資料庫」等系統有關蔣先生資料的庋藏加以分析，發現收藏不夠完整，編目記錄混淆，初步結論建議我國儘速編製蔣先生著述及有關資料聯合目錄、索引、辭典及研究等等，以便提供給世界各國書目資料庫採用，糾正目前資料庫所存資料不足、不一致、重覆及不夠正確之弊。一旦此聯合目錄輸入電腦成為「透明式」設計之資料庫後，

資料因此完整、正確，而提高其可用性及可獲性，蔣先生著
述及思想之影響更將深遠而重大，對世界學術之貢獻更將永
垂不朽。

壹、前　言

　　蔣中正先生追隨國父孫中山先生創建並統一中華民國，
歷經艱辛與百戰，奠定了富強康樂的國家基礎。對我國之締
造、統一、民主制度的建立、三民主義的實踐，及對中華民
族的獨立自主和世界和平的貢獻均為世所公認而敬仰，在歷
史上留下了輝煌不朽的一頁。

　　蔣中正先生的睿智反映在其著述和演講中，不但曾經拯
救了中國，也將繼續是引導我國未來邁進方向的指南針。蔣
先生的言行、豐功偉績和著作不但是研究中國哲學、倫理、
教育、歷史、社會、政治、經濟、外交、軍事和法律的重要
資料，也是研究國際關係和世界歷史不可或缺的參考文獻。
蔣先生手撰的專著，如《中國之命運》、《蘇俄在中國》和
《孫大總統蒙難記》都是百讀不厭的名著；演講集更是涵蓋
多方面的主題，論題深廣，是研究中國問題必讀之物。世界各
國均有人士研究蔣先生的思想和生平，所撰之作有中、日、
英、德、法、印、西、意、俄、韓文等多種版本，不但有中
文著作的外語譯文，外文版本譯成中文者佳著亦多，如由日
文翻譯而成中文的蔣總統秘錄，和最近從德文翻譯成中文的
蔣介石傳等，可見蔣先生思想影響之深遠[1]。

　　為了解蔣中正先生之著述及他人所撰有關蔣先生之著作
在美國庋藏的情形，藉窺傳播影響，特用最新穎的科技成品
— 線上檢索方式查檢分析，針對所發現的問題提出拙見，以
為保存及弘揚蔣先生著述及思想學說的參考。

貳、研究工具與資料庫

傳統上，在研究或閱覽某人的著作時，所用的工具不外是以下四類：（一）書本式目錄，（二）館藏目錄，（三）專著目錄，（四）期刊索引。使用這些工具時，常受到兩種阻礙：一、費時，二、費力。查書目時，必須一篇篇地翻，查卡片目錄時，必須一盒盒目錄片去查。俟查到所需資料時，由篇名或書名並不能確定其內容為何，更不知是否合用，要向圖書館借閱時，不見得借得到。這種傳統用人力去查資料研究的方式，已不能配合資訊時代的發展，和對效率的嚴格要求了。

二十年前，電腦開始邁入為研究工具之列，協助研究的效益頗為卓著。美國國會圖書館首創機讀編目格式，按著錄標準，把圖書納入電腦系統，以磁帶來做儲存的媒介[2]；美國俄亥俄電腦書目中心資訊網（OCLC）運用此磁帶轉到線上作業，再經傳播，使資料無遠弗屆，節省技術服務的時間與精力，增加參考服務功能，增進圖書利用的彈性和效益，與他人異地同時*互享資源*[3]。這項創舉縮短了時空，也促進圖書館邁向「無紙世界」，向「無門楣、無圍牆」開放式圖書館前進。其他的資訊網（DIALOG, ORBIT）等也分別建立了各類期刊文獻檔，以衛星傳播給他人使用[4]。由於電腦的計算能力、組合和分析的功能，期刊論文可以日期、著者、主題、關鍵字等多種檢索條件，運用 Boolean 邏輯，可以在最快的時間裡檢索出所需特定的資料及摘要。這種得助於新式科技成品的努力，充分提升了研究的深度與廣度，更肯定了資料的多元可用性和可獲性。近年來所發展益趨完善的「全文處理」技術（Text Processing）更邁前了一大步[5]。除了書目、摘要和索引外，還可以把文獻和圖書的內容全部存真於電腦中。這種突破之舉，更可促使文獻獲其永雋性。當圖書資料

因利用或維護不當，遭受破損時，存入電腦系統，影像磁碟及光碟中的原文，不但可以保存其內容，亦可複製原件，使之永雋。

參、蔣中正先生的著述與資料庫

　　蔣中正先生的著述及他人所著有關他的作品究竟在美國資料庫保存的情形如何？是否容易用得到？是否已納入美國資訊系統裡便於研究人員使用？那些資料被納入了？其涵蓋面如何？以上這些問題是保存和宣揚蔣先生著述和思想所應注意的。依本人專業知識的判斷，根據蔣先生著作的性質來選擇資料庫，拙見認為可運用下列兩類資料庫來作初步的探討，希望可知現狀，獲得結論，以便據之進行必要之研究。

1. 第一類是指示性的工具資料庫：(1)現版書書目（Books in Print）；(2)歷史文摘（Historical Abstracts）；(3)傳記索引（Biography Master Index）；(4)雜誌索引（Magazine Index）。

2. 第二類是庋藏書目資料庫，即所謂 Bibliographic Utility：俄亥俄電腦書目中心（OCLC），及美國研究圖書館資訊網的中日韓文系統。

　　去年十二月間，運用王安研究院圖書館的終端機向遠在加州的 DIALOG 資訊網，查索資料的來源處；第二類可提供資料的所在地和詳細編目及採購資料，於今年二月和四月分別用王安研究院和伊利諾大學的設備向俄亥俄總部和研究圖書館資訊網查檢。

肆、指示性資料庫的分析

　　現版書書目，在原則上是報導那些書在市面上買得到，

偶而也提供絕版書消息。這本書是每年出版一次,是研究者
最先著手的地方,可以用著者、書名或主題來查有關的資料。
它提供採購時應知的各項消息。除了著者、譯者、編者、書
名、出版地、出版者外,還提供版次、頁數、價格、國際標
準圖書號、國會圖書館卡片號碼和標題等,並且告訴讀者此
書是否可以買到。近年來,此工具資料輸入電腦成為資料庫
後,對研究者和圖書館業又是一大福音,不但查檢得迅速,
還可以用很多條件來限制查檢,使查出來的資料更切題而合
用。譬如說,我們可以出版年份和主題並用,而查出那一年
有關此主題的資料,如此可免去很多其他不符條件的資料。
經查此檔到去年年底止的記錄,共獲十四種有關蔣先生著作
的資料,其中兩本書名相同,而版本有異,按書名來計,只
有三種是蔣先生本人之作,九種為他人撰寫有關蔣先生傳記、
政治、歷史的書籍。前者包括《中國之命運》、《抗戰與建
國》、《抗戰時期言論集》等。這些書大都是根據民國三十
年代第一版,在民國五十八年、六十五年、七十四年再印的。
他人所撰有關蔣先生之作是在民國二十七年、六十年、六十
二年、六十八年、六十九年、七十一年和七十四年各出版一
種,六十四年出版二種。

　　歷史文摘資料庫顯示出三十三篇文章和兩本書,都是
他人所撰,並無蔣先生自著。有一書已絕版,故以三十四種
計算,均為民國六十年到七十年間出版的。民國六十年、六
十一年、六十七年和六十八年各出版二種,民國七十年出版
一種,民國六十六年出版三種,六十二年四種,六十三年六
種,六十四年七種。有二十一種是蔣先生在世時就出版的,
十三種是逝世後才出版。內容大致涉及中國政治和蔣先生思
想,有一篇是談蔣先生對工藝教育的看法和影響。刊登的期
刊則以師大學報登得最多,計五篇;印度中國報導(*China*

Reports）載過三篇，中央研究院近代史研究所集刊二篇，政大國際關係研究所出版品及日本雜誌（*Rekinshi Hyoron*）各刊二篇。

　　傳記索引顯示出蔣中正先生的傳記在三十一種傳記字典、年鑑、名人錄、百科全書或雜誌上，在民國五十四年到七十三年這段時期內出版的書刊上出現過。出現次數最多的資料是 *Biographical Index*，從第一冊到第八冊，及第十冊到十二冊都收了。也就是由民國三十五年到七十二年間，除了一年之外，其他年份的傳記索引都將蔣先生的傳記納入了。

　　雜誌索引從民國五十年開始到去年（七十四年）底止，共收了十篇通俗性的報導，其中有兩篇是關於 Turning Point 的書評[6]。

伍、書目資訊網的分析

　　俄亥俄電腦書目中心資訊網（現名 OCLC「線上電腦圖書館中心資訊網」），是美國第一個線上作業的聯合目錄，是民國五十年代為富革命性、大規模圖書館連線自動化的創舉。經二十年來的發展，使它能為美國五十個州、澳州、比利時、加拿大、丹麥、芬蘭、愛爾蘭、中華民國、沙烏地阿拉伯、瑞典、瑞士和英國等六千多個圖書館提供編目、採購和館際互借等服務。此資料庫裡有一千三百餘萬個記錄[7]。由於此資訊網的建立，參加此組織的圖書館從業員和讀者都享受到超越時空之限的便利。編目員在分秒之間，可以利用他人已建入檔的資料予以增減，或作原始編目。參考服務員可以在終端機上迅速查出參考問題的答案，查出某本書的所在地，可以立刻答覆讀者的詢問，代辦館際互借的手續，利用此採購系統來徵集圖書也可省去不少文書、會計和查證的工作。

　　由於這個系統已廣泛為多數圖書館所利用，在進行查索蔣先生著述的庋藏情形時，這是首先要用的資料網。在這系統裡，查到三十五本書籍，其中二十五種是蔣先生的作品，另十種是他人所撰有關蔣先生之作。這個數量以種數來看，並不壯觀。但以冊數來看，也有近二千八百冊在圖書館裡。蔣先生本人的著作如《中國之命運》、《中國經濟理論》、《抗戰時期演講集》和《抗戰與重建》，分別存在四十餘州的圖書館裡[8]（表一、表二）。

　　以個別圖書館藏書來看上述作品，數量較居多的有下列幾個圖書館：Claremont College 有十二種、麻省的 Mount Holyoke College 和南加大各擁八種，麻省州立大學、兩個加州州立大學、喬治華盛頓大學、達德慕斯學院、丹佛大學、路易斯維爾大學及西點軍校各藏七種。中文資料庋藏豐富的美國國會圖書館、哈佛燕京圖書館等都在此檔中沒有記錄，原因是此資訊網的中文資料處理剛剛才開始其導航試驗計畫。由於尚未正式開始用中文處理，所納入系統的只有一本《中國之命運》。羅馬字不足以代表中國文字，參與此資訊網的圖書館只運用此資料庫處理羅馬文字的資料。雖然礙於此限，僅就西文資料而言，已可窺得蔣先生的著作為美國圖書館所收藏。也因此可推斷該資料庫目前所檢索出來的資料，只是部分館藏，只是英文的或者用羅馬字編目的，並不是美國圖書館收藏蔣先生著作的全貌。已在資料庫中的二十五種蔣先生著作中，有百分之四十四（十一種）是民國二十年代後半期所出版的，百分之五十六是三十年代出版的，換言之由民國四十到六十年代蔣先生的言論均未被納入。為蔣先生撰傳記，或研究他的著作，多在六十年代和七十年代出版，約佔百分之八十，其中也不乏三十年代的重印本。舊版的重印足見其重要性和使用價值。

　　研究圖書館資訊網之中日韓文資料庫是針對美國東亞圖書館和讀者的要求而開發的。遠在民國六十年代末期，研究圖書館群（Research Libraries Group）就開始探討如何發展中、日、韓文資料庫，如何有效地將原文文字的書目資料輸入資料庫，連成資訊網，以便提供給美國九十三個東亞圖書館和其他國際間收藏中、日、韓文資料的圖書館使用。在未開發中、日、韓文系統前，他們也用羅馬字將部分中文資料輸入備參考[9]。

　　在該組織研討中、日、韓文資料庫初期，為維護和宣揚我國文化並發揮文化與科技整合的效益，本人曾積極促成我國與該組織之合作。當時本人亦正積極發起我國圖書界、文字學界，及電腦專家共同合作推展中文圖書資料自動化作業[10]。我國努力的成果，如中國機讀編目格式[11]、各種資料編目著錄標準、常用字的核定，和資訊交換碼等等[12]，都給與國際圖書館界在中文圖書資料自動化作業方面，有很大的協助和啟示作用。此系統的建立尤其得力於民國七十年我國舉辦的中文圖書資料自動化作業國際研討會中的討論和展示，這可謂是一個關鍵性及實踐的整合[13]。

　　在此有利的技術環境中，研究圖書館資訊網除了原有的英文資料外，曾以羅馬字輸入一些資料。美國國會圖書館於民國七十二年九月十二日將第一筆中文圖書編目資料以原文輸入此中、日、韓文資料庫後[14]，現共有二十個東亞圖書館參加中、日、韓資料庫的建立，以六十六個終端機由各地去利用十萬餘圖書記錄和二千個期刊記錄[15]。

　　在查檢蔣先生資料時，是用其名及號和主題的查索。在主題方面查出二〇八則記錄，在著者方面查出一一四則，其中有六十七種蔣先生的著作，四十三種是他人所寫有關蔣先生之作，有一則完全無關。二〇八則記錄裡有二十一則是與

一一四個記錄裡有重覆的。除此重覆者，再加上四十三個他人所著者，共有記錄八百冊書分散在八十一個圖書館裡，其中有蔣先生本人的六十七種一三二冊的書籍[16]。

以書名庋藏多寡來看蔣中正先生之作品，有十個州的十二個圖書館收藏先總統思想言論總集，佔第二位的是英文本的蔣公嘉言錄，其為六個州六個圖書館所存，先總統蔣公全集七冊為四個州的七個圖書館所藏。《中國之命運》（中文本）則為五個州的七所圖書館所藏。中華民國總統蔣中正對亞盟和亞議聯所發表的演說辭和賀辭為五個圖書館所藏。全部藏書看來以加拿大多倫多大學的資料最多，有八十一種之多，所藏的版本以出版日期來看，蔣先生自撰之作品出版日期以民國三十年代者最多，計五十四冊，四十年代有十冊，五十年代有十四冊，六十年代有十六冊，七十年代有十三冊[17]。

陸、初步分析結果

從幾份蔣中正先生年表裡表查證出一部分重要的著作，得知最早的一本書《孫大總統廣州蒙難記》是他在民國十一年時所撰的，民國二十六年發表《西安半月記》，民國二十八年的《三民主義之體系及其實施程序》，民國三十二年的《中國之命運》，民國四十六年六月出版《蘇俄在中國》。最早的論文是民國二十四年十月十日發表的「國民經濟建設運動」，民國三十九年發表兩篇論文「總理【知難行易】學說與陽明【知行合一】哲學之綜合研究」和「漢奸必亡，侵略必敗」，四十年發表「時代考驗青年，青年創造時代」一文，五十年發表「共黨是人類最大的敵人」，五十五年的「建軍事業要從頭做起」等等[18]。除了《孫大總統廣州蒙難記》、《中國之命運》、《蘇俄在中國》外，其他都沒有在資料庫中發現。幾個大事記在記載蔣先生著作時均有些出入，這顯

示出有專門編製目錄和分析研究的必要。

　　初步分析，這些資料庫和資訊網顯示出下列情況：

1. **不夠完整**：輸入的資料頗為有限，民國四十年代以後蔣中正先生有很多有名的演講均未經納入。在指示性的參考資料庫方面，收集之不完整可歸納出下列幾種原因：

    (1) 我國作者很少將他們的著作送交期刊索引編製處去納入一般的期刊索引類工具書。

    (2) 中華民國的著作很少透過國際圖書經銷管道，致而很少數的中文圖書為現版書書目所收錄。

　　在書目資料庫方面，我們可以歸納其原因如下：

　　在一九八三年以前，美國的書目資料庫沒有處理中文原文圖書資料的能力；中文藏書未能輸入資料。有關蔣中正先生著作之外文摘要、公正的評論和學術性著作研究之外文作品不夠多。具有豐富館藏的中文圖書館尚未參與任何資訊網。

2. **在記錄方面有紊亂與混淆的情況**：書目著錄不夠一致，同一種書，著錄時有兩種方式，有羅馬拼音字的，有中文的。中文的記錄建立時，即亦應將羅馬拼音的記錄改成一致。同一個書名的資料不應有兩種重覆而不一致的款目。他人所撰有關蔣先生之書刊誤列為蔣先生本人之作，甚至包括毫無關係之作，在以作者項目查檢時三民主義一書居然在此系列中出現，可謂是編目及分類的偏差。圖書館代號雜亂無章，導致混淆。原則上是前兩字母表示州名，後兩字母代表館名，但這原則並未遵守，例如「C」字部分，加州的圖書館並沒有都列在一起，其中摻雜了康州的圖書館，檢索出來的資料編列不當，既不是按書名也不是按作者的字母排列，同一書名的書可能在幾個不同的

頁上出現。待變舊藏，輸入機器成為新資料的速度過
低，這可由新的各書和舊書納入的情況中窺得。

柒、建議和結論

　　蔣中正先生之作不但對中國人重要，他的重要性已受到
全球的認定，資料庫和資料網的主要功能在協助資料的運用。
誠所謂「垃圾輸入、垃圾輸出」，輸入款目的偏差與資料的
不完整足以造成無法預卜的損害。民國六十年代的新書未能
被建入檔確是無以辯護的疏漏。在保存和宏揚蔣先生著作的
意念下，為使現有資料能更正確及完整地為人使用，茲建議
如下：

1. 繼續充實最近中國國民黨中央黨史委員會和中央圖書
   館等單位合作編印的蔣中正先生論著專題書目，並附
   上每書之摘要或簡評。

2. 編製藏書目錄：調查蔣先生及有關著述各種版本之收
   藏情形，即依據前項，加註收藏地。

3. 根據第二之結果，建立完整之線上聯合目錄電腦資料
   庫，並用透明程式（可運用在各種電腦設備上的）方
   式，使各種電腦系統或資訊網均可利用。

4. 將蔣先生著作之原文全文納入電腦系統，並建立索引。

5. 協助資訊網審訂其現有記錄，改正錯誤，使之有一致
   之款目。

6. 鼓勵研究生及學者在海內外作有關蔣先生著述之研究。

7. 進一步研究以期統一翻譯辭彙及書名譯名，以便成立
   權威檔，而可獲致技術服務之品質控制。

8. 編製有關蔣先生著述之辭彙與語詞索引。

9. 硬性要求著作者必須撰寫摘要，並要求期刊出版者將
   所有出版品送交世界各國有關之專題索引刊物，及一

般期刊索引工具書予以編入索引中。

10.俟俄亥俄電腦書目中心拓展其中、日、韓文資料庫後，從事與研究圖書館中、日、韓文圖書資訊網之比較，從收藏分布在各州圖書館的藏書性質、數量與款目之正確性來分析之。

　　以上初步建議必須經慎思、協調與計畫而後執行，需要有興趣的學者及忠於職守的行政人員共同領導辦理。維護蔣中正先生著作及有關作品記錄之正確性與完整性，確為當務之急，這是中華民國在人力、物力和技術上都應該負起並可勝任的任務，以促進學術的進步，建立正確的形象，宏揚蔣中正先生之種種懿行與睿智。

附表一　美國俄亥俄資訊網顯示美國圖書館收藏蔣中正先生著作一覽表（As of February 1986）

書　　　　名	州數	圖書館數	冊數	出版年代
（1）　China's Destiny & Chinese Economic Theory	43	303	307	1947
（2）　Resistance and Reconstruction	42	276	280	1943
（3）　China's Destiny	42	179	179	1947
（4）　Collected Wartime Messages of Generalissimo Chiang Kai-shek	35	161	161	1946
（5）　All We Are and All We Have	26	79	80	1942-3
（6）　Before Final Victory	26	45	45	1944-45
（7）　Generalissimo Chiang Kai-shek: The Account of the Fortnight in Sian	22	56	56	1937-38
（8）　Sian: A Fortnight in Sian : Extracts from a Diary by Chiang Kai-shek	20	39	40	1937-38
（9）　China's Leaders and Their Policies	10	12	12	1935
（10）Generalissimo Chiang Speaks	8	17	17	1939
（11）The Voice of China	8	13	13	1944
（12）Selected Speeches and Messages	7	10	10	1946
（13）China's Kampf	5	6	6	1937
（14）Generalissimo Chiang's Speech on the Communist Question	5	5	5	1941
（15）Generalissimo Chiang Assails Konaye's Statement	5	5	5	1939
（16）General Chiang Kai-shek & the Communist Crisis	5	5	5	1937
（17）China Fights On	2	3	3	1941
（18）Generalissimo Chiang's Statements Following Publication of Wang Ching-wei's Secret Agreement with Japan	2	2	2	1940
（19）Gefangen in Sian	1	1	1	1940
（20）Lawan Serangan Loear dan Bangoenken Kembali Semanget Kebangsaan	1	1	1	1934
（21）A Philosophy of Action	1	1	1	1940
（22）China's Foreign Policy	1	1	1	1935
（23）China's Struggle for Freedom	1	1	1	1937
（24）Chung-kuo chin min-yun	1	1	1	1942
（25）Warum Mussen Wir an Jesus Glauben	1	1	1	1938
		1223	1233	

附表二　美國俄亥俄資訊網顯示美國圖書館館藏
有關蔣中正先生作品一覽表（As of February 1986）

書　　　　　　名	州數	圖書館數	冊數	出版年代
(1)　The Turning Point	48	411	411	1985
(2)　The Early Chiang Kai-shek	42	364	364	
(3)　Duel for the Middle Kingdom	41	272	272	1980
(4)　Strong Man of China	43	206	206	1938
(5)　The Soong Sisters	36	122	122	1975
(6)　China, an Unscensored Look	36	58	58	1979
(7)　Chiang Kai-shek, Marshal of China	28	54	54	1940; 75
(8)　The China of Chiang Kai-shek	20	36	36	1973
(9)　Jiang Jie-shi	22	36	36	1982
(10) China Faces the Storm	1	1	1	1938
		1560	1560	

附表三　美國研究圖書館中、日、韓文資料輯收美國圖書館
庋藏蔣中正先生著作一覽表（As of April 1986）

書　　　　　　名	州數	圖書館數	冊數	出版年代
先總統蔣公思想言論總集	10	12	12	1984; 85？
Aphorisms of President Chiang Kai-shek	6	6	6	1974
China's Destiny　（English）	5	7	8	49; 76; 85
先總統蔣公全集	4	7	7	83; 84
Soviet Russia in China	4	6	7	1957; 65
中國之命運	3	3	6	76; 53; 43
Addresses and Messages of President Chiang Kai-shek, Republic of China, to Asian Peoples' Anti Communist League and Asian Parliamentarians Union	3	5	6	1975
Resistance and Reconstruction	3	3	4	1970; 1943
All We Are and All We Have	3	3	4	42; 43; nd
China's Destiny & Chinese Economic Theory	3	3	3	1947
The Collected Wartime Messages of Chiang Kai-shek, 1937-45	3	4	4	1946

President Chiang's Comments on World Situation and Mao's World Revolution Program	3	3	3	1965
孫大總統廣州蒙難記	2	2	3	75; 76
國父孫中山先生思想概要	2	2	2	1980
戰時論輯	2	2	2	1976; 83
中國之命運（印尼本）	1	1	1	1946
China's Destiny （Chapter 1 in English）	1	1	1	1943
Voice of China	1	3	3	1944
西安半月記	1	2	2	75; 76
President Chiang Kai-shek's Selected and Messages, 1937-45	1	1	1	46?
President Chiang Kai-shek's Selected and Messages in 1968	1	1	1	1969
President Chiang Kai-shek's Pledges and Assurance to the People of the Mainland	1	1	1	1968?
On Nature and Recreation, Being Texts to Continue and Complete Late Dr. Sun Yat-sen's Discourse on the People's Livelihood	1	1	1	1968
國父與蔣總統的革命方略	1	1	1	1969
國父領袖應戰言論	1	1	1	1937
國民精神修養	1	1	1	1967
改進黨務與調整黨政關係	1	1	1	1943
科學的學庸	1	1	1	1974
Important Principles in the Study of National Defense	1	1	1	1959
先總統蔣公嘉言總集	1	1	1	1981
Generalissimo Chiang's Speech on the Communist Question	1	1	1	1911
反共抗俄基本論	1	1	1	1953
精神教育	1	1	1	1925
China's Kampf	1	1	1	1940
China's Leaders and Their Policies	1	1	1	1935
解決共產主義思想與方法	1	1	1	1974
蔣委員長與羅斯福總統戰時通訊	1	1	1	1970
蔣委員長盧溝橋事變演辭	1	1	1	19--
蔣總統言論彙編	1	1	1	1956
蔣總統五十七年言論集	1	1	1	1969
蔣總統五十六年度言論集	1	1	1	1968

蔣介石先生抗戰建國名言鈔	1	1	1	1963
	1	1	1	1967
蔣總統嘉言錄	1	1	1	1984?
General Chiang Kai-shek and the Communist Crisis	1	1	1	1937?
昭昭明明心	1	1	1	1985
Chapters on National Fecundity, Socal Welfare, Education, and Health and Happiness	1	1	1	1952
三年來的國民革命軍	1	1	1	1929
Selected Speeches and Messages, 1949-52	1	1	1	1952
大學中庸新義	1	1	1	1947
第一回合的勝利	1	1	1	1953
總理遺教六講	1	1	1	1976
總裁言論選	1	1	1	1952
總統蔣公墨寶	1	1	1	1977
總統蔣公病中隨筆	1	1	1	1975
總統對軍事教育訓詞略記	1	1	1	1964
總統蔣公和中國工程建設	1	1	1	1977
總統言論選集	1	1	1	1954-58
我的母親	1	1	1	1948-49
委員長抗戰言論	1	1	1	1941
蘇俄在中國	1	1	1	1981
委員長訓辭輯要	1	1	1	1970
Teki ka tomo ka （Japanese）	1	1	1	1972
Ch'–ompron Chiang kaishek th-uk mai sai'am	1	1	1	1937
Lawan Serangan Lowar dan Bangoenken Kembal Semanget Kebamgsaan	1	1	1	1938
Sovetski i so i uz v kitae	1	1	1	1961
Warum M'ussen Wir an Jesus Glauben	1	1	1	1938
		123	131	

註 釋：

1. 日本產經新聞連載，中央日報譯印，《蔣總統秘錄》（臺北：中央日報，民國63-67年）施羅曼、費德林史坦合著，辛達謨譯，《蔣介石傳》（臺北：黎明文化事業公司，民國74年）。

2. U. S. Library of Congress, MARC Development Office, *Books: A MARC Format* (Washington D.C., 1972).

3. Maurice Freedman, "Cataloging Systems: 1973 Applications Status," in *Library Automation* (Chicago: ALA, 1975), 56-69.

4. J. L. Hall, *On-line Information Retrieval Sourcebook* (London: ASLIB, 1977).

5. Carol Tenopir, "Full-Text Databases," in *Annual Review of Information Science and Technology* 19 (N.Y.: Knowledge Industry Publications for ASIS, 1984), 215-246. ; Ching-chun Hsieh, "Full Text Processing of Chinese Language Materials" (Paper presented at Thirty-eighth Annual Meeting, Panel on Technology and the Humanities, the Association for Asian Studies, March 23, 1986).

6. Search conducted by Linda McQuire on DIALOG at Wang Institute on December 15, 1985.

7. Andrew H. Wang, "OCLC CJK Automated Library Information Network" (Paper presented at Thirty-eighth Annual Meeting, Panel on Technology and the Humanities, the Association for Asian Studies, March 23, 1986).

8. Search conducted by Linda McQuire on OCLC at Wang Institute in February of 1986.

9. Jan Thomson and Jennifer Hartzell, "RLG's Research Libraries Information Network," *On Line Review* 3, no.3: 281-296.

10. Margaret C. Fung, "Library Automation in the Republic of China" (Paper presented at CEAL Plenary Meeting, Thirty-second Annual Meeting, Assocation for Asian Studies, March 20, 1980).

11. 《中國機讀編目格式》（臺北：國立中央圖書館，民國71年）。

12. 《中文資訊交換碼》（臺北：中國圖書館學會，民國69年）。

13. 《中文圖書資料自動化國際研討會論文集》，民國70年2月14-19日。

14. Karen T. Wei, " Current Status and Future Trends of East Asian

Library Automation in North America," *Information Technology and Libraries* (June 1980): 140-146.

15. Ibid.

16. Search done by Karen T. Wei on RLIN CJK at University of Illinois/ Champaign in April, 1986.

17. Tabulated according to the above search result.

18. 秦孝儀總編纂，《蔣總統大事長編》（臺北：中山圖書公司，民國57年）；《蔣總統秘錄》，第15冊（臺北：中央日報社，民國67年）；「先總統蔣公大事年表」，《中正紀念堂文物圖錄》，民國74年增訂再版本。

原載於蔣中正先生與現代中國學術討論集編輯委員會出版之《蔣中正先生與現代中國學術討論集－蔣中正先生之思想學說與行誼》，民75年，第一冊，頁570-591。

淺談索引與資料庫

摘　要

　　說明索引的定義、類別及運用，以及我國在這一方面的努力，最後提出作者對開發期刊論文索引資料庫的意見。

　　研究發展是促進社會進步的原動力，其基礎在於相關資訊的收集和利用。資訊既是研究發展的原料，也是其成品。昨日研究的成果是今日發展的依據。今日研究發展的成品既是學術研究的基礎，又是提升生活素質的要點。此成品或要素之有效利用建築於正確的記錄。此類記錄通常以書籍、期刊文獻等型態出現。有效地利用有待索引的協助。

　　索引誠如一把開啟學術之門的鑰匙。鄭恆雄先生曾闡釋索引說：「索引是蒐集資料、查尋出處、分析資料的一種工具，大約可分為書籍、文集、期刊和報紙索引」[1]。國外線上索引摘要服務順應需求，成長的速度非常地快速。除了鄭先生所釋針對各資料型態的索引外，尚有主題性質之區分，有一般性者，亦有各專門學科者。通常是針對期刊文獻所製之索引較普遍，一般性者如：《中華民國期刊論文索引》及 *Readers' Guide to Periodical Literature*；專題（侷限於某一主題）之索引更是隨著人類知識範疇的擴大和專題研究的精深而越來越多，幾乎每一種學科都有摘要和索引的編纂，如 ERIC 教育論文索引等。

　　初期之索引均用卡片系統人工製作。電腦協助了索引的編製。為因應資訊檢索「快速」、「正確」之需求，電腦作業不但在編製索引上發揮其功能，並經由其建立相關資料庫，

使物以類聚，可用各種相關的索引辭彙在最短的時間內，檢索出最適用而確切的資料來供研究者或一般資訊使用者作有效的使用。國外資料庫成長得很快，1976年有301個資料庫，1979年增至528個，1982年有773個，到1985年則增至2,805個[2]，內含的資料成長得也很快，1976年只有25萬筆，1986年有一億五千九百萬筆[3]。各種學科均有書目性的期刊資料庫來供研究人員作開啟智慧之門的鑰匙，其範圍可謂是無所不包，廣羅萬象。由於期刊出版的頻繁，發行量大，所以有很多專題資料庫有重複的情況。其目的是希望無漏網之魚。但各專科相關性質之文獻資料庫的結構差異很大，檢索用辭及邏輯程序亦不同，資訊供應公司更是各有千秋，導致使用時必須要借重館員從中協助，讀者很少能直接取用。國內圖書館自動化發展十數年來，在期刊文獻索引編製方面也投下了心力—中華民國期刊論文索引和教育論文摘要都是重要的成果。前者是屬於一般性質，後者是限於教育。前者已發展到可用著者、篇名、分類號、人名標題來檢索，並有光碟片之測試研究，資料庫內建檔資料已達十四萬筆，自動彙集編印季刊本、彙編本頗具成效。後者據聞尚待繼續開發。

　　綜觀他國開發期刊論文資料庫的經驗，謹提出個人的幾項淺見作為今後開發期刊論文索引資料庫的參考：

1. 辭彙之統一編製：論文索引之確切檢索和有效利用必須建築在正確的辭彙。各學科標準辭彙的編輯確為當務之急，此辭彙除有層次結構之分，尚應有相關字彙、同義字彙及參見字彙等之訂定。

2. 檢索方法之標準化：多年來美國資料庫甚多，但每種資料庫經由之資料庫服務中心如 DIALOG、ORBIT、BRS 均各有千秋，複雜程度難以描述。我國正值開發之際，若能先確定各種指令之統一和標準使用，必可

　　　　助於目前圖書館界所持的親善讀者的服務原則　務期
　　　　每一項服務均能達到 User Friendly 的程度。
　　　索引之重要性在目前更是明顯，有關此方面的努力更是
刻不容緩，中央圖書館在這方面已有績效，更進一步地加以
領導，想來這一基礎研究工具更臻完善，將指日可待。

註　釋：

1. 鄭恆雄，《中文參考資料》（臺北：臺灣學生書局，民72年），頁
   79。
2. Martha Williams, ed., *Computer Readable Database* (Chicago: ALA,
   1984-85), vii.
3. J. L. Hall, *Online Bibliographic Databases* (London: Aslib, 1986), 55.

　　　　　　　　　原載於《國立中央圖書館館訊》11卷
　　　　　　　　　3期，民78年8月，頁12-13。

談檔案管理

摘　要

本文首先闡明在資訊時代中，檔案管理人員逐漸走向專業化發展的需求，政治大學將籌設一個培育圖書館、博物館，以及檔案管理人才的研究所，期許能提昇國內資料管理和資訊服務的品質。文中並介紹加拿大國家檔案館的政府檔案管理處所成立的處理電子記錄的工作小組、更進一步介紹該工作小組的工作目標、如何運用新科技來管理檔案工作，以及該小組所完成的研究成果與貢獻…等等，期以提昇國內大眾對於檔案工作的認知及支持。

　　檔案是各機關或個人工作的記錄，現在的運作和未來的規劃都必須建立在過去的記錄上。如何把記錄整理好，依類歸檔以便於利用，的確關係到個人事務處理以及機關營運的成效。

　　據統計我國政府機關有5,875個，公司行號701,837家，學術機構有1,049所，這些單位都必須要有各種記錄運作的檔案。針對檔案管理的重要性，研考會研擬了我國檔案法草案，可見這份工作的重要程度。以往檔案管理並沒有成為專業，只要能寫能懂的人，都可以成為檔案管理人員；而時代的變化與專業的分工細密，促使檔案管理人員步上專業化的途徑。資訊社會來臨後，檔案管理人才不但要有通才及專門學科背景，還必須兼有新科技知識，也歸屬於廣義的資訊人才的範疇內。但我國檔案管理人才之培訓的確可謂付之闕如，教育、人才的培訓與人才的需求在這個學門裡可謂是還

沒有相銜接。有鑑於此，政大正在籌設一個培育圖書館、博物館，以及檔案管理人才的研究所，以提昇資料管理和資訊服務的品質。

為了籌設一整合性的研究所，本人瀏覽許多相關文獻，茲將加拿大國家檔案館的發展和近況摘要作以下的報導，以喚起大眾對檔案管理的複雜性，以及其需要利用新科技的認識。

七十年代末期，加拿大國家檔案館成立機讀式檔案組（Machine Readable Archives）以收集大眾與個人之電子記錄資訊，此後電子記錄便成為該館收集檔案的重要方式之一；由該組引進的第一批資訊科技學者，現已成為國家檔案館資訊記錄服務組之主要成員。1986年改組時，機讀式檔案組與聯邦政府檔案管理部門合併成為政府檔案管理處。

為促進電子記錄之統一化，機讀式檔案組的部分成員與加拿大公眾服務中心合作，建立了一套通行於政府各部門的標準。

加拿大國家檔案館的政府檔案管理處，與該處其他幾個部門合為一個整體，這些部門包括保存組（負責檔案保存之資料館）、資訊記錄服務組（提供檔案評鑑、擴充、處理及服務等方面之技術支援）、史料組（收集並整理電子記錄、提供專項參考服務），以及圖表暨視聽檔案組（以電子記錄方式處理圖表資訊）。除此之外，政府檔案管理處亦處理有關聯邦政府的檔案。

國家檔案管理之目的在於提供完整適切的電子記錄服務，收集具有記錄價值的資訊，集中複雜的電腦科技及專業知識與技術，基於記錄價值考量的基礎來整理各種必要的檔案。此項計畫的組織結構，在於將具有相似記錄價值考量基礎的檔案管理做一理論與實際方面之緊密整合，其中包含下

列兩項重要步驟：

一、系統化記錄評鑑：為建立一套包括銷毀檔案的作業程序，加國政府提出一項系統化評鑑所有型態檔案的計畫，由各政府部門彼此溝通再建立個別的評鑑方式。到目前為止，已有三十五個部門完成其初步評鑑計畫，六十餘項評鑑已經完成。

各部門對於成立評鑑計畫的協商，主要集中於如何確認並保護具有最高檔案管理價值的記錄，國家檔案管理人員將能更快地廢除不具檔案管理價值的記錄，此無價值的檔案約佔全部記錄的百分之九十五；先要對整體計畫的重要功能和運作有充分的了解，才能進行實質的評鑑工作。有關部門的重要電子記錄，包括加拿大國稅局、議會辦公室、國庫秘書處、環保處、能源礦產和資源通訊，已被確認並加以保護，有些紀錄則經同意移入國家檔案館。

二、電子記錄之處理：國家檔案館已加強發展電子處理記錄，成立電子系統計畫組，以提供政府檔案管理處有關電子記錄之擴充、處理、評鑑和傳播等方面的建議和協助。該系統計畫處的首要任務在於建立一內部的資料處理分類系統，以取代服務單位昂貴的設備；目前平均每月可處理三十五億位元的政府電子記錄，收入國家檔案。

電子系統計畫處建立了一個測試計畫，使政府檔案管理處的檔案管理人員在微電腦中獲得檢索資源的協助，檢索來自各聯邦機構的電子記錄。這套以 UNIX 網路為基礎的系統具有一個能夠模擬使用者工作環境之結構的圖表式介面；雖位於實驗階段，它也能擴展至研究用途和遠距離的使用。

圖表暨視聽檔案組則擁有另一套系統，能夠搜集並瀏覽諸如地理資訊系統所製造的空間性資料。這些設備能夠允許增加性擴充與加強，這些技術上的轉變與超越，和為了促進

系統標準化與加強電子記錄容量所做的努力同等重要。

去年成立的對話標準與技術工作小組，負責決定與推薦適合國家檔案館的媒體和檔案整理標準，以加強對於具有檔案管理價值之電子記錄的擴充、整理與長期保存；同時，該小組亦負責關於特殊對話設備與（或）軟體的擴充和定位。電子記錄保存技術的轉變，在這項研究中佔了一個推動性的角色，目前的記錄均複製於十二吋的 WORM 光碟及九軌道開放式捲式磁帶。

該小組已達成四項結論與五項建議：

1. 結論方面
   (1) 目前仍無法只選擇單一長期保存檔案的媒體。
   (2) 至少每十年應複製一次所有媒體所保存的電子記錄，隨著資訊儲存容量的改變與轉移率的增加，每次複製的成本必然減少。
   (3) 媒體的費用是增加經費主要的原因。
   (4) 九聲道磁帶極度昂貴。

2. 建議方面
   (1) 應在一有計畫、有指導的情況下，以最具前瞻性之正式評鑑計畫繼續測試數據型有聲磁帶及光碟。
   (2) 繼續發展運用多元技術，以支持與電子檔案記錄有關之收集及傳播功能；維持現今政策，將電子檔案記錄複製於兩種不同媒體中，以避免儲存時的不當變化。
   (3) 以二至三年的時間再測試光碟系統，以確定其於檔案管理之實用性；繼續使用九軌道捲式磁帶與WORM 光碟，直到對該記錄再次審查而獲得有關其使用之其他建議時再行檢討。

(4) 史料與電子記錄合作委員會繼續其裁定功能，保
　　證具有檔案管理價值之電子記錄的有效性、可用
　　性與可理解性。

(5) 1995年應再度省視本報告之內容並予以更新。

　　出版品「電子記錄快報」完全報導有關電子記錄事宜，
國家檔案館的「通用指南」依部門名稱，列出政府各單位所
擁有的電子檔案記錄。有關國家檔案管理的其他刊物，如「年
度報告」和「檔案管理員」，則零星地包含一些關於電子檔
案記錄的資訊。

　　檔案管理著錄原則，加拿大檔案管理團體制定了一套檔案
管理之著錄原則（RAD），某些條款 ── 如電子檔案記錄之總
集、系列、單檔或單項等級之分類 ── 尚有待完成；之後，將
開始實施前兩級電子檔案記錄之著錄。

　　以上加拿大國家檔案館的各種運作的情形、規劃的走向
都值得我們在發展檔案系統時參考，更提醒我們這個行業專
業化的必要性。

註　釋：

加拿大國家檔案館之資料，取材自Eldon Frost, "National Archives
of Canada," *ASIS Bulletin* 20:11 (Oct.-Nov. 1993) p. 13-15.

兒童圖書館的回顧與展望

摘　要

　　本文闡述兒童圖書館之定義、類型、功能，我國兒童圖書館之簡史，以及兒童圖書館之組成要素及背景資料。作者針對現狀，提出有效利用及培養兒童閱讀圖書興趣之芻議為下：

1. 更新業務標準與重訂經營規範。
2. 培養優良館員，使之有能力指導有效的利用及培養兒童閱覽興趣。
3. 鼓勵優良兒童圖書之創作與出版。
4. 使用便於利用之圖書整理方法。
5. 編製兒童標準書目。
6. 運用新興科技成品。

壹、前　言

　　兒童是國家的主人翁，也是人生最具可塑性的時代。今日培養出來的優良兒童也就是未來優良的國民與領導者。在我國對兒童福利正在重視的時代裡，的確不應忽視能發揮塑造優良兒童的一種無形的教育場所與服務—兒童圖書館。本文首先說明兒童圖書館的定義與類型、功能、我國兒童圖書館發展簡史、設置要素，而後就如何增進兒童圖書館之有效利用及兒童閱讀興趣方面提出個人的芻議。

貳、兒童圖書館的定義與類型

　　圖書館的類型可按其庋藏的資料型態、所隸單位、經費

來源、所在地和服務對象來分類。兒童圖書館是根據其服務
對象來區分的，正如美國圖書館協會[1]和《圖書館學術語簡
釋》[2]的說明：「兒童圖書館就是為兒童而設的圖書館」。按
一般的解釋，兒童是指六歲至十二歲之間的人[3]。而目前兒童
圖書館服務的對象已擴大到包括學前兒童，也就是說三歲到
十二歲，甚至十六歲都是利用兒童圖書館的讀者。

美國圖書館與資訊科學百科全書（*Encyclopedia of Library
and Information Science*）把兒童圖書館分成二類[4]：

一、社區兒童圖書館

包括公共圖書館的兒童部、兒童閱覽室、兒童巡迴車和
流動書庫服務等。由政府或稅收支援的社區公共圖書館為應
兒童需要，專為兒童選擇圖書資料，供所服務社區的兒童使
用。如臺灣省立臺中圖書館之兒童閱覽室、臺南市立圖書館
之兒童巡迴書庫，以及高雄市立及高雄東區兩扶輪社合建之
高雄市兒童圖書館[5]。

二、機構兒童圖書館

包括公私立小學圖書館、孤兒院和感化院等機構附屬的
兒童圖書室。也就是由個人或團體、教育、寺廟或慈善機構
提供給兒童圖書閱覽或服務的圖書館，如附屬在學校的，因
為學生是兒童，故也是一種兒童圖書館。

參、兒童圖書館的功能和目標

圖書館本身是個教育教構，各型圖書館的功能和使命都是
發揮其教育功能；在施教、授知、陶冶品德上發揮影響力，並
提供有益身心的休閒活動，滿足讀者在求教（Educational），
求知（Informational），休閒（Recreational）方面的種種需要。

兒童圖書館的功能正如蔣院長復璁所說的「兒童圖書館是教育兒童最好的處所，亦是圖書館教育的基礎教育，是社會教育的起點[6]。」由於兒童這個階段是人類一生中可塑性最高的一個階段，興趣的培養、習慣的養成都繫之於幼年時代。兒童圖書館應提供各類啟迪心智的資料及輔導性的服務來達成任務，所以兒童圖書館的工作目標是：

1. 培養良好的閱讀習慣，鼓勵認識閱讀的樂趣。
2. 促進及鼓勵將閱讀作為自我發展的方法，增進學習能力，從小養成獨立研究的習慣。
3. 幫助語言發展及提高閱讀水準，並配合個別兒童發展能力和需要，使其從小在心智上自由發展。
4. 指導兒童學習利用圖書館，使兒童能完全利用各種圖書及資訊，使利用圖書館的能力成為終身可用的工具和資源。
5. 提供擴展及深究文化認知的方法。
6. 陶冶品格並提供有價值的活動、優良讀物資料及啟智性玩具，以取代不良玩具之玩耍及不適宜電視節目之觀賞[7]。

富強的國家建築在健全的國民，健全的國民是健全的兒童成長而來的。兒童圖書館可以彌補兒童在家庭及學校教育所不及之處，均衡發展兒童的德、智、體、群、美五育，使之成為未來的健全國民。

肆、我國兒童圖書館

兒童圖書館的成長不是直線上升，而是忽上忽下地曲線成長。曾淑賢女士認為應該分為四期 ── 萌芽時期、復原時期、成長時期與蓬勃時期[8]。作者之見則認為兒童圖書館目前尚未達到理想的階段，因此將成長期與蓬勃期合併而分為以下三期：

一、初　期

　　隨清季末年提倡教育，民族自覺運動，創辦學堂措施，而開始發展圖書館事業。宣統元年蔡文森發表「設立兒童圖書館辦法」[9]。民國六年到十四年間天津社會教育辦事處、蘇浙皖三省師範附小聯合會提案、民國十四年八月中華教育改進社舉行年會[10]、民國十七年大學院擬訂訓政時期施行要目[11]、十九年吉林省等先後公布了「兒童圖書館設置簡章」辦法或議案[12]。在此時期，各省立圖書館如浙江省立圖書館、安徽省立圖書館、江西省立圖書館、湖北省立圖書館、湖南省立中山圖書館、福建省立圖書館、雲南省立昆華圖書館、廣州市立中山圖書館、廣西省立第一圖書館、廣西省立第二圖書館、陝西省立第一圖書館、河南省立圖書館、河南省立中山圖書館、河北省立第一圖書館、河北省立保定民眾教育館、山東省立圖書館、吉林省立圖書館、南京市立圖書館、北平市立第一普通圖書館等，亦附設有兒童閱覽室[13]。民國廿二年上海市成立第二兒童圖書館[14]。抗戰時期由於戰亂，兒童圖書館事業陷入停頓狀態。只有民國廿八年八月國立中央圖書館在白沙設立的民眾閱覽室，曾附設兒童閱覽室；民國卅年七月開幕的則有上海兒童圖書館[15]。

二、復甦期

　　抗戰勝利後，臺灣省長公署圖書館於國民卅四年十一月設立兒童閱覽室[16]。國立羅斯福圖書館正式開放，於民國卅六年附設兒童閱覽室[17]。上海第一兒童圖書館及清華兒童圖書館，亦分別成立於民國卅六年[18]。

　　政府遷臺以後，民國卅八年，臺灣省立臺中圖書館設立兒童閱覽室[19]。民國四十三年十二月，臺南市立圖書館開辦兒童巡迴書庫，巡迴郊區各小學[20]。民國五十二年以後，臺灣生

活安定，經濟繁榮，社會福利機關如扶輪社支援成立高雄市兒童圖書館[21]。政府當局教育廳重視國民學校圖書館教育問題，於民國五十五年[22]召集會議研討供應兒童讀物和設置兒童圖書館事宜，加強圖書館教育，訓練各國民學校圖書館教師[23]。民國五十六年教育部計畫改進兒童讀物[24]，民國五十八年，教育部長期發展國民小學教育工作中，獎勵優良兒童讀物，並計畫設置八百所兒童圖書館[25]。民國五十年代期間，有很好的圖書介紹說明兒童圖書館經營方式，如王振鵠教授所編的《兒童圖書館》，所譯的《小學圖書館》，及陳思培先生所著的《國民學校圖書館》等等多種作品。

　　六十年代間，我國小學圖書館仍舊不夠普遍及完善。社區兒童圖書館如國立中央圖書館臺灣分館、省立臺中圖書館、臺北縣、市圖書館、臺南市立中正圖書館、高雄市立圖書館均設有兒童閱覽室。基隆市圖書館和澎湖圖書館也都有巡迴車供應圖書館或學校或社區兒童用。

三、成長期

　　近幾年來，由於科技進步，擴大資料型態和媒介，社會更趨安定，民間愈來愈富庶，使民間和政府都大力鼓勵優良兒童圖書的寫作和出版[26]。私人企業贊助的圖書館加入了兒童服務的陣容，如民國六十年，宜蘭扶輪社及基督徒宜蘭禮拜堂合作設立宜蘭扶輪社兒童圖書館[27]、民國六十四年成立之洪建全視聽圖書館及兒童閱覽室[28]，以及日後的新力視聽圖書館等。對兒童教育而言，這是無上福音，對社會風氣而言，這是端正風氣的開始。創企業界用盈餘來作有意義文教活動的先聲，是個極有價值而又互惠的創舉。自從政府倡導文化建設以後，各方面更加積極響應，如民國六十六年，天主教快樂兒童中心設立兒童圖書室[29]。同年，臺北縣板橋市立兒童

圖書館成立[30]。民國六十七年，屏東高樹鄉立中正圖書館設立兒童圖書室[31]、高雄市左營區舊城國小中達紀念兒童圖書館落成。民國六十八年徐元智基金會贊助師大成立了實習兒童圖書館[32]。民國六十九年，則有行天宮附設兒童圖書館之成立[33]。

　　自民國七十年代開始，在文化中心的計畫一一推展聲中，學術單位和圖書館從業人員深感兒童圖書館經營理論與實務值得探討，所以在民國七十二年四月，國立臺灣師範大學舉辦兒童圖書館研討會，此舉對兒童圖書館的發展有所助益[34]。而私人企業及公家機關繼續支援兒童圖書館的設置則為：信誼基金會學前教育資料館於民國七十年一月設立臺南館[35]。民國七十一年十一月，屏東縣牡丹鄉立中正圖書館成立，特藏為兒童文學[36]。同年，高雄市立中正文化中心開始提供兒童服務[37]。民國七十二年十二月時，以兒童服務為特色的臺北市立圖書館民生分館開幕[38]。民國七十三年七月，信誼基金會成立親子館[39]，同年同月，臺北縣板橋市私立元智兒童圖書館成立[40]。民國七十四年七月，國語日報文化中心兒童圖書館成立[41]，七十四年十月，臺南市立文化中心增設親子圖書館[42]。以及民國七十七年一月，信誼基金會在臺北成立幼兒館[43]。

　　值得注意的是，很多基金會如徐元智基金會和信誼基金會都贊助了兒童圖書館的成立，而這些圖書館也都有很好的目標與理想，但貫徹上似乎有問題。如師大的實習兒童圖書館（隸屬師大，是機構兒童圖書館；開放給民眾使用，又可謂是社區兒童圖書館；為教育實習而設，又是個教學實習兒童圖書館）這一所兼具多種身份、多功能的單位卻在民國七十四年停辦了，無疑是對兒童圖書館服務的一項打擊。

　　一般而言，附屬在學校為兒童提供服務的學校圖書館已較前普遍。國小圖書館方面，全部的服務人口數為一百九十六萬三千五百九十四人，工作人員總計二千八百七十五人，

館舍面積總計十七萬三千零三十四坪，閱覽席位總計八萬七千五百七十五席，藏書冊數總計一千零六十六萬一千五百四十三冊，期刊種數總計二萬一千八百九十七種，報紙種數總計五千九百八十五種。另就平均數而言，每館每週平均開放廿九‧四一小時，平均工作人員一‧六四人，館舍面積平均每館九十八‧五九坪，閱覽席位平均每館四十九‧九〇席，藏書冊數平均每館六千零七十四‧九五冊，期刊平均每館十二‧四八種，報紙平均每館三‧四一種，平均每一服務人口數分享圖書冊數為五‧四三冊，平均每一工作人員的服務人口數六百八十三人[44]。雖然有所改善，但是與學童人口之比例距理想尚有很大的距離[45]，故而本人以為目前我國兒童圖書館尚在成長期中。

伍、兒童圖書館之設置要素

　　圖書館要能有效地展開活動，必須要有以下圖書館的三大要素的支援：一、館藏；二、人員；三、館舍[46]。

一、館　藏

　　「不論圖書館技術工作如何完善，或是組織與管理如何有效，其成敗取決於藏書。」[47]由此可見圖書館的首一要素是館藏，一切服務都視藏書的優劣。也可以說圖書資料是圖書館的生命。

　　館藏不僅應有印刷型的圖書資料，也包括動態的、有聲的和有影像的視聽資料及益智玩具。

　　　1. 印刷型資料分兩種：
　　　　(1) 圖書（含參考書和一般閱覽書籍）；
　　　　(2) 非書資料（包括報紙、期刊、小冊子、圖表和剪輯資料）。

2. 視聽資料——幻燈單片、捲片、透明片、電影片、錄影片、錄音帶和唱片、錄影帶。

參考工具書是指提供事實或線索，不須全部閱覽，僅供查檢的書籍，如百科全書、字典、辭典、索引、書目、指南、年鑑、年報、地理資料和傳記資料。通常被認為是核心館藏 Core Collection，鼓勵兒童自修及解答疑難用。

一般閱覽書籍亦稱兒童讀物，就型式而言：（一）圖畫書（包括漫畫）；（二）詩歌（包括童謠及兒歌）；（三）遊記；（四）傳記；（五）謎語、笑話；（六）故事；（七）小說；（八）戲劇；（九）日記；（十）散文[48]。

充實的館藏必須有計畫地先由核心資料開始，而後按層次，有系統地收集一般資料。社區兒童圖書館的館藏，也必須補充附近小學圖書館，針對教學課程需要館藏所缺之處，順應兒童在各階段的興趣和發展，提供休閒性資料。

在選擇館藏圖書方面，不但要重視「量」，更應重視「質」，有三大原則可供參考：

1. 內容是否明確、有益、具體？
2. 表達方式是否適當？是否可為兒童吸收？
3. 取材是否可靠？是否具實在性？

我國兒童圖書館館藏現況，就數字而言，分為三類：五千冊以下，如師大的實習兒童圖書館；五千冊以上，一萬冊以下，如國語日報文化中心兒童圖書館、高雄縣立文化中心兒童室、宜蘭扶輪社兒童圖書館等；以及一萬冊以上，如國立中央圖書館臺灣分館兒童閱覽室等。但此藏書並不能因應當地兒童人口的需求[49]。

二、館　員

　　兒童圖書館服務之成功與否繫之於館員的素質。兒童圖書館員肩負的重任較其他各類館員更重。他不但是圖書資料和兒童讀物之間的橋樑，也身兼老師、褓姆和圖書館管理員的責任。一般圖書館員並不須要照顧讀者，而兒童圖書館員卻要在館內維持秩序，注意兒童的安全和福利。他要教育兒童、指導和照顧兒童、灌輸知識、陶冶品德、還要為兒童選擇適當的圖書，要有衡量、整理圖書及提供服務的能力。在學識上，他要深諳兒童圖書館理論和實務，了解兒童心理，廣泛地涉獵兒童文學，深入地研究兒童讀物；在品德及個性上，身心均應健全，他要有愛心、耐心、敬業精神、專業態度、要慈祥而嚴格、要開朗而細心、活潑而莊重。有良好的品德、高尚的情操、以身教代言教。在儀表上，要整潔、謙和、從容。在口才上，要伶俐、簡潔，他必須能控制語調，有生動的表達能力。這是件充滿挑戰性和奉獻性的工作，也要德、智、體、群、美五育均衡發展的專業館員才能勝任[50]。此外，沈寶環教授提供我們 Arizona 州 Tempe 公共圖書館長 Will Manley 的看法：「無論當前社會的價值觀念和維多利亞時代有什麼不同，社會目標、理想如何綿延不絕，端賴如何交棒予我們的子女，你可能還不能體會，我們的未來完全掌握在兒童圖書館員手中。」[51] 更可看出兒童圖書館員實在是任重道遠！

三、館舍和設備

　　兒童閱覽的場所有幾個先決的條件：

1. 交通方便，容易到達的中心地帶、交通秩序良好地區，在小學裡應是中心所在地。
2. 位置應設於一樓 ── 小孩善動、愛跳、喜跑，為安全

及隔音計，應將圖書館設於平面，以免上下樓梯或電
梯之危險，並可防止小孩的噪音干擾到其他各層。

3. 通風、乾燥、光線良好之處。

4. 建築穩固、內部隔間及裝潢均需有彈性、功用多元
性、陳設方式多變性，以順應兒童好奇和好破壞個
性。

5. 氣氛活潑，彩色鮮明而協調，要呈現一歡迎吸引兒童
的氣氛。

6. 圖書館的設備均以堅固、易清潔、好維護、美觀及耐
用為原則。

7. 圖書館的閱覽設備應採多種尺寸和變化性，以順應兒
童多變的體型，並有便於小朋友席地而坐的設備。

8. 開架式的典藏使書人合一，兒童可隨心所欲接近圖
書。

就國內兒童圖書館面積現況而言，私立兒童圖書館多為
單獨設立，面積較一般圖書館附設之兒童部門要大。五〇坪
以下者，如快樂兒童中心兒童圖書室；五〇坪以上、一〇五
坪以下者，如師大實習兒童圖書館；一五〇坪以上、二五〇
坪以下者，如國語日報文化中心兒童圖書館；二五〇坪以上
者，如板橋市立兒童圖書館[52]。

陸、增進兒童圖書館之有效利用及提高閱讀興趣之芻議

除了敘述以上基本原則時所作的建議外，今後如何有效
利用兒童圖書館及增進閱讀興趣，可由下面幾個途徑來進行：

一、更新業務標準與重訂經營規範

要促進兒童圖書館提供優良的服務，就必須要有評鑑的
根據。而圖書館標準是一種模式，也是評鑑的尺度、可作為

實施的準則、未來發展與改進的指南[53]。相關單位應認真考慮兒童圖書館標準，順應成立目標，經常更新、修訂設備標準，配合時代需要，作有系統的規劃並予以實行。此外，在擬定兒童福利法時，也應將兒童圖書館此一發展兒童五育之場所及服務機構納入考慮。

二、培養優良館員

　　館員的素質，足以左右圖書館經營和服務的優劣，特別是兒童圖書館員的學養、條件和資格，更要要求得高。所以兒童圖書館員格外需要完善而多方面的教育，使之能提供更生動、更有素質的服務。圖書館學的教育在我國自民國九年韋棣華女士開始至今，這六十九年漫長的歷史中，也造就了不少專業圖書館員，目前在臺灣有六個學校提供圖書館學專科，大學部和研究所的課程裡只有二個學校開「兒童圖書館」，三個學校開「青少年兒童讀物」，「西洋兒童讀物」及「兒童文學概論」分別有一所學校開授[54]。五十一年教育部所頒的大學課程標準，對兒童圖書館館員專業的教育，尚不夠重視。中國圖書館學會暑期研習會應舉辦兒童圖書館員暑期講習；此外尚應在各師範院校內開設兒童圖書館學的課程；在大專則應加強兒童圖書館方面的課目。適當的課程與實習是急待研討確定的。有優良的館員，才有優良的服務，才能提高服務品質，以負起應有的責任。而目前國內兒童圖書館人員編制過少，職等太低，使得專業人員不足，因此今後在組織上應朝擴大編制及提高職等的方向努力。

三、鼓勵優良兒童圖書之創作與出版

　　民國五十七年中央圖書館編的《中華民國兒童圖書總目》，收錄了民國卅七年到五十七年間港澳和臺灣地區出版

的三千多種圖書[55]。六十五年出版年鑑上記載六十四年出版的
一千四百餘冊[56]。而民國七十年至七十六年則出版了二千五百
四十餘冊。民國六十六年出版的《全國兒童圖書目錄》收錄
了四、六三八種[57]。七十三年出版的《全國兒童圖書目錄續
編》，則收錄民國六十五年到七十三年國內以及香港地區所
出版的四千種圖書[58]。此外，民國七十五年出版之《兒童圖書
目錄》，收錄民國七十三年七月至七十五年六月，臺北市立
圖書館增購或贈送到館的兒童圖書二千九百餘種[59]。民國七十
一年出版的《中華民國圖書館基本圖書選目》— 兒童文學與
兒童讀物類則收錄有九百九十七種圖書[60]。

　　根據六十三年的統計有廿一種雜誌是給兒童閱讀的，六
十六年統計卻只有十五種了[61]。七十五年統計有卅四種，七
十六年則有四一種[62]。我國現有報紙一一九種，有規律性發行
者佔五九種，其中專為兒童出版的只有四種 — 國語日報、
國語時報、兒童日報及小鷹日報[63]。而小鷹日報於創刊後幾個
月，便因財務問題而停刊了。其他的大報如中央日報、中華
日報、聯合報、中國時報、民生報、新生報、臺灣時報、青
年戰士報都有兒童週刊或兒童版面。

　　看統計數據，兒童圖書雖有增加，但增加率不能配合人
口的增加。七十六年底止兒童三百九十餘萬人（三歲到十二
歲）佔了全人口一千九百餘萬人的百分之二十[64]，他們需要優
良圖書和期刊的殷切，實在應特加重視的。

　　圖書方面的缺點除了「量」少，「質」也不太理想，原
因是：（一）創作太少，都是翻譯或改寫的，而且是重覆地
改寫；（二）插圖不夠生動；（三）翻譯作品不註明原作者，
不夠負責；（四）印刷規格不適合兒童閱覽，字體太小、裝
訂不夠牢，兒童圖書的破損率本來就高，我國的兒童讀物更
是容易散失；（五）參考書籍過少；（六）因創作較少，反

應我國歷史、文化、傳統及民族意識者不如翻譯外國傳統故事者多。最有效的辦法是：（一）擬訂鼓勵辦法獎勵優異兒童讀物之創作及出版；（二）鼓勵民間文教基金會，多多投資在優良讀物的出版上；（三）訂定兒童讀物印刷及裝訂標準，依兒童的智力、視力、程度來分別制訂出版品印刷標準，以確保出版品之素質。

現在為鼓勵兒童文學創作，已有創設於民國六十三年迄今已十五年歷史的洪建全兒童文學獎、東方出版社設立之「東方少年小說獎」，及信誼基金會之「幼兒文學獎」[65]。此外尚有中華民國兒童文學學會設立之「大專院校兒童文學研究獎學金」。希望更能廣泛爭取到社會資源，來灌溉兒童寫作之園地，使之產生重大的影響。

四、使用便於利用的圖書整理方法

管理圖書分類的工作就是把圖書根據分類法來組織、整理出來，以便於利用。

於民國十八年至今兒童讀物的分類法有：

1. 徐　旭編　民眾圖書館圖書分類法　民國十八年
2. 杜定友編　小學圖書館圖書分類法　民國廿一年
3. 程伯群編　兒童圖書館圖書分類法　民國廿四年
4. 陳獨醒編　兒童圖書分類法初擬
5. 盧震京編　小學圖書分類大綱
6. 政大附設實小圖書館自編分類法
7. 陳思培編　國民學校圖書暫行分類法　民國五十三年
8. 劉錦龍根據暫行分類法修訂後，供屏東高樹鄉圖書館用　民國六十七年
9. 羅東國小社區圖書館亦是修訂暫行分類法而來。

教育部所頒訂的國民學校圖書暫行分類法是以杜氏分類

法為骨幹，參照賴永祥先生增訂的中國圖書分類法而擴充。大類是將宗教和哲學合併。把教育單列，表示教育脫離了社會科學的範圍，似乎不太合邏輯。

政大附屬實小是按小學課程分。但專門給中華兒童叢書三目，將平裝本與精裝本分開，等於是按書的外表來分類。

根據民國六十二年，鄭含光先生調查我國小學圖書館所用分類法的情形[66]及民國七十年，國立臺灣師範大學對我國小學圖書館採用分類法情形之調查[67]綜合如下：

小學圖書館所採用之分類法	所佔比例情形	
	六十二年	七十年
(1) 採用國民學校圖書暫行分類法者	一二・六〇%	〇・三二%
(2) 採自編法者	四一・七四%	三一・四〇%
(3) 未分類者	四四・五四%	四五・二七%
(4) 採杜威十進分類法者	〇・八四%	
(5) 採杜氏兒童分類法者	〇・二七%	
(6) 採中國圖書分類法者		二二・六三%
(7) 採行政院主計處財物分類法者		〇・三八%

根據調查有許多學校圖書館是依據課程來分類，然這種觀念已不適用於新式圖書館的管理。而由上述分類法之類別及使用的情形，可知我國兒童圖書館所採用的分類法不夠一致。

大部分先進國家的學校圖書館，均放棄以教學科目為依據的分類法，而採用圖書館通用的分類法。如美國採用簡編的杜威十進分類法（Dewey Decimal Classification）、日本採用日本十進分類法（Nippon Decimal Classification）等[68]。

雖然兒童與成人心性大相懸殊，兒童圖書管理上與成人有別。但要把圖書井井有條地整理出來，便於利用，這個原則的存在性也是不可否認的。要把種種繁雜的圖書，依照他

們的性質、根據一定的方法，把他們組織起來，向讀者明白
地表示內容，仍舊是必要的。目前兒童圖書分類法的分歧現
象，表示兒童圖書館管理方法不夠成熟，尚待商榷。統一及
一致性是圖書館管理上最重要的原則，必須恪遵。圖書館間
的合作是以後各圖書館必定走上的途徑。若要合作，分類法
的統一是一先決的條件。兒童圖書館主要的目的之一，是訓
練兒童了解圖書館的利用法，而便於以後學習和研究。「今
日的學童為明日的公共圖書館和大學圖書館的利用者」[69]。
「兒童圖書的分類，當以一書內容為主，其分類不必與成人
完全不同」[70]，基於以上兩位圖書館學家 ── 王振鵠教授或
藍乾章教授的研究心得，我們應該使用多數圖書館所通用的
分類法。到目前為止，中國圖書分類法仍不失為我國通用之
分類法，根據七十七年的調查，大專院校一一九個圖書館中
有一〇八個用此分類法[71]。而根據七十四年《臺閩地區圖書館
調查錄》，我國小學圖書館使用中國圖書分類法的有二四八
個，僅次於採未分編的六五四所及採自編法的六三三所[72]。當
年師大兒童圖書館採用時儘量粗分，將各書放在大類裡，用
＋〇△等來分別表示幼兒讀物、圖畫書和參考書。所採中國
圖書分類法雖然在分類原則上比較切合，但一個理想的分類
法應具下列條件：（一）包括人類全部知識；（二）有公認
的適當的次序；（三）事物的陳述要儘量詳細；（四）類目
應有充分的伸縮性，預留地位，以便適應世界思潮的變化；
（五）配備一簡單而有伸縮性的標記；（六）有一完備的索
引[73]。

　　雖然採用中國圖書分類法並沒有達到適合「兒童理解」
及「迎合兒童心理的趨向」 ── 這兩個蔣復璁先生和盧震京
先生特別強調的原則[74]。為了達到這個原則，兒童圖書館也可
以用顏色標誌來表示各類，便於識別。如此一來，則既有兒

童認識的五顏六色來迎合兒童心理趨向，也有按知識分類，達成兒童圖書館利用教育的效果。中國圖書分類法所用的名詞均較抽象，極待改善以便兒童使用。其方法是用兒童能理解的簡單名詞來註釋並編成中國圖書分類法節略本。

五、編製兒童標準書目

圖書目錄的用途很多，除了書目控制外，它也供選書衡量、採購、編目、分類等工作參考用。標準書目尤為重要。我國目前所有的標準目錄 ─《中華民國圖書館基本圖書選目》（兒童文學與兒童讀物類），自民國七十一年出版以來，很久沒有新版，資料不夠新穎，缺乏時效性，其用途就大受限制。在館員不夠、經費不足的情況下，更需要如 Wilson 出版那種目錄 *Children Catalog* 之類的標準目錄。既可節省人力，便於在有限的經費下徵集到最佳讀物，更是國家對兒童圖書書目控制的基礎。所以，有摘要、等級、採購用資料及編目分類用的完整書目資料的標準書目極待編製。另外，書評寫作的風氣和工具圖書的編纂都值得提倡。

六、運用新興科技成品

國外兒童圖書館已普遍地使用電腦，用以輔助學習、用以訓練圖書館的利用，並逐漸和成人圖書館一樣地步入「無紙」時代和「無圍牆」的圖書館境界。學習利用電腦來閱覽電子圖書，也是一種不可避免的趨勢。我們切望新興的科技成品能促進兒童對圖書館的利用，以及提高閱讀的興趣。電腦的益智功能非常地強，我國兒童圖書館亦無法忽視這種新興科技的效益。這些促進圖書利用及培養閱讀興趣的科技成品，應予有效地加以運用並發展。

以上數點是因應邁入廿一世紀多元社會之際，本人對兒

童圖書館在促進有效的利用與增進閱覽興趣方面的一些淺見，就教於各位先進與同道。

　　按：本文係著者在中國圖書館學會第卅七屆年會分組討論會「如何有效利用兒童圖書館及增進兒童閱讀興趣」中之講稿。承鄭雪玫教授給予卓見及洪玉珠、張友玲小姐協助收集資料，特此致謝。

附　註：

1. A.L.A., *Glossary of Library Terms* (Chicago: ALA, 1943), 27.
2. 王征編著，《圖書館學術語簡釋》（臺中：文宗出版社，民國61年），頁76。
3. 《辭海》，二版（臺北：商務，民國46年），頁302。
4. Allen Kent, *Encyclopedia of Library Science and Information Science* (New York: Marcel Dekker, 1970), 559.
5. 國立中央圖書館編，《中華民國圖書館年鑑》（臺北：編者，民國70年），頁384。
6. 蔣復璁，「兒童圖書館的意義」，中央日報，民國68年4月16日。
7. Jennifer Shepherd, " Past Imperfect, Future Indefinite," *International Review of Children's Literature and Librarianship* 2, no.2 (Summer 1987): 74.
8. 曾淑賢，「我國兒童圖書館之過去、現在與未來」，《中華民國兒童文學學會會訊》，第5卷第2期（民國78年4月），頁10-12。
9. 王征、杜瑞青合編，《圖書館學論著資料總目》（臺中：文宗出版社，民國58年），頁125。
10. 《圖書館學刊》第1卷第2期，頁356-360。
11. 張錦郎、黃淵泉合編，《近六十年來圖書館大事記》（臺北：商務，民國63年），頁46。
12. 同註9，頁90-91。
13. 嚴文郁，《中國圖書館發展史》（臺北：中國圖書館學會，民國72年），頁71-99。

14. 同註11，頁104。

15. 同註9，頁139。

16. 電話訪問國立中央圖書館臺灣分館兒童閱覽室館員，民國78年5月4日。

17. 同註9，頁152。

18. 同註13，頁155。

19. 同註5，頁1。

20. 同註5，頁379。

21. 同註11，頁172。

22. 張素碧，兒童圖書館館藏之研究，油印本，民國66年，頁35-36。

23. 陳思培，《國民學校圖書館》（臺北：臺灣省國民學校教師研習會，民國55年），序。

24. 《圖書月刊》，復刊，第1卷第12期，頁27。

25. 《國立中央圖書館館刊》，新3卷第1期：頁152。

26. 行政院新聞局，《中華民國出版年鑑》（臺北：該局，民國67年），頁39。

27. 國立中央圖書館編，《第二次中華民國圖書館年鑑》（臺北：編者，民國77年），頁242。

28. 「洪建全教育文化基金會為孩子們做了些什麼」，《書評書目》，第60期，頁47-48。

29. 同註27。

30. 同註5，頁27。

31. 同註27，頁226。

32. 張鼎鍾，「兒童圖書館的發展與文化建設」，《圖書館學與資訊科學之探討》（臺北：學生，民國71年），頁8。

33. 同註27，頁235。

34. 國立臺灣師範大學圖書館編，《兒童圖書館研討會實錄》（臺北：編者，民國72年）。

35. 同註27，頁179。

36. 同前註，頁183。

37. 同前註，頁203。

38. 同前註，頁186。

39. 同前註，頁188。

40. 同前註。

41. 同前註，頁190。

42. 同前註，頁206。

43. 同前註，頁241。

44. 國立中央圖書館編，《第二次中華民國圖書館年鑑》（臺北：該館，民國77年），頁42-43。

45. 內政部編，《中華民國臺閩地區人口統計》（臺北：該部，民國76年），頁30-31。

46. E. Rose, *The Public Library in American Life* (New York: Columbia. Univ. Press, 1954), 70.

47. 王振鵠編，《圖書選擇法》（臺北：臺灣師範大學圖書館，民國61年），頁4。

48. 許義宗，《兒童文學論》（著者印行，民國66年），頁22-144。

49. 同註27，頁240-242。

50. Dorothy J. Anderson, "From Idealism to Realism: Library Directors and Children's Services," *Library Trends* (Winter 1987), 393-412.

51. 沈寶環，「『關帝廟前耍大刀』 ── 淺談兒童圖書館、兒童文學和兒童圖書館員」，《中華民國兒童文學學會會訊》，第5卷第2期（民國78年4月），頁9。

52. 同註27，頁240-242。

53. 方同生，「為什麼要標準」，教育資料科學月刊，第6卷第5、6期（民國62年12月），頁51-61。
鄭雪玫，「公共圖書館兒童服務評鑑之探討」，《國立臺灣大學圖書館學刊》第6期（民國76年11月），頁51-61。

54. 同註27，頁53-60。

55. 國立中央圖書館編，《中華民國兒童圖書總目》（臺北：該館，民國57年），頁1。

56. 《中華民國出版年鑑1976年》（臺北：中國出版公司，民國65年），頁37。

57. 國立中央圖書館臺灣分館編，《全國兒童圖書目錄》（臺北：該館，民國66年），頁1。

58. 國立中央圖書館臺灣分館編，《全國兒童圖書目錄續編》（臺

北：該館，民國73年），頁3。

59. 臺北市立圖書館編，《兒童圖書目錄》（臺北：該館），頁2。

60. 中國圖書館學會編，《中華民國圖書館基本圖書選目》──兒童文學與兒童讀物類（臺北：編者，民國71年）。

61. 《中華民國出版年鑑1977年》（臺北：中國出版公司，民國66年），頁26。

62. 《中華民國七十七年出版年鑑》（臺北：中國出版公司，民國77年），頁77-78。

63. 邵玉銘，中國時報，民國78年9月4日。

64. 同註45。

65. 同註61，頁67。

66. 鄭含光，「臺灣圖書館調查之研究」，文史哲（民國62年），頁56。

67. 國立臺灣師範大學圖書館及社會教育學系編，《臺灣地區中小學圖書館（室）現況調查報告》（臺北：該館，民國70年），頁44。

68. 同註46，頁85。

69. 同前註。

70. 藍乾章講、晏鳳麟記，小學圖書館的分類與編目，師校師專及國教輔導人員研習叢刊之75，民國55年。

71. 同註27，頁243-274。

72. 國立中央圖書館編，《臺閩地區圖書館調查錄──民國74年》（臺北：編者，民國77年），頁61。

73. 王省五，《圖書分類法導論》（臺北：華岡出版社，民國65年），頁17。

74. 盧震京，《小學圖書館概論》（臺北：商務，民國57年），第二章。

原載於《圖書館學刊》6期，民78年11月，頁39-55。

圖書館之建築原則
追憶麥克夫博士

　　哈佛大學這所聞名世界大學中的大學，重視學術研究、也注意學術研究的泉源—圖書館的資源與應用。這個傳統始自創辦期。哈佛大學創辦是由哈佛捐書建立圖書館開始。歷任圖書館館長都有很大的貢獻，其中尤以負擔哈佛圖書館達十七年之久的圖書館界泰斗麥克夫博士 Keyes Dewitt Metcalf 1889-1983為首，去年（七十二年）十一月三日逝世於麻省劍橋，享年九十四歲。耗訊傳來，同道們都為圖書資訊界巨星的隕落而惋惜。麥氏早在高中時代就投身到圖書館事業上，一九三七年以後，他致力於館藏發展和館舍的增建，所作貢獻甚大，所以當他在一九五五年退休的時候，哈佛大學校長博希 Nathan Pusey 推崇並讚揚麥氏說：「他在主持哈佛大學圖書館時使哈佛圖書館重新復活。」

　　記得遠在一九六一年，為了在海外稍盡保存、維護和宣揚中華文化之責，筆者犧牲了另一高薪職位轉到哈佛大學燕京圖書館服務，最先接觸到的美國圖書館專業領導者就是已退休的麥克夫，大家對他都是有口皆碑，萬分欽佩。

　　麥氏不但是國際知名的圖書館從業員，也是極富盛譽的圖書館館舍設計家。他的不朽之作 —《規劃學術及研究圖書館建築》Planning Academic and Research Library Building, 1965，備受重視，為圖書館和建築界奉為聖經。

　　麥氏的敬業精神是同道及其他專業人員應奉為典範的，自一九一三年加入美國圖書館協會為會員一直到他謝世的那年，前後七〇年來，沒有一次年會，他沒有出席。最後因經濟問題付不起註冊費去開會，為同道所知，贈送他這筆費

用，使他達到始終參加專業活動的意願。民國六十七年筆者赴美出席美國圖書館協會年會時，國內正有幾個圖書館館舍在規劃中，筆者應邀提出計畫書或任顧問。雖然參加過圖書館館舍的講習班，閱覽了不少有關的典籍，參觀了各類的新館舍，但總盼個人的研究和體認再經權威人士認定。麥氏豐富的經驗是我嚮往的。因為素知麥克夫熱心參與專業年會的習慣，特別留意他的行蹤。在擁擠的人潮中終於找到他，經他熱心地仔細看計畫、審視圖表、不厭其煩地分析，而後提出很多珍貴的意見。

以下是他提示做為圖書館建築的幾個原則：

1. 功能化：圖書館建築之設計必須配合圖書館本身之目的、任務功能和特殊需要。

2. 可塑性：採用建築通間（one room）設計，儘量避免隔間，以求彈性地利用全部空間，可以依需要而隨時改變隔間的大小，採模矩式（modular structure）結構。

3. 安全性：除了一般防震、防火外，必須考慮耐重（地板之荷重量每平方呎應達一五〇磅）。

4. 舒適性：以下各項可增圖書館的舒適性：

    (1) 以座北朝南的方向為宜。

    (2) 中央系統分層控制空調設備之，可使溫度、濕度及通風情形理想。

    (3) 平均分布 LUX400 照度之日光燈，排列應與書架成垂直狀，以免書架移動時影響日光之照明度。避免使用過多之玻璃，若須用玻璃則應用眩光玻璃，以避免陽光直接照射所造成的傷害。

5. 便利性：圖書館應採開架式閱覽，建築之設計應達到以最少之人力來管理全館事宜。同時在不影響研究、

閱覽和正常作業下，順利地推廣各種學術活動。因此動線、標誌、燈光、安全、溫度、消防與地板承受量都是一套學問，而這些珍貴的經驗、探討和印證也都在麥氏的名著中一一指出。

麥克夫博士雖然離我們遠去，他所留給我們關於圖書館建築不朽的名著使他的精神永駐，這本規劃學術與研究圖書館建築的書，個人研讀後受惠無窮，在國內圖書資訊事業蓬勃發展及建造圖書資料典藏和閱覽場所頻繁聲中，也藉此慎重推薦給建築界和圖書館界參考。每個圖書館建築都能充分反應出麥氏的原則，使圖書館能有效地發揮其功能，就足以安慰麥克夫先生在天之靈了。

原載於中央日報，民73年4月22日，第10版。

慰堂先生所給予的啟示

摘　要

　　本文係為祝賀蔣復璁先生九秩榮壽所寫。報導作者認識蔣先生的經過，說明蔣先生重視人才的培育、館藏的建立。並說明對發展圖書館事業應循的基礎途徑及方向之提示及給予作者的種種啟示。

壹、初聞大名

　　蔣復璁（慰堂）先生獻身中國文化工作，領導我國圖書館事業的歲月超過一甲子，我初次得悉此事實也有近卅年的時光。當我由臺大畢業，服務兩年後，負笈美國，進修高等教育學時，對圖書館的了解非常有限。到了美國後，因時常利用大學圖書館，受益匪淺。這種親身體驗使我轉行到圖書資訊業來。由於選讀圖書館學概論這門課程，進一步研究近代中國圖書館發展史，也因此初次接觸到蔣先生對我國圖書館事業貢獻的史實。這些史實在蔣先生自己的著作裡、昌彼得先生所編先生年譜裡、拙作 *The Evolving Social Mission of the National Central Library in China 1928-1966* 以及其他有關的著作裡都有記載，不再重覆。本文將記載一些較近的事蹟和個人的感受。

　　當家人知道我轉系入圖書館學研究所後十分高興，父親經常在家書裡敘述一些古代藏書樓的掌故，及他老人家收藏古籍及訪求史料的經驗。在我接受圖書館學教育期中，由家書裡陸續得知慰堂先生的事蹟、中央圖書館在蔣先生領導下的發展以及蔣先生對我國圖書館事業的影響。家書讓我再次

體認到當時蔣先生對發展我國圖書館的貢獻。

　　父親之了解蔣先生的為人和成就是因為公私兩種因素。公者：父親在監察院委員任內，經常參加教育委員會，負起巡察教育機構的任務。國立中央圖書館是接受巡察的單位之一。監院巡察機構的目的不只是在糾正錯誤，常常是協助有意義的措施，使之貫徹始終。故而他們特別注意去認識過去、了解現況與未來。對舉凡受過巡察的單位都能深入地了解其目標、任務和作業。每次巡察國立中央圖書館後的報告，會讓大家更了解慰堂先生領導有方，更能讓人體會出中央圖書館在成長上的艱巨。私者是：父親與蔣先生的叔父百里先生相識，因此可說是世交。父親本人嗜作詩文，擅書法，為飽學之士，對圖書館有偏愛，特別重視文化遺產的保存、維護和宣揚。南海學園（中央圖書館原址）是他常訪之地。這也就是父親對慰堂先生的學養以及其對中國文化的貢獻，有深入認識而加以推崇的原因。

　　民國四十九年，我由聖約翰大學圖書館轉任麻省市圖書館編目員，而後再轉到哈佛大學燕京圖書館和香港中文大學圖書館追隨裘開明先生工作時，經常由裘先生處得悉我國圖書館事業的往事，也更增進了我對蔣先生的了解。

貳、面謁長者

　　去國六年，思念祖國之情頻殷，乘假期攜帶了襁褓中的長女返國省親。在短短的歸省期中，往訪國家建設時，特別去參觀中央圖書館宮殿式的建築，並拜見了蔣館長。久聞不如一見，我很慶幸能見到這位慈祥的長者、這位敬業的圖書館專家、這位有遠見的文化事業領導人。

　　南海學園裡中央圖書館的館舍是由神社改為能發揮圖書館功能的建築物，並經蔣館長爭取經費，增加閱覽室和書

庫。言談中，蔣館長對圖書館任務和使命看法，給我至深的印象和影響。他老人家認為三項圖書館要素（館藏、館員、館舍）中，以館舍為最先必備的條件。所以他在創館時，首先爭取的是富有機能的館舍。他又說圖書館的閱覽和參考服務，亦即對讀者所提供的公眾服務決不能因圖書館其他的活動而停止。換言之，圖書館在固定開館時間時必須要開放。「讀者第一」是他專業服務的宗旨和信念。初次見面，他就給予了不少的啟示，感佩之至。

參、重視專業和繼續教育

圖書館之能發揮功能，關鍵在富專業知識和具專業服務態度的人員。蔣先生重視人才的培育可以由三方面看出：

1. 協助建立各校的圖書館科、系、所。
2. 慰堂先生在百忙中仍舊抽空授課，作育英才；他在師大和文大培育出一批目錄學專家；有許多現在海內外圖書館服務的傑出館員都是他在臺大並任教過的高足。他重視圖書館學專業的理論和實務，也重視學科的專長，所以他老人家研究宋史的心得也在輔大和文大傳授給後進。這種工作不忘治學，讓後進分享學問和專業知識的精神令人欽佩。
3. 蔣先生在主持中央圖書館館務和故宮博物院院務時，不斷促使他的部下繼續接受教育。但他所採取的途徑是多方面而靈活的。有些同道是被他正式派出國進修的，有些是他鼓勵在公餘之暇，到國內研究所讀學分的，有些是安排到大學中兼課的，也經常舉辦一些開放給民眾的社會教育活動而指定同道擔任講師。最後這種方式，不但使他的部下能教學相長，並且宣揚了文化寶藏，進行社會教育，嘉惠民眾。最具體的事

例是我個人在師大圖書館館長任內承辦的；民國六十
七年十一月廿四日到六十八年五月卅日間，故宮和師
大一共舉辦了四十次文化講座。這文化講座是聘請故
宮的同仁藉故宮的珍藏來講述中華文化遺產和文物精
華。這一系列的講座，不但是極有意義的社教活動，
對主講的先生們來說，也不失為一種策勵，提供機
會加強對所講主題的研究，精益求精。蔣先生用心良
苦，仔細而周到，處處為專業教育、繼續教育和社會
教育著想，真正是典型的萬人師表。

肆、多元性地建立館藏

先生用多元式、有遠見，富計畫性地收集並傳播館藏。
海外的書藉，慰堂先生採用出版品國際交換辦法將有價值的
書籍徵集入館。為使中央圖書館收羅所有在國內出版的書籍，
他採用呈繳制度，並編輯全國圖書目錄，作為查檢工作。在
抗戰時期中，先生為維護我國的書籍，以庚子賠款，冒了生
命危險，潛入淪陷區，在上海和香港搶購善本書，加蓋識別
章，確保珍貴的書籍為中央圖書館的產權。並因此識別章，
使抗戰後散佚多處的書籍得以完璧歸趙。大陸變色，政府遷
台，撤退時，先生竭力運出珍籍，並以遠見和努力而收回北
平圖書館寄存美國國會圖書館的二萬餘冊佳籍，這些及時的
措施都是功不可沒的。

除了建立館藏外，慰堂先生更重視館藏的利用和流傳。
由於他的奔走和大力促成，才有四庫全書珍本和文淵閣四庫
全書影本之出版。更用科技新產品如縮影設備等使之存真而
廣予流傳。利用新科技方法來防蟲、防蛀，並用新觀念及設
備來展覽並陳列文物，都富嶄新的創意，與時代並進，是蔣
先生行政成功之因素之一。

伍、義行舉隅

　　由先生的言行中，我們可以了解到發展我們圖書館事業的基本途徑。除了要有完善的法律基礎外，根本上還是要從教育做起。第一、我國各級教育的方式應為啟發式教育，鼓勵研讀，培養出獨立學習與研究的精神和治學態度。如此的教育，才不致訓練出一批批死讀書和讀死書的莘莘學子，針對著這種教育方式就要有完善的圖書館。第二、善於利用圖書館是配合啟發性教育的關鍵所在，從幼年時即培養兒童們利用圖書館的習慣。第三、是圖書館員的教育。圖書館從業員應該具備通才教育的背景、學科的專長，再加上圖書館學的專業訓練。有法律的根據加上有良好的圖書館員來服務善於利用圖書的讀者，才能引導圖書館事業邁向蓬勃的發展。蔣先生常以實際行動，來表示這個信念。他時時捐出克勤克儉所存下來的積蓄來支持獎學金。他深深認為應從小就培養兒童自己學習的習慣，和利用圖書館的風氣，普遍設置兒童圖書館是一極有效的辦法。

　　在我服務於師大社教系和圖書館時，蔣先生特別鼓勵我在師大成立一個實習兒童圖書館；經過努力規劃，承蒙蔣彥士先生、徐元智基金會徐有庠先生、郭校長為藩和王館長振鵠的支持和協助，師大社教系和圖書館同仁的全力配合，兒童圖書館於民國六十八年四月四日正式成立。開幕時，蔣先生親自光臨，並捐贈新台幣伍萬元，這種種捨己為公眾福利的義行，真是令人感動。

陸、種種啟示

　　在民國五十年代間，慰堂先生曾先後兩次給予我追隨他老人家在國立中央圖書館和故宮博物院服務的機會；第一次

是在我結束碩士課程不久，先生曾囑我去中央圖書館擔任副研究員，第二次是在民國五十六年四月，故宮博物院曾發予研究員的聘書。但因我敬業與負責的態度，而辜負了長者提攜後進的盛意。第一次是因為剛接下國外大學圖書館一年之聘，不便中途輟約，只有放棄到中央圖書館服務的良機。第二次則因為恰在去國多年後回國之初，體力與心力都透支過多，雙親年邁、子女荏弱。在私事過冗的情形下，我不可能以不分心的態度去從事專職的全日工作。由於一貫的敬業精神，使我不敢以分心的態度去接受專任聘書，但心中非常難過。當我把這種情形報告給先生時，他老人家不但不以為忤，反而很體諒地鼓勵我。這更增加了我的內疚。蔣先生虔信天主，寬恕為懷，富有洞悉力和同情心。仁者恕人，這是我的感受。

雖然當時我不能做全天候的工作，但卻盼望有兼任教學的機會，以求回饋祖國並教學相長。雖然我沒有告訴蔣先生這一個心底的意願，但仁慈的長者自動地鼓勵我說：「張小姐，以你進修所得的專業訓練，在外國多年工作經驗，我勸你仍舊應該教教書，教學相長，傳知給青年人也不失為一個服務國家社會的好法子。」我深因老人家給予的關心而感動。同時也獲得一個啟示 —— 報效國家的方式很多，敬業、負責、順自然、盡己力是最佳的座右銘。

民國五十八年起，我回到母校圖書館系兼任一些課程，民國六三年到師大專任，這可謂是受到他老人家治學和教學精神的感召，也因上述的鼓勵使我從事圖書館教育事業。在師大擔任副教授後，經常有機會向蔣先生請教。給我印象最深刻的是蔣先生在離開中央圖書館以後，對圖書館事業的關心和支持卻有增無減，仍舊對圖書館學的新理論和實務多所涉獵，也常常與我交換種種專業心得。例如：當我發起圖書

館自動化作業時，曾經向他老人家報告。一般經驗以為傳統圖書館從業人士對於新的科技產品會持懷疑的態度，蔣先生卻不然，他重視對「書」的知識，但也很支持圖書館自動化的構想，認為自動化可以提升服務品質，並不會取代館員，更能使圖書館員運用更多的專業知識，發揮更大的專業精神。種種因應時代需求的態度令人佩服。

師大圖書館館長王振鵠先生在民國六十六年榮膺國立中央圖書館館長後，師大圖書館的館務由我接辦。蔣先生得知這消息後親臨道賀給予嘉勉，飭示了不少行政的原則和技巧，待我如子侄，無話不談，這是無形的教育，受益良多。在師大館長任內，為了使大學圖書館的活動趨向多元化，由靜態走向動態，我推動了幾項計畫：（一）圖書館自動化計畫，包括制訂圖書館自動化須用的相關的標準與規格，建立國內資料庫、引進國外資料庫等等；（二）舉辦國內及國際研討會與講座，討論圖書館學的理論、實務、國際圖書館界的新措施和趨勢，以及中國文化與文物的說明等等；（三）促進國際合作計畫；（四）設立實習兒童圖書館；（五）編製工作手冊及工具書等。師大圖書館在前任館長多年來奠定的優良基礎上，加上一些新活動，的確達成大學圖書館配合「教學、研究、服務」的任務。這些活動都承蔣先生在事前事後給予的指導與批評，使我幸勿隕越。

年近半百時，我於民國六十九年再度赴美進修，蔣先生盛意設宴餞行，給予不少期勉，七十一年修完印第安那大學圖書館學與資訊科學博士課程後。一方面感到國立中央圖書館，這個國立社教機構之成長足以反映我國社會、政治與經濟的淵源、現況與發展。由中央圖書館的發展可窺得中華民國的成長。另一方面是因為我對蔣先生在中央圖書館館長任內領導中國圖書館事業的種種偉績由衷欽佩，所以在擬訂博

士論文題目時，就決定研究蔣先生任館長的中央圖書館，重點在研究該館在民國十七年到民國五十五年間的社會使命 *The Evolving Social Mission of the National Central Library in China 1928-1966*。在撰寫中除了利用檔案資料、中圖出版品、報章、雜誌、報告、慰堂先生的著作外，曾訪問慰堂先生十七次之多。他老人家娓娓談來，毫不厭煩地回答我所提的種種問題，完成了一份重要的口述歷史資料。舉凡某一件事的日期、地點有懷疑時，老人家必親自查證後再告訴我，歷史家和圖書館學家一絲不苟的求證態度，與我在寫作時的謹慎恰成正比。

　　近年來國立中央圖書館在蔣館長原建優良的基礎上，經王館長振鵠繼續卓越領導下，完成了蔣先生的理想，老人家由衷地感到安慰。在訪問期中我深深體念出慰堂先生為人及處世就是忠孝、仁愛、信義、和平的表徵。他不但是位勤於治學的學者，是位傑出的行政家，更是文化事業界的大家長。在天主的寵佑下，為中國文化發出了一道永不滅的光芒。

　　敬業負責、勤於治學、寬厚仁慈、謙虛公正，以及大公無私都是蔣先生給我們晚輩的啟示。茲值他老人家九秩榮壽，在極匆忙的情形下，敬撰此文簡述個人的感受，藉以恭賀慰堂先生萬壽無疆。

原載於《中國圖書館學會會報》41期「慶祝蔣慰堂先生九秩壽辰專集」，民76年12月，頁15-18。

圖書資訊會議
報導篇

國際圖書館會議報導

摘　要

　　為收集與建圖書館、建立資訊檢索系統及發展我國兒童圖書館等業務所需的參考資料，暑期中前往美國和丹麥參加圖書館建築研討會、行政管理人員訓練班，出席美國圖書館協會年會及國際學校圖書館協會年會。特應學會之邀，報告見聞，以饗同道。

壹、圖書館建築設備研討會

　　此項研討會係由美國圖書館協會所隸之圖書館行政管理協會（LAMA），在協會年會召開以前所舉辦的會前訓練班之一。六月廿日至廿二日在德州州立大學內舉行，參與者有二百餘人，由廿六位美國各型圖書館建築專家及設計家，在三天內緊湊地就下列六個重點作詳細之分析及實例的討論：（一）機動性工作空間之設計。（二）特藏資料及特殊活動所需空間之策劃。（三）如何設計館舍以配合自動化作業。（四）圖書輸運方法。（五）館舍安全設施。（六）耐久室內裝修建材之選擇等。研習圖書館館舍內部非公眾地區及活動之規劃，並實地參觀了幾個新建的圖書館，如專門圖書館— 詹森總統紀念館、德州大學本身的新圖書館總館及公共圖書館。各圖書館都因其本身的目的、宗旨、服務、讀者、地勢以及所屬單位之不同而影響到其館舍的設計。現代的建築和圖書館業務一樣，不能墨守成規，不再完全受到形狀的限制。例如德州大學，為了配合地勢、光線及避免噪音，而建築了一個多角型的圖書館。凡是角度過多的，應該是較浪費

空間，豈知德大圖書館的每個角落都設計得能充分被利用，運用傢俱的調配，別具心裁地把圖書館一變而為一個活潑、富生氣和吸引人的大書齋。德州州立大學校園很大，擴充得十分迅速，新館舍迭起。專家 Nancy McAdams 主持建築發展，擬訂長期之規劃，使校園發展得有條不紊。在設計圖書館時，最大的要點是要依據二十至三十年的發展和需求，來做規劃和設計。所應考慮到的不僅是圖書館和所屬單位本身的問題，必須要擴大地研究二十至三十年社會、經濟、政治間接的影響。例如德州大學在建造所有的圖書館時，無法預料到經濟危機 ── 能源短缺的困難，以致過去造的圖書館都是中央系統冷氣設備，無法開窗。美政府控制能源，規定氣溫在華氏八十度以上始能使用空調設備時，內部空氣不夠流通。因此館舍的設計除目前所考慮的因素和範疇，更應該予以擴大。它是個全面性、週詳性顧慮的挑戰。

此研討會主要目的是提供建館時所經常遭遇到的實際困難及應注意的事項，大都是經驗的報告。重要的是在圖書館員與建築設計家觀念的相互溝通。強調圖書館員的規劃能力，可以具體地說明圖書館的功能及其他服務項目，以及它們與各項業務間相互之關係。其他外來政治、經濟、社會等因素的影響，亦應具體地提醒建築師注意到。筆者藉此機會，請教各專家有關師大圖書館之設計圖，獲得不少啟示。

貳、行政人員及管理人員果斷力訓練班
(Assertiveness Training for Administrators and Managers)

六月廿三日上午由美國圖書館行政及管理學會舉辦。主要目的在示範如何才能發展管理能力之積極性、果斷性及主動性。四小時之演講說明行政人員如何以個人的力量，來影響

整體行政之效率。這個訓練除了闡述管理學理論，並具體地給予實際技巧的訓練。例如其中間有關面談技術（Interviewing Techniques），主管如何檢討自己的工作績效，都是極有價值的，對實際問題提出了解決的途徑。

參、美國圖書館協會第九十八屆年會

此一學術團體之歷史、功能及組織，已由胡歐蘭教授於第廿八期會報中，詳細說明，不另贅述。六月廿三日至七月九日該會在德州達拉斯 Dallas 舉行年會，來自美國各地及世界各國的一萬千餘人參加，分組進行會議約一千一百九十餘次。其中有重複舉行者，係為方便多數人能在有限時間內參加而設。筆者應邀為貴賓出席。於七日內設法爭取時間，安排日程，得以每日均參加早、午、晚三場會議，共二十次。所參與會議之主題如下：（一）圖書館行政。（二）編目工作與自動化作業。（三）電腦與諮詢服務。（四）國際間之專業服務。（五）圖書館卡片目錄之前途。（六）公共圖書館與行政。（七）期刊中心問題。（八）學術圖書館館藏方針問題。（九）館際合作方案。（十）期刊編目規則。（十一）大學圖書館建築問題。（十二）圖書館利用教育。（十三）非羅馬字資料之處理問題。（十四）在美工作之非美國籍圖書館行政人員之經驗等。其中大部分均為實務及經驗之說明，而非理論之探討。與會者競相發言，討論熱烈，充分表現出美國圖書館館員對專業的熱忱、興趣和求知的心切。筆者在第四、十一、十二、十四項主題會議中均利用機會發言，說明中華民國圖書館界的近況、大學圖書館研究小間之配置問題、我國所採訓練學生指導民眾利用圖書館之方式、如何用中文電腦三角號碼輸出入原有文字，以解決運用羅馬拼音來處理資料之種種混亂問題；並介紹師大建立中文教育

資料庫之經驗，獲得不少反應，要求贈送介紹文獻及三角號碼檢索法之說明，並囑擬文報導。

為了加強中美兩國圖書館學會的工作與聯繫，曾於行前經本會理事會給予本會廿五週年的紀念品：鑰匙型溫度表，囑代表本會贈送給美國圖書館協會，並表示歡迎他們以此匙來開啟中華民國之門，隨時來我國參觀。由會長 Russel Shank 代表接受。他強調中美友誼的重要性，並珍視我國圖書館學會之贈予，將陳列於該會芝加哥總部。九十九屆之會長是賓州大學圖書館研究所所長 Dr. Thomas Galvin，在接任晚會中強調國際圖書館活動應予以促進，頗有抱負，想必有一番作為。本會可與之加強聯繫。國際關係組織歡迎酒會是在德州的文化廳舉行，遇見了各國圖書館界的領導人物，如美國國會圖書館館長布思定夫婦、澳洲國會圖書館館長 George Chandler、義大利國家圖書館館長多人，以及我國旅美學人多位和淡江黃世雄教授。他鄉遇故，有校友、有舊知、有學生，倍覺親切，相互交換意見，相聚甚歡。布思定夫婦熱忱地邀請筆者參加他們在套房中所舉行的酒會，事前曾寄請柬來臺，惜已離臺，未及見到。布館長當時補了請帖，並堅約於六月廿六日晚上一定參加。酒會中對我國圖書館服務計畫多所稱道。李志鍾教授所創的全美中國圖書館從業人員協會也在那晚開會，會中討論非美籍人員在美國做行政工作之經驗。由日本籍、印度籍及中國籍的李華偉館長現身說法，哈佛燕京圖書館副館長賴永祥教授主持 Simmons Colloge 陳欽智教授專題演講。深為我國慶幸，各國圖書館界裡都有我國圖書館界先進在領導。

肆、國際學校圖書館協會年會

首先介紹該會之歷史、目標及主辦活動：

一、歷　史

　　西元六十年代在世界教師組織聯合會開會時，有圖書館員參加會議，論及應有一由圖書館館員組成的國際組織。一九六七年世教聯合會在加拿大開會時，草創成立。當時有卅位教育家及圖書館員熱心致力於發展中小學圖書館員參加。並由來自英國、肯亞、巴拉圭、馬來西亞、澳州、美國的代表，次年在愛爾蘭都柏林開會時，由世教聯合會組成特別小組籌備會章。自澳洲會議以後，於一九七一年底在牙買加製訂會章而正式成立，會員增加至五百人及十四個國家的學校圖書館協會。

二、會　員

　　包括對學校圖書館服務及計畫有興趣的人、圖書館員、媒體專家、教育家、出版家及外界人員。

三、目　標

1. 促進各國學校圖書館業務之發展。
2. 加強學校圖書館員專業訓練。
3. 發展學校圖書館資料。
4. 增進各國學校圖書館之密切合作，包括文獻的互借與交換。
5. 發動及協調學校圖書館專業性之活動及會議。

四、主辦活動

1. 負責代表國際文教組織分發給學校圖書館書券（gift coupons）。
2. 每年七月舉行年會，並出版記錄。
3. 每年編印會務通訊四次。

4. 出版有關專業之圖書。

　　該會今年於七月卅日至八月四日在丹麥 Middlefart 召開年會，有來自世界十二個國家，二百八十餘位代表參加。主要在彼此交換有關兒童圖書、文學以及學校圖書館管理方法的意見。專題報告有下列幾種：

1. 丹麥社會部部長 Erling Jensen 說明丹麥在國際兒童年所作之措施。

2. 教育學家 Jens Sigsgard 就「兒童圖書是否應反映現實」提出其意見。

3. 德國青少年圖書館館長 Walter Seherf 分析各國兒童名著及其作用。

4. 丹麥國際兒童報社 Virginia Ellen Jensen 比較各國兒童名著之插圖。

5. 瑞典教授 Lena Fridell 報告北歐國家之兒童文學概況。

6. 挪威電臺節目主持人 Jo Tenfjord 探討今日社會中的兒童文化。

7. 丹麥教育部督學 Ib Granerud 報告丹麥及其他北歐國家學校圖書館的近況。

8. 丹麥皇家教育學院副教授 Gunnar Jakobson 說明學校圖書館之功能及學校圖書館館員之養成教育。

9. 丹麥普通教育中心圖書館主任 Jens Hostrup 說明學校圖書館之教學功能。

10. 威爾士圖書館學學院講師 John E. Spink 報導兒童文學在英國之地位。

11. 本人就我國對兒童所提供之圖書服務提出簡扼報告，並配以現在我國學校圖書館實況幻燈片，予以說明。與會者咸以不了解我國進步情況為憾，表示希望多有如此報導，將有助於國際間之了解。

　　第四項有關插圖專題報告中，包括各國資料，獨缺我國對世界兒童名著所作插圖之報導，筆者雖為之補充，惜手邊無插圖可示範。現任會長 Amy Robertson（西印度群島大學圖書館系主任）、執行秘書 Jean E. Lowrie（美國西密西根大學圖書館研究所所長）也都接受了學會的紀念品，都希望本會參加其組織，請本國在此組成區域性之學校圖書館學會，以促進發展學校圖書館業務，並邀約筆者為該會會務通訊亞洲地區通訊員，報導這半球學校圖書館的情況，以增加國際間學校圖書館聯繫與切磋的機會。

　　這兩個年會都有展覽，前者場面浩大，展覽包括圖書、資料、圖片、儀器、設備和用品，應有盡有。我國的圖書是由中央圖書館展出。在一千餘個攤位裡找到三四三號攤位，看見了我國的圖書展，心中很興奮。在海外能接近祖國的任何一字一片，都倍覺親切。若果這些展出的豐富圖書，能由熟悉中文書籍的圖書館員或經營書業的人員來照料，把這些足以代表我國的出版品有系統地予以專業性的介紹，當場收訂單，在閉幕前又可以當場出售的話，想來能收到宣揚國粹及文化輸出的效益會更大。

　　後者的展覽是由丹麥學校圖書館學會和書商合辦的。主要的展品是兒童圖書和插圖。因事前不知有展覽，以致沒有接洽有關單位寄運兒童讀物。為了相機進行國民外交，行前曾請新聞局寄了些宣揚國情的資料約六百多小冊子備用。等到了會場，知道有展覽時，馬上接洽展覽場地，獲得一顯著的位子，把新聞局出版品、筆者的報告、學校圖書館幻燈片和《圖書館學與資訊科學》半年刊雜誌樣本都陳列出來，並請與會人士自由取閱。新聞局的資料三天就一掃而光了。其餘展出的示範物也頗得好評。以國家出版品為單元者，僅我國此一攤位，頗受人歡迎。由於這次的經驗，我深深體驗出：

（一）在學術團體活動中，不但可加強國際間學術的交流與合作、相互切磋以求進步，並可間接地影響我國全面的國際地位。在我國目前的處境中，必須重視整體外交，學術界的活動與成就可以成為促進國民外交的主要一環。（二）我國圖書館界應從速攜手分工合作，積極建立資訊網，推展圖書館事業。「團結就是力量」，期與同道共勉之。

原載於《中國圖書館學會會報》31期，民68年12月，頁122-125。

開羅之行
記埃及國際資訊會議兼賀亞太地區圖書館學會議之召開

壹、前　言

　　繼我國於去年（七十一）十月十九日在美國資訊科學學會第四十五屆年會中舉辦中文資訊專題討論會之後，美國資訊科學學會和埃及技術協會，於同年十二月十三日至十五日在埃及開羅召開國際資訊科學會議。筆者應邀出席，在一個與我國無邦交的國度裡，參與會議，發表學術研究成果，運用時機，爭取國際間對我國地位之正義支持。所獲經驗、心得及見聞都是很可貴的。最近應同道之叮囑，予以報導以資分享。時值亞太地區第一屆圖書館學會議於三月中旬在臺北召開，各國代表踴躍參加，美國資訊科學學會會長 Davis 博士專程來華作專題演講。可謂是近年來我國發展資訊事業及圖書館自動化作業成功之一具體表徵。由於我國學者自民國六十八年起不斷地在國際學術會議中，提出研究成果，對世界資訊知識的成長有優異的貢獻，國際資訊界得以了解中華民國對世界資訊事業的重要性，美國資訊科學學會擬在華組成資訊科學分會，寄予厚望與嚮往，藉此文歡迎遠道來華開會的代表並敬祝大會成功。並提出幾個議題借供討論之參考：

貳、埃及資訊會議主題及論文

　　資訊社會發展之結構與相關問題是與會中、美、英、日、埃、印、澳、加、沙烏地、巴基斯坦、西德、希臘、奈及利亞、巴西、黎巴嫩、科威特等十六個國家，三百卅二人

出席。七十一篇論文涉及：（一）資訊社會；（二）國家資訊系統之規劃與資源；（三）埃及對於國家資訊系統規劃之觀念、問題及策略；（四）資訊社會及其在開發中國家之性質、觀念與規劃；（五）電子資訊傳播與電子計算機；（六）資訊系統計設與發展之教育問題；（七）埃及在資訊教育上之經驗；（八）支援資訊系統發展之科技與教學；（九）特別地區資訊系統之政策、規劃與發展；（十）高級資訊系統結構之政策、規劃與發展等十個單元。

　　筆者以「資訊規劃與資源之探討」為題發表論文，以中華民國各單位建立之六大系統與圖書館自動化作業系統為例，說明資訊規劃與資訊資源相互左右之關係，及應注意事項。各國人士皆對我國進步情形深為欽佩、讚賞，並表示體念我國目前處境之艱辛。

　　在大會前參與第一梯次會前研討會，美國著名資訊顧問公司主持人 Donald King 及 James Rush 講解「資訊及電傳問題」，均值我國發展資訊網時參考，主要的觀念都是在喚起大家對標準上互享觀念的認識與注意。大會之會後參與埃及資訊教育研討會，發覺埃及面臨與我國同樣的問題困擾，怎樣在傳統的圖書館教育課程中，將新興的資訊課程作適當的滲入，尤其是資訊科學涉及三方面，圖書館學運用到資訊科學理論與實務，究竟涉及到何種程度，的確是應正視的課題。研討的結果，有多方的發現：（一）對傳統「書籍」及「文獻」知識不應疏忽。（二）運用科技產品－－電腦來處理資料及運用資料所需對硬體及軟體的基本認識。（三）了解圖書館服務對象而作規劃課程的根據。（四）運用資訊科學到圖書館方面，應儲備對資訊科學有相當認識的圖書館行政人員、系統分析人員、程式作業人員及運用電腦設備提供資訊服務的人員，而這些人員必須對傳統圖書資料的組織和利用也要有相當的認識。

參、學術外交

　　開幕時，即聞美國資訊科學學會對埃及政府不允以色列代表入境與會，表示不滿，由副會長 Donald King 發表嚴正聲明，謂不容政治事件介入學術活動。埃及與我無邦交，以往並不友善，經適當地運用當時埃及人不讓以色列人與會，美方人士不滿之情況，喚起學術界應無政治干擾的共同認識，使各方面均體認此一要點。其他多國人士均極重視我國近年來在資訊及圖書館自動化方面之成就，埃及主辦單位轉變態度，尊重我國地位，在大會通訊刊物上及閉幕大會上均有中華民國報導。這是以學術研究成果協助外交之具體印證。

　　筆者曾與美、日、巴西、奈及利亞及英國代表交換有關之意見，尤以美國國會圖書館駐埃代表 Albin 切盼與我國電腦專家習研製訂資訊碼之技術，沙烏地代表對我國發展情況深表興趣，而盼有機會前來借鏡，並盼能與我國科資中心更進一步加強合作關係。在代表中央圖書館王振鵠館長採訪國際著名資訊家對亞太地區第一屆圖書館會議之意見時，得知國外人士對我國會議之熱心參與，具深厚興趣和支持。

肆、感想和建議

　　由於近年來推動圖書館自動化作業及主持國際資訊會議，獲得下面的體認和感想：

　　我國處理中文圖書自動化作業之技術與成品在國際資訊界已佔重要地位，應以整體規劃分工合作之態度進行全面之圖書業務自動化作業，研究資訊網狀組織及電傳問題，從速建立資訊網以收互享共享之效，並以實際作業效果使科技與文化整合，在國際上不但可保存、維護、宣揚中華文化，並可嘉惠國際學術界，據此在外交上逐漸佔優勢，在國家建設

期中，這實在是刻不容緩事務之一。

　　資訊教育是資訊事業發展之原動力，人才的培植不僅限於資訊事業中的電腦工業、資訊產業，同樣主要的資訊服務業，怎樣用新的科技成品組織、整理、運用資訊更是當前主要的課題。在我國發展資訊教育時，切應勿忽視資訊服務業教育的重要性。資訊服務者教育的重點也納入整理教育規劃體系，設計出一套中心知識；關於資訊如何被創造、生產、傳遞，如何為人和機器利用或操縱，如何被組織、控制又獲得，如何被儲存、檢索及全盤經營和推廣，除了得體的規劃及課程設計外，我國似宜與幾個國外著名大學同時進行合作教學計畫，分別在不同之學校訓練我國所需之資訊服務人員，我方亦可以交換教授方式到該大學教授中國古籍導讀、目錄學或講解中文圖書館自動化作業之標準等。

　　推展電腦輔助中文教學，以抵制中共在海外運用各種媒體，摧殘我國文化，進行統戰之陰謀。

　　儘速整理我國各科文獻建立中文資料庫，英文者即應提供國際索引 SCI 及服務公司如：Lockheed SDC 等，以達宣揚我國學術成果，將便利國外學術界人士使用研究資料之效。建議國內先行擬定建立各科文獻資料庫之機讀格式等有關標準，按整體規劃方案進行之。

　　亞太地區圖書館學會議即將召開，寄望此次會議能就我國圖書館自動化及資訊網的建立，以及資訊教育的方針交換心得而獲建樹性的結論，使圖書館自動化國際合作更臻密切而完善！

原載於《中國圖書館學會會務通訊》33期，民72年4月，頁12-13。

美國圖書館協會第一〇九屆年會及華人圖書館員協會一九九〇年年會記實

摘　要

　　本文報導七十九年六月廿三日至廿八日間在美國芝加哥所召開的美國圖書館協會第一〇九屆年會及華人圖書館員協會一九九〇年度會議之緣起、主題、論文要點、展覽，以及我國代表參與會議之活動情形；並對中國圖書館學會與華人圖書館員協會在大會中合作舉辦之"中美圖書館合作及臺灣經驗"研討會之緣起、主題、所發表之論文，以及華人圖書館員協會頒贈沈理事長寶環及顧主任敏特殊服務獎之盛況，作重點式之報導及說明。

壹、美國圖書館協會第一〇九屆年會

一、會議緣起

　　專業組織所舉辦的會議，具有主導專業的成長、專業地位的提昇與服務的改進；也具有促進專業人員之間的聯誼與經驗交流及分享的功能。美國圖書館協會成立於一八七六年，是世界上歷史最悠久、組織最龐大的圖書館專業組織。根據一九八九年年底的統計，此協會有三、〇二八個團體會員、四六、四五五位個人會員[1]，涵蓋了各種類型圖書館：公私立學校及學術圖書館，政府、工業、藝術、軍事、醫院、監獄及其他機構專門性的圖書館。美國圖書館協會與七十多個美國本土、加拿大及其他國家的圖書館或機構有密切的關係，

亦與教育、研究、文化發展、休閒和民眾服務團體，保持工作上的聯繫。每年於冬、夏二季召開會議一次，夏季的會議是全體會員的年度性大會，不但是美國圖書館專業人士所樂於參加的會議，亦可謂是一世界性的專業會議，而且有大量來自世界各國從事於圖書館與資訊事業的同道，參與此一專業活動。今年於六月二十三日至二十八日在美國芝加哥麥康米克大會堂召開第一〇九屆年會。

二、年會主題

　　"Information Access—Back to Basics"「資訊之獲取 —回歸原始基本要素」是會長 Patricia Wilson Berger 提出的年會主題，目的就是將目前美國圖書館與資訊界的主要值得優先討論的問題加以審視，完整地規劃白宮圖書館會議的議程與討論題綱 — 由基本掃除文盲的問題到圖書館法的問題 — 都是這次會議議題的要點，共有二百三十餘場會議[2]。展覽的範圍亦甚廣泛，有圖書及各種設備，共有二千餘家出版社、製造商、代理商及各世界有名的圖書館參展[3]。我國國立中央圖書館亦按往例將我國的書籍運往參展，中央圖書館的同仁李莉茜小姐、莊健國先生與我駐外單位，都備極辛勞，將我國的展出辦得有聲有色。展畢後，楊館長崇森代表我國將這批展出的圖書贈送給芝加哥公共圖書館華埠分館，由芝加哥公共圖書館的執行委員 John. B. Buff 代表接受。捐書的意義非常重大，表示我國對僑民精神食糧及中文館藏的重視，這是一項重要的文化輸出活動。除了美國圖書館協會本身各種組織主辦有關學術性的、業務性的會議外，其他與該會有關的專業組織如美國學校圖書館協會、華人圖書館員協會、亞洲太平洋圖書館員協會（APALA）等等，以及各圖書館學校的校友聯誼會，都在此大會期間裡舉辦各種會議或活動。

三、我國圖書館界人士的參與

　　中國圖書館學會理事長沈寶環教授、國立中央圖書館楊館長崇森、胡主任歐蘭、立法院圖書資料室顧主任敏及本人，均應美國圖書館協會會長之邀，以貴賓身份前往參與盛會，沈理事長寶環並代表學會拜會該協會會長 Berger 女士及新任的執行長 Linda Crismond 女士，建立了良好的會際關係。除了參加學術性會議外，亦出席了該會的開幕式、閉幕式以及該會國際關係委員會歡迎酒會，與各國代表會面，進行了成功的學術外交。

貳、華人圖書館員協會一九九〇年年會

一、會議緣起

　　華人圖書館員協會（Chinese American Librarians Association）成立於一九七三年，後於一九八三年與加州的華人圖書館員協會合併，中文名稱沿用華人圖書館員協會，英文名稱沿用 Chinese American Librarians Association。每年亦在美國圖書館協會召開年會時，舉辦會員大會，以促進美國華人圖書館員以及與其他圖書館員之交流，提供機會使華人圖書館員可就相互關心的問題交換心得與意見，提昇中美圖書館事業及服務之層次，並提供一方式使華人圖書館員可與其他圖書館事業組織合作為目的。該會共有五個分會：加州分會、大西洋中部分會（阿拉巴馬州、佛羅里達州、肯塔基州、密西西比州、賓州、田納西州、華盛頓特區）、中西部分會（伊利諾州、愛阿華州、密西根州、密蘇里州、北達科塔州、南達科塔州）、東北部分會（康乃狄格州、麻薩諸塞州、新澤西州、羅德島州）、西南部分會（亞利桑那州、科羅拉多州、內華達州、俄克拉荷馬州、猶他州）等，連同美國境外的會

員共有五百零五人[4]。是美國境內少數民族人士所組成的專業組織中最龐大而有力的協會；與我國的專業組織 — 中國圖書館學會於民國七十七年結為姊妹社，共同致力於中美圖書館事業之發展。本年年會在美國圖書館協會開會期間於六月廿四日在芝加哥華埠公共圖書館嶄新的館舍中和希爾頓大飯店分二場舉行。

二、年會主題

第一場的主題是「國際間取得特殊資訊的途徑」"International Access to Specialized Information"，由華人圖書館員協會楊會長（Peter Young）和副會長司徒達森（Amy D. Seetoo）主持，第二場是由中國圖書館學會與華人圖書館員協會合辦的會議，由本會沈理事長寶環及代表學會國際關係委員會的本人共同主持，此場主題為「中美圖書館合作與臺灣經驗」"Sino-American Cooperation and Taiwan Experience"。

（一）「國際間取得特殊資訊的途徑」是華人圖書館員協會經公開徵文，經專家評審後，由本人及五位同道先後發表論文如下：

1. Carol Rosenthal Chan 講：「美國採購中文資料的途徑」"U.S. Sources for Chinese Language Materials Acquisition"。

2. Elsie Choy講「十八世紀中國農婦詩人生平及著作之研究」"Leaves of Prayer : The Life and Poetry of a Farmwife Poet in Eighteenth Century China."

3. T. Feng 講：「在華盛頓特區華埠收集口述歷史資料之經驗談」"From the Horses' Mouth: Interviews about the Past, Present, and Future of D.C. Chinatown."

4. 本人講「電子名人錄對漢學研究之助益」"An Electronic Who's Who in Chinese Studies."

5. Kenneth Kinslow博士講：「中國古典小說之英文參考資料」 "Bibliographic Essay：The Classic Chinese Novel."

6. Chang C. Lee李長堅博士主講：「以檔案管理方法處理美國華人的資料」 "Collecting, Organizing and Using Chinese American Resources：An Archival Approach."

該會並編印華美資源錄（*Chinese American Resources*）供與會者採購，此書極富參考價值，並為會場增色不少。

（二）「中美圖書館之合作與臺灣經驗」是由本會國際關係委員會提案，經常務理事會通過，與姊妹會華人圖書館員協會合辦會議的主題。論文包括：

1. 沈理事長寶環（Harris Seng, Ed. D.）主講的「中華民國文化中心之設置、功能與現況」 "The Organization, Function, and Problems of Cultural Centers in Taiwan, Republic of China."

2. 楊館長崇森（Chung-sen Yang, J.S.D.）主講的「中美圖書交換之合作」 "Sino-American Book Exchange: Books Exchanges Between the NCL and U.S. Institutions."

3. 胡主任歐蘭（Nancy Ou-lan Chou）主講的「中華民國圖書自動化」 "Library Automation in the Republic of China."

4. 顧敏主任（Karl Min Ku）所講的「立法資訊服務」 "Legislative Information Services" 等。

論文的範圍相當地廣泛，前兩篇由我國圖書館界的領導人物說明了我國文化建設的重要成果 ── 文化中心的成長、功能與現況，中美圖書交換計畫的內涵、運作及影響；胡主任、顧主任及本人在第一場會議中的報告就說明了我國科技發展及圖書館自動化的現況。使與會人士對中美合作之方式、文化、及科技方面有績效的臺灣經驗都有一統整的了解，提

供許多可借鏡之資訊。這一場研討會是在大會會餐頒獎後舉行，開始時已近八時，但聽眾仍非常踴躍，一直到十時三十分散會時，尚有部分人士圍在主講人旁邊請教。到場聽講的人不限於華人館員，有許多美國圖書館界知名人士都參與了此研討會，如匹茲堡大學教授 Robert R. Korfhage、德州女子大學圖書館研究所所長 Brooke Sheldon、美國新聞處駐東南亞地區文化官員 Paul Steere、Rice 大學官書組組長、曾由美國圖書館協會派到中央圖書館協助整理官書的 Barbara Kile 等多人。本人身為發起人和聯絡人，特別對這一場的主講人、合辦單位和參與者表示由衷的謝意。華人圖書館員協會的同道們對這次的合作亦覺得非常地滿意，希望今後繼續在年會中合作辦理這種有價值、有意義，既嘉惠在美華人館員在專業上對祖國的認知，也可相互交換心得，而達成我國專業人士攝取國外經驗的目的，更可成功地進行文化交流活動。

參、我國圖書館界傑出人物之殊榮

　　今年華人圖書館員協會舉行年會的最高潮是在六月二十四日二百位同道會餐時出現。自一九八〇年起，華人圖書館員協會就開始在年會上頒發「傑出服務獎」"Distinguished Service Award" 給對圖書館教育或服務有特殊貢獻或功績的人士。今年華人圖書館員協會頒獎小組由李志鍾教授、李鴻長先生和蔣吳慶芬女士組成，甄選適當的得獎人，該會的會員都認為沈理事長寶環和顧主任敏在國內外圖書館事業上的貢獻值得表揚，特於今年年會晚餐中將一九九〇年華人圖書館員協會的特殊服務獎頒贈給沈理事長和顧主任，對於他們的卓越貢獻，以表崇敬。該會對我國圖書館界德高望重的長者及青年才俊的成就都很重視，而給予適當的肯定[5]。由李華偉博士、陳欽智博士與陳品全博士介紹受獎人，楊會長（Peter

Young）頒獎，這是這一次會議中最值得欣喜及回憶的時刻。這不但代表海外華人圖書館界對國內貢獻卓越人士的推崇之意，更表示出對祖國圖書館事業的關心。受獎人分別致答辭。沈理事長更代表本會致贈錦牌給華人圖書館員協會楊會長，表示合作無間之誠意與謝意。來自臺北的同道固然與有榮焉，外國的貴賓如國會圖書館副館長 Henriette Avram、印第安那大學榮譽教授 David Kaser 們都為他們能參加這個盛典表示慶幸，我國駐芝加哥代表胡為真博士也親自到場向得獎人致賀，可謂盛況空前。

肆、結　語

　　從事圖書館工作三十年以來，參加過無數的國際會議，也舉辦過若干次研討會，這一次的確是印象較深的一次，我國代表受到美國圖書館協會及旅美同道給予的禮遇、本會與華人圖書館員協會合作的成功、我國從事於圖書館教育與服務有成就的人士所受到的肯定，都使我們覺得不虛此行。更盼望加強專業活動與合作，使我國圖書館事業更能百尺竿頭更進一步，將中華文化臺灣經驗對外作有效的傳播。

註　釋：

1. American Library Association, *ALA Handbook of Organization 1989/1990 and Membership Directory* (Chicago: American Library Association, 1989), 1

2. American Library Association, *1990 ALA Conference Program-Chicago* (Chicago: American Library Association, 1990), 174-243.

3. Ibid, 252-253.

4. Chinese American Librarians Association, *Membership Directory 1989-1990.* Compiled by Connie Wu (Ann Arbor, MI: CALA, 1990), 18.

Amy Seetoo Wilson, "Chinese-American Librarians Association" in *The ALA Yearbook of Library and Information Service*s (Chicago: American Library Association, 1989), 98.

5. Chinese American Librarians Association Award Committee. Citations. Chicago, Illinois, June 24, 1990.

原載於《中國圖書館學會會報》47期，
民79年12月，頁149-154。

1991年美國白宮圖書館
與資訊服務會議記要

　　美國政府對圖書館資訊服務之重視為人所稱道,歷任總統給予的支持的確有助於落實圖書資訊之發展與運作,特簡介最近一次美國白宮圖書館與資訊服務會議及其重要決議以備我國參考。

　　1991年美國白宮圖書館與資訊服務會議（White House Conference on Library and Information Services, 簡稱 WHCLIS）於去年（1991）7月9日至13日,在美國首府華盛頓哥倫比亞特區召開,此會議是由雷根總統在1988年發起,由國會通過召開會議,由美國國家圖書館與資訊委員會（The National Commission on Library and Information Science, 簡稱 NCLIS）負責規劃。此會議之前由美國五十州、哥倫比亞特區及七個美國地區先行討論,約有十萬人參與會前之研討。五天會期中,美國各州、各屬地圖書資訊專業人員、圖書館之友、政府官員及一般民眾共984名代表與副代表共聚一堂,會議主席並選定64位有投票權的代表,討論、表決預備會議中研擬之各項議案,進而對21世紀美國圖書館與資訊服務角色、定位與任務,提出具體的方針與建議,供美國總統、政府官員、國會議員參考執行,期能發揚美國圖書館是「人民大學」、「終身學習」精神,使美國人民克服在生產、識字、民主方面之挑戰,協助美國由一「危機中的國家」（A Nation of Risk）轉變為「舉國向學」（A Nation of Students）的國家。經代表作成95條決議,與會代表通過建議案,涵括層面和所討論的要點涉及:資訊的可獲性與檢索、國家資訊政策、資訊網路

與技術、架構與管理、多元化需求服務、終端使用者服務訓練、人力發展、資訊保存、社區行銷。

該會組成小組加以深入地研討，以求提昇美國人民的識字率、生產力與民主程度。與會者公認應優先推行下列各項建議案：

壹、發動綜合性兒童與青少年識字力法案

建議總統與國會制訂一套包含四部分的法案，以經由立法提供圖書館與資訊服務，提昇學生識字力與學習能力。

四部分法案包括學校圖書館服務法案、公共圖書館兒童服務法案、公共圖書館青少年服務法案、青少年圖書合作服務法案。

一、學校圖書館服務方面：

1. 在美國教育部下專設一機構，負責統籌全國學校圖書館媒體利用計畫。

2. 制訂聯邦法，提供各學校經費，以利教師與圖書館媒體專家設計教學資源活動，提供學生發掘各種觀念與各類資訊來源的機會。

3. 編列經費，提供學校媒體中心所需資訊科技；凡聯邦法中任何一項教育性支出預算皆應針對學校圖書館媒體服務與資源明列預算項目補助。

4. 規劃聯邦性初步計畫，以保障各學校圖書館媒體中心均有適當的專業人力，此計畫是邁向下列目標的第一步：每一學校均有足夠的學校圖書館媒體專家與支援人員，能提供、利用並整合教學計畫，增進終生學習。

二、公共圖書館兒童服務方面：

政府應對下列各項服務提供預算補助：

1. 兒童服務。
2. 學前兒童服務中的親子、家庭教育計畫，並可與幼教機構合作。
3. 與托兒中心等類機構合作，提供館藏資料借閱及圖書館資源利用訓練。

三、公共圖書館青少年服務方面：

政府應對下列各項服務提供預算補助：

1. 青少年服務。
2. 對瀕於危機或危機中的青少年進一步提供的館外服務，並可與社區青少年服務機構合作。
3. 推動全國性圖書館「青少年聯盟」計畫，提供青少年樂於參與的活動計畫，協助其建立自信，拓展技巧，並同時提昇青少年圖書館與資訊服務的普及性與層面。

四、青少年服務合作方面：

政府應對下列各項服務提供預算補助：

1. 建立學校與公共圖書館間的合作計畫，提供更徹底的兒童青少年服務。
2. 獎勵兒童青少年資訊吸收能力發展的相關研究。
3. 建立全國性資源共享網路，成員涵括各學校媒體中心及其他提供同等服務的圖書館以確保兒童與青少年接觸、利用圖書館服務的機會。
4. 鼓勵學校與公共圖書館和公私團體合作，提供重要兒童與青少年跨代性（inter-generational）服務計畫。

5. 鼓勵學校圖書館、公共圖書館與其他家庭服務機構合作，推行家庭識字計畫。

6. 提供圖書館學、教育學研究所經費，鼓勵合作發展培養提供兒童與青少年服務專業館員的研究所計畫。

7. 獎勵具潛力作家為兒童創作有關多元性文化的作品。

貳、經由資訊「高速公路」共享資訊

建議國會立法俾使「國家研究教育網路」（National Research and Education Network; NREN）成為一資訊「高速公路」，便利各教育機構、圖書館共享資源，交換資訊。此網路應對每一等級的所有圖書館與資訊交流中心開放。

參、給予圖書館充裕資金以增進美國生產力

政府應給予圖書館充裕資金，確保其有能力採訪、保存、傳播研究教育所需資訊資源，以利美國提高其生產力，並在全球市場中持續保持競爭性。因此，於美國前途而言，對各級圖書館的財力支援乃不可或缺的投資；政府、圖書館、私人機構必須攜手合作，確保各館有足夠資金提供符合國家利益的重要資訊服務。總統與國會應鼎力支持資訊服務相關教育研究與法案，諸如高等教育法案（The Higher Education Act）、醫學圖書館支援法案（Medical Library Assistance Act）、圖書館服務與建築法案（Library Service and Construction Act, LSCA）、學院圖書館科技示範基金（College Library Technology Demonstration Grants）、國家研究教育網路（National Research and Education Network; NREN）等。

肆、建立圖書館行銷計畫模範

應建立向公眾行銷圖書館的模範計畫，並強調圖書館為配合教育、商業，與個人需求的資源。此模範計畫應針對圖書館組成要素設計，面面俱到，國會應提撥款項以供在基層執此行銷計畫。

伍、加強協助低收入者之識字能力

全民識字為美國當務之急；各都市、郊區中普見的少數民族族群貧戶危機，更顯示了提高黑人與其他少數民族識字力的重要性。政府應發展一套全國性訓練模式，協助圖書館創立、推行、支援識字運動聯盟。國會應體認圖書館為提供成人、兒童、家庭及工作者識字能力服務的中心，進而修訂1991年的國家識字法案（National Literacy Act of 1991）。政策應包括：

1. 國會與州政府應立法撥款、促使圖書館提供監獄受刑人基礎識字計畫及一般資訊服務。
2. 支持高品質識字讀物、資料的發展、印製與傳播。
3. 修訂圖書館服務與建築法案第六章「圖書館識字力」（Library Literacy）及第八章「圖書館學習中心計畫」（Library Learning Center Programs）將其由自由設立提昇為州轄層級，以促使一州內各識字力與家庭學習計畫彼此間能有效合作。
4. 確保識字力訓練能為各階層民眾所獲得，並應推行美國手語與點字的識字計畫。

陸、修訂國家資訊保存政策

國會應修訂國家資訊保存政策，確保資訊資源能完善保存。

政策內容應包括：

1. 資訊保存教育與訓練的計畫，以利各機構作保存資料的長期發展。
2. 非書資料保存政策的擬訂。
3. 圖書館、檔案中心、史料機構中新技術、標準、程序的發展與流通。
4. 增加聯邦預算，支持現有地區性保藏中心的發展與新中心的設立。

柒、針對低人口密度區域，發展連結網路

　　網路連結了各地區、各層級的圖書館，確保全國讀者皆能享有基本圖書館服務，全國人民在經濟、政治與社會上的機會平等，奠基於資訊的公平獲取。故聯邦政府應藉圖書館服務與建築法案，增加經費，加強對低密度人口區域小型鄉間圖書館的網路連結；每一鄉間圖書館至少應有一部終端機與國家教育研究網路連結。

捌、鼓勵多元文化、多種語言計畫

　　建議總統與國會應立法撥款支持下列計畫：

1. 對圖書館與資訊服務中各種文化、語言人口的服務，提供財力與技術支援。
2. 建立供圖書館與資訊服務利用的全國多元文化和語言資料庫，包括針對模範圖書館設計的研究展示計畫，以利對多種語言，和不同文化人口提供服務。
3. 修訂高等教育法案，鼓勵具多文化、語言背景者投入圖書館與資訊專業的行列。同時亦支援圖書館與資訊科學專家之訓練、再訓練，使其有能力服務多文化、語言人口。

玖、針對新科技修正版權法案

國會應檢視、修訂現行版權法，以配合不斷發展、創新的技術：

1. 確保圖書館與資訊服務的全體對象均能利用各種圖書、資訊資料。
2. 提供使用資訊科技以探索、創造資訊的權利，並注意不可觸犯智慧財產權。
3. 允許圖書館與資訊服務機構，比照教育機構，有平等使用權。

拾、確保政府資訊資源的可得性

國會應修正「資訊自由法案」（The Freedom of Information Act）確保除機密性資料外，其他一切聯邦政府所接受、創造資料的可獲性。國會應成立一由圖書館專家、資訊業代表及一般大眾代表所組成的顧問委員會，與聯邦機構合作，針對公共需求提出建議。

拾壹、國家資訊政策民主化

國會通過的國家資訊政策應包含（但不侷限）下列內容：

1. 宣稱圖書館為自由民主化社會中不可或缺的教育機構。
2. 確保閱讀自由：圖書館的任務是提供包含最多元化觀點、意見的各種圖書資料，保障團體與個人讀者的使用資料隱私權。

拾貳、體認圖書館為終身教育的一環

總統與國會應正式承諾，所有圖書館均為終身教育機

構，並將此陳述納入相關政策、法令中。上述官方體認有助於圖書館獲取足夠資金進行成人教育、兒童服務、掃除文盲運動等計畫，共同為「美國2000年」（American 2000）教育計畫努力。

拾參、視圖書館為教育機構

圖書館應視為教育機構。推行「美國2000年」時，圖書館的參與不容或缺。此外，教育部應派專人領導 ── 學校圖書館計畫，負責海外研究、計畫，達成「資訊力量：學校圖書館媒體計畫指南」的目標。教育部亦應對「學校圖書館媒體計畫指南」籌撥特定基金。

此次會議由美國國家圖書館與資訊委員會策劃主辦，我們覺得非常榮幸的是，該會的主要領袖人物有傑出的華裔人士吳黎耀華女士、劉本傑先生和執行長楊彼德先生，這充分表現出華人的優秀與傑出的貢獻。今年（八十一年）七月份，吳黎委員耀華會同該會委員五位，費洛先生（Mr. Michael Farrell）、狄佩特女士（Ms. Carol Diprete）、佛比女士（Mr. Wanda Forbes）、楊彼德先生（Mr. Peter Young）來華訪問，研討圖書資訊網路及資訊交流的問題，想必有助於我國圖書資訊之發展，藉此表示歡迎之意。

原載於《中國圖書館學會會務通訊》
83期，民81年6月，頁3-5。

「立足本土、通達全球」
一九九八年美國圖書館協會
及華人圖書館員協會年度會議記實

壹、會議經過

一、前　言

　　年初本人當選為中國圖書館學會理事長後，在香港嶺南大學開「區域合作新紀元」會議時接獲華人圖書館員協會于錢寧娜會長來電，於返臺後又收到美國圖書館協會國際關係委員會主任 Erichson 函請參加該年會。因知此會內容豐富，影響很大，於是接受邀請，同意前往宣讀論文。雖在六月中旬身體微恙，仍抱病於六月廿四日赴美國華府，參加該會一九九八年度大會，以「廿一世紀中華民國臺灣地區圖書資訊發展的新方向」為題發表論文，並參加其他多種會議及參觀展覽。由臺北去參加此國際會議之同道有：胡歐蘭教授、黃鴻珠教授及楊美華教授。

　　美國圖書館協會成立於一八七六年，雖然是冠有「美國」之專業社團，然其會員廣布全球，至一九九六年初，共有二、七八〇團體會員，五三、六六四個人會員。本次會議至六月廿八日止，參加總人數為一八、五五〇[1]，包括來自八十個國家，四〇〇多位圖書資訊及出版界之專業人員，展覽攤位亦高達一、四〇〇多個。七天會期中在華府會議中心、二三個週邊的旅舍舉辦了三八二場次之業務、專業研討會議及參觀活動。若連同其組織內部、友會內部會議及社交活動則高達一、六四三場次，規模之大，嘆為觀止！三八二場次的研討會

除了美國圖書館協會本身及其所屬十一個各型專業協會如大學及研究圖書館協會、公共圖書館協會、圖書館行政管理協會、學校圖書館員協會外，尚有十八個圓桌組織，如軍事機關小組、族群資料與資訊交換小組、政府出版品小組等，二三個有關係之友會，如華人圖書館員協會、口述歷史學會、音樂圖書館協會、亞太美國圖書館員協會所召開的會議。

華人圖書館員協會是前中央圖書館館長李志鍾教授等人於一九七三年發起成立，而後於一九八三年與加州 Chinese Librarians Association 合併，主要目的是促進華人圖書館員間之意見交流，提供專業問題討論之論壇，並謀求中美圖書館事業之發展。成立二十餘年來共有七百餘位會員分布於美國、我國、香港、大陸、馬來西亞及新加坡，並與我國國立臺灣師範大學社教系合作出版《圖書館學與資訊科學》半年刊，亦曾頒贈王振鵠教授、本人、沈寶環教授、顧敏教授特殊貢獻獎。每年均於美國圖書館協會年會期間舉辦研討會，對華文圖書館事業之提昇與合作有很大的貢獻。

二、會議主題

本次會議主題以其美國圖書館協會會長 Barbara Ford 所提倡之口號 Global Reach（通達全球），Local Touch（立足本土）為研討主題。主要是在確認科技發達的今天，圖書資訊界除了服務本地讀者，具有本土化的特色外，尚應延伸到全球，達到資訊無國界、國際化資訊共享的目的。由於該協會之全球觀，此次會議開幕大會之專題演講，即邀請華裔名作家 Amy Tan 譚恩女士演講。其他所有場次均與主題有關，涵蓋面廣泛，將圖書館管理行政、技術服務、讀者服務、推廣服務、圖書館建築及圖書館教育問題均以國際宏觀方式加以研討。

　　本年華人圖書館員會議之主題亦配合美國圖書館協會的口號訂為（CALA Across the Pacific）華人圖書館員協會縱貫太平洋。除邀請本人外，尚邀請俄亥俄大學圖書館館長李華偉博士報告「中美圖書館合作」，美國威士康森大學圖書資訊研究所所長方偉晴博士分析「一九九七年以後這一年來香港圖書館事業」，北京圖書館副館長周和平先生介紹北京圖書館。其報告與原印在節目單上所謂「『中華人民共和國』圖書館資訊服務現況與未來計畫」並不相符。

三、維護我國立場

　　周和平先生在開會前半小時突然向主辦單位抗議，謂本人論文用中華民國或臺灣，他就要退席表示抗議。本人即表示堅持中華民國主權立場，其退席與否與我無關，悉聽其便。主辦單位要求李華偉博士居中協調，李博士建議周不用 PRC，我不用 ROC，雙方均不用國號，只談專業問題。本人之論文對我國國家建設重點、圖書資訊事業現況、發展方向、以及我們華人界共同努力之事項均一一以投影片提綱挈領予以宣讀，引起不少共鳴及讚賞。之後周和平先生用中文（由他人譯成英文）指責本人論文提及中國圖書館學會、教育部、國立等字樣，有意宣示「一中一臺」或「兩個中國」。臺下一百餘人聽眾即報以噓聲。本人即時反應，強烈反對並大聲反駁：「周副館長將政治問題帶進學術研討會，影響言論自由，毫不尊重主辦單位及我國，非常不當。大家今天在此是報告專業現況，分享專業經驗及交換專業意見，提出這政治性的言辭的確十分可笑而無理。國立政治大學、中國圖書館學會和教育部都是我國單位正式名稱，無人有權干預或改變所用的專有名詞。」他無話可說，繼續介紹北京圖書館，並未報告大陸圖書館界近況與發展。會中討論時間，本人答覆

了一些有關專業的問題，並提出華人圖書館員可以在題名權威檔、善本書、電子圖書館方面合作之方向，頗獲認同。該會會長于錢寧娜女士及理事們一再為周和平先生之失言與其缺乏國際禮儀風範向本人道歉。

四、會議場次簡介

場次之多，無法全部參加，僅介紹下列場次內容，以饗讀者。

專門性及合作性圖書館協會主辦之「多類型圖書館合作策略性規劃方式研討會」，主要將美國幾個合作計畫加以介紹。

國家地理學會之影像典藏，該會一○九年來所收集之一千一百萬張照片及五十萬份電子影像，甚為壯觀。

我國國家圖書館亦運書派員參展，參觀踴躍，展出之書籍頗受歡迎。展畢後首次捐贈給公共圖書館，使一般大眾有機會接觸到我國之文化產品，甚有深遠意義。

圖書館行政管理協會建築及設備組所召開有關「圖書館隔音設備」研討會，由建築師介紹利用新科技成品來建立隔音環境，所吸收之新知供所授「圖書館建築」課程參考。

開幕大會中，譚恩女士精彩演講，時聞掌聲，深為華裔作家驕傲，亦與有榮焉。

華人圖書館員協會之盛宴，祝賀加大 Levine 分校圖書館館長盧國邦先生獲頒本年度特殊貢獻獎，本人亦邀請公共圖書館協會會長 Mrs. Hage 與會，藉以敦睦國際友誼。

美國國會圖書館在 Thomas Jefferson 館所舉辦之歡迎酒會，會中招待參觀善本典藏，有十七及十八世紀耶穌會神父們旅行至遠東和中國時所留下來的珍貴記錄。

臺大校友現任 Kentucky 大學鄭鈴慧副教授主持有關圖書

資訊學課程改變問題。不只針對課程，更針對館員影響作深入之討論。

　　Books, Bytes & Bots 研討會討論參考圖書館員及讀者在資訊時代所面臨的問題。

　　學術及研究圖書館協會所辦區域研究圖書館工作研討會，報告各大學及研究圖書館中之區域研究。在圖書館邁向全球化之際，亦因其典藏達到全球化之效果。

　　「圖書館：立足本土，通達全球」，其中有國際圖書館協會聯盟主席 Christine Des Champs、墨西哥 Lebanese 大學圖書館館長等談他們對此會議主題之意見及體驗。藉此機會與國際圖書館協會聯盟主席 Des Champs 見面，回覆其託 OCLC 亞東部主任王行仁先生轉告之事項。王先生轉告謂雖大陸給予該會很多壓力，仍深盼我國圖書館學會加入該會，並願意來華訪問商討如何能使本會再次參與該聯盟。因此特別向 Des Champs 表示感謝他關心我國圖書館界參與國際組織之意。

　　應我國駐美代表處陳錫蕃代表賢伉儷之邀在雙橡園餐敘，並告知中共無理之事。據陳代表告知，據以往例子，所用 Library Association of China（Taipei），中共應無異議，此抗議可能是大陸駐美使館指示之結果。

貳、結　論

一、感　想

1. 進行國民外交：在此會中不但宣導我國圖書資訊業之績效，並將國家行政革新、科技發展均作一介紹，亦對中共不當言論加以駁斥，與國際圖書館協會聯盟及其他國家之圖書館事業人員以及華人圖書館界有所聯繫，可謂進行了一場成功之學術外交。此會過分龐

大，同一時段中至少有十幾場研討會同時舉行。有興趣的主題很多，可惜無法分身一一前往，殊感可惜。

2. 資源共享：與會人士均因電子圖書館、新科技發展，而構成資源共享之良好環境，但基本工具如辭彙必須統一，我國語文結構複雜，異體、簡體、羅馬拼音法眾多，仍靠知識工作者，結合兩岸三地及國外漢學圖書資訊領域人員加以研究，作適當的因應。

3. 改善圖書館教育內容：為因應科技社會之要求，我國應參考國外新課程之內容，全盤研究修訂課程內容及教育層次。

4. 加強與國際圖書館協會聯繫，以實際績效，儘量爭取國際間之認同與支持，而杜絕中共之無理打壓。

二、今後圖書館業務之主要發展方向

出席此會議後，有了更多的領悟，特提下列幾點建議供相關單位參考：

1. 在國外專業組織所開之會議中，舉辦小型研討會，闡釋我國圖書資訊成果，宣揚我國建設成效。二〇〇〇年即可與華人圖書館員協會合辦與華人資訊有關之研討會。

2. 積極組團參與國際性專業會議，依計畫分場次聆聽汲取新知。

3. 邀請國際性專業組織主要人物來臺，了解我國圖書資訊專業之成果，增加我國參加國際組織之可能性。例如國際圖書館協會聯盟之會長等相關人士。

4. 研訂辭彙、題名權威檔，建立知識系統之工具。

5. 檢討我國圖書資訊教育制度，修訂課程標準，以因應資訊社會對Cyberian虛擬性及圖書館工作者的需要。

註　釋：

1. ALA Cognotes Issue II, Washington D.C. 1998 Annual Conference, 1998, p. 1.

原載於《中國圖書館學會會訊》6卷3期，
民87年9月，頁1-3。

書　評　篇

假如你要評鑑你的圖書館的話
一本圖書資訊界必讀之書
If You Want to Evaluate Your Library

Lancaster F. Wilfred. *If You Want to Evaluate Your Library* (Champaign: University of Illinois, Graduate School of Library and Information Science, 1988).

在美國著名的伊利諾州立大學（University of Illinois）圖書館資訊科學研究所任教達十八年之久的藍開斯特教授（Professor F. Wilfred Lancaster）最近撰寫了一本有關圖書館作業評鑑的書籍「*If You Want to Evaluate Your Library*」（假若你要評鑑你的圖書館的話）。此書是藍教授根據他二十年來的教學經驗而撰成的鉅著，也是他在十年前出版一書 *Measurement and Evaluation of Library Services* 的姊妹作。

此一新著內容豐富而廣泛，以卅餘萬字，分三個部分撰成十五章。闡釋圖書館評鑑的定義、目的、重要性、種類、及方法。此一英國學者以簡單扼要的筆法來討論圖書館資料提供服務（Document Delivery）、參考服務、以及其與圖書館服務評鑑有關的問題，並詳列參考資料、說明圖表和索引。每章後列有習題供讀者深思，並供學生作業用。全書分三部分：

第一部分的主題是 "資料提供服務" 的評鑑（Document delivery），涵蓋了八章，討論到下列幾個主題：

1. 館藏評鑑：說明各種評鑑館藏公式的使用法、專家判斷法、書目評鑑法、利用情形分析法、館內情形分析法等；

2. 期刊的評鑑；

3. 除架、空間的使用；

4. 目錄使用的評鑑，以及排架問題。

尤以最後一節說明影響圖書資料提供服務之成敗因素。這一部分的論述尤為中肯。

第二個部分討論參考服務的評鑑，如何評鑑答覆參考問題的方法，以及檢索文獻服務之評鑑方法。

第三個部分有三章是討論資源共享、成本效益和成本價值問題；最後一章是跋，藍教授把此書未能深入討論到的各方面作一扼要的交代，例如圖書館標準、圖書館調查、特別節目的評鑑，以電腦設備來收集評鑑用的資料等等。每章之後所附的習題可供一般讀者思考，亦可供圖書館科、系所之學生作業用。

藍教授是圖書館學和資訊科學界傑出而馳名全球的名教授，曾獲最佳資訊科學教師獎，先後出版過八部鉅著，其中三部獲頒最佳資訊科學著作獎。上面所提到的姊妹作 *Measurement and Evaluation of Library Services* 則獲得美國圖書館協會所頒發的 Ralph R. Shaw 紀念獎。這些事實都表現出他在圖書資訊界卓越的成就，無論在教學、實務及研究方面都有很大的貢獻。近年來藍教授曾應邀來華開會和教學二次，給予我國圖書館學和資訊科學界深刻的印象。本文作者與該書著者曾在伊大共事三年，今年六月在台開會時再次遇到。他一返美國就寄贈此一富有吸引力的新著。收到時是一本剛印存尚未裝訂的樣品。先睹為快，連夜拜讀後，獲益很多。深感這本書是組織嚴謹、資料豐富、例證完整的著作，不但是好教材，亦是評鑑圖書館作業的基本理論和方法的根據；同時亦可供管理學院的同道們參考。有些基本的觀念和方法是可供各界參考的。

時代在變，變中宜求進步。求進步就是要衡量目前作法的優劣加以改進。評鑑也因此是追求進步的基本手段和工具。

故而讀此評鑑好書後，迫不及待地寫出自己的讀後感，藉以推薦佳作。

原載於《中國圖書館學會會報》43期，
民77年12月，頁149-150。

評介好書
轉型期中的學術圖書館事業

Veaner, Allen B., *Academic Librarianship in a Transformational Age: Program, Politics & Personnel*. Boston : G. K. Hall, 1990.

　　《轉型期中的學術圖書館事業》一書由圖書館界頗負盛名的范納先生執筆。作者畢業於美國西蒙斯圖書館與資訊科學研究所（Simmons College），曾在哈佛大學及史丹佛大學服務多年，於一九七七年至一九八三年間出任加州大學（聖他巴布拉校區）圖書館館長，引進自動化系統，有傑出的表現。他畢生在學術圖書館界提倡新興科技的運用、在國際圖書館界制訂與推行書目標準、在圖書館學與資訊科學教育方面、在審查各院校之品質方面均有顯著的貢獻。近五年來自設顧問公司為各型圖書館行政管理提供諮詢服務，成績斐然，致而榮獲其母校所頒的傑出校友獎與專門圖書館協會特殊貢獻獎。年初完成近著 ─《轉型期中的學術圖書館事業》；由著名出版社 G. K. Hall 出版。以五百餘頁的篇幅分十四章來說明今日社會結構、經濟狀況和科技進步對學術圖書館的影響。他研究當今一般行政理論後，再予以應用到學術圖書館業務上的體認，確值推崇。

　　該書追述學術圖書館管理之歷史，對以下各重點作詳細之闡釋：

1. 現代行政人員應持之方針與策略；
2. 行政作風、權威及權力；
3. 規劃、管轄與財務問題；

4. 新進館員之甄選方式；

5. 考績、進修及離職問題；

6. 工作時間之分配、隱私權之維護及處理壓力的辦法等
　　等實際的問題。

　　該書文字流暢、結構緊湊，每章末都有一段簡扼摘要。
有理論的根據，也有實務的引證。作者集卅年從事學術圖書
館行政的經驗所撰之佳作，亦對廿一世紀學術圖書館的營運
作前瞻性的提示。可謂是經營及發展學術圖書館事業必讀之
書。惟因范納本人對人事法律涉獵不深，他對法律方面的意
見有待商榷。此為該書瑕疵所在。所用參考資料完備而富權
威性 ── 第一部分列出撰寫此書所用之資料；第二部分列出
圖書館行政之一般參考資料。

　　中美兩國國情雖不同，人事法令亦相異，但該書針對學
術圖書館因科技衝擊、社會風氣變遷，在轉型時期中所遭遇
的問題，提出各項解決之道，足以借鏡。

原載於《書府》11期，民79年6月，
頁16。

新書選介

1. Atkinson, Steven D. & Hudson, Judith ed. *Women Online: Research in Women Studies: Using Online Database*（婦女研究之線上資料庫）. New York: The Haworth Press, 1990.

   本書由線上資料庫來探討對婦女所作的研究。各章依特定主題分類，討論線上資料庫中有關此主題婦女研究的特性、範圍等。本書最大特色在強調各主題間的互動、影響，所謂「科際整合」的趨勢。作者亦提供了分析此主題的多元化方法。

2. Butler, Barbara & Sussman, Marvin B. *Museum Visits and Activities for Family Life Enrichment*（以參觀圖書館及其相關活動充實家庭生活）. New York: The Haworth Press, 1990.

   在本書中，博物館員與社會科學家試圖探討博物館與家庭間關係的各層面，並檢視博物館作為家庭社會化與學習資源的重要性。本書核心為一套實驗性學習計畫，引導家庭藉博物館資源了解其自身歷史和文化。

3. Emery, Charles D. ed. *Buyers and Borrowers*（購買者與借閱者）. New York: The Haworth Press, 1992.

   本書審視若干圖書館界反覆討論的問題，如：圖書館是否針對某特定讀者群提供服務，讀者類型轉變反映之意義，讀者上圖書館之平均頻率，及讀者是否可按其使用圖書館之方式分類等，並嘗試以嚴謹的科學方法提供解答。作者

立論基礎在於將行銷學中消費者重複購買的理論應用在圖
書館使用者分析上，並發現圖書館讀者借閱和消費者購買
行為模式間存有顯著相關性、因而消費者購買行為模式不
僅可作為觀察、預測圖書館讀者行為的方法，更提供進一
步分析、應用的架構。本書可協助館員考慮如何更有效分
配有限的經費、時間、人事，為讀者提供更好、更確實的
服務。

4. Gherman, Paul M. & Painter, Frances O. ed. *Training Issues and Strategies in Libraries*（圖書館人力訓練之方向與策略）. New York: The Haworth Press, 1990.

本書提供圖書館人力發展、訓練之實用建議；書中包含各
種訓練途徑、方向，可協助館員即使身處資訊科技日新月
異之環境，仍有足夠知識與技巧以應付轉變，甚而預知轉
變方向，為讀者提供最佳服務。

5. *The Future of Serials*: *Proceedings of the Serials Interest Group, Inc.*（論期刊之未來）. New York: The Haworth Press, 1991.

本書為1991年6月2日至5日在加拿大安大略省 Brock
University 召開北美期刊組織（North American Serials
Interest Group, NASIG）第50屆年會會議論文集。書中討論
期刊的價格、淘汰、自動化管理等重要問題，對徵集部門
館員、期刊出版商、編輯、期刊室館員及任何對快速變遷
的期刊世界感興趣者，均具參考價值。

6. Holley, Robert P. *Subject Control in Online Catalogs* （線上目錄主題控制）. New York: The Haworth Press, 1990.

線上公共目錄（OPAC）主題檢索的品質是否明顯優於卡片目錄？本書由下列五個角度予以討論：研究報告、技術服務與讀者服務、館員意見、特殊需求、國際化問題及先前研究的回溯性解題書目。同時也探討了線上目錄發展過程，並對未來進一步研究提出建議。技術服務館員、讀者服務館員及系統設計館員均應研讀此書。

7. Huber, Jeffrey T. ed. *How to Find Information about AIDS*（如何查獲有關愛滋病資訊）. New York: The Haworth Press, 1991.

目前關於後天性免疫不全症候群（愛滋病）病毒的資料多如牛毛，但一般讀者難以判斷其正確性及時效性；本書旨在為讀者提供詳確、實用、新穎與愛滋病有關資料之來源。除對愛滋病有興趣人士外，本書對參考館員、顧問、教師、愛滋病防治組織管理者及醫療界亦極具參考價值。

8. Kinder, Robin & Katz, Bill ed. *Serials and Reference Services*（期刊與參考服務）. New York: The Haworth Press, 1990.

本書為探討期刊問題與使用者，參考館員與圖書館本身間關係之前驅性著作。全書分五篇：期刊與參考服務、期刊與技術服務、期刊與新科技、核心館藏及參考服務趨勢新探等，旨在參考館員和期刊館員應如何合作，使期刊效益發揮極致。本書可供公共服務館員了解期刊資料獨特的本質，技術館員提供更清楚、完善的服務。總之，徵集館員、編目人員、參考館員或高階主管均可從本書獲益。

9. Katz, Bill & Bunge. *Charles Rothstein on Reference with Some Help from Friends*（羅斯史坦參考服務論文集）. New York:

The Haworth Press, 1990.

全書有三分之二為圖書館學參考服務一代宗師羅斯史坦
（Samuel Rothstein）1953年至1987年的論文集；內容涵
括文章八篇、演講稿五篇、單行本圖書摘錄二章及研討會
論文摘錄六章。其餘則為其四位同事：Charles Curren、
Robert Hauptman、Marylin Domas White、Mary Biggs 的論
文，其中八篇主題為參考服務工作，另八篇則為參考服務
教育。參考館員及圖書館史學者可藉以獲得對美國參考服
務發展、評鑑、館員訓練教育等之深入了解。

10. Katz, Bill. *Opportunities for Reference Services : The Bright
    Side of Reference Services in the 1990s*（參考服務契機：1990
    年代參考服務）. New York: The Haworth Press, 1991.

本書由嶄新多元角度來審視今日與明日的參考服務，作者
皆為參考館員，以切身經驗提供同業如何適應變遷中的參
考服務，並提出實用的意見、指導，使參考服務部門人員
能安然面對日益加重的責任，並持續提供良好服務。

11. Katz, Bill. *Continuing Education of Reference Librarians*（參考
    服務館員繼續教育）. New York: The Haworth Press, 1990.

全書分三大部分，第一部分由現任參考館員執筆，著重於參
考館員非傳統式的在職訓練、教育方法，並提出實用、簡單
的訓練方式及應注意事項。第二部分由參考服務教師撰寫，
重點在現行參考服務課程的檢討與修正，並檢視參考服務
館員、書目編製人員及文書幕僚的責任。第三部分則為目
前普遍應用於圖書館界之參考服務人員應具備的技巧，如
參考晤談技術、基本參考資源了解及新科技了解等。

12. Kinder, Robia. ed. *Government Documents and Reference Services*（政府出版品及參考服務）. New York: The Haworth Press, 1991.

本書兼具實用性及時效性，廣泛討論官書資料的可獲性和發展政策。主題包括新立法規章、使用率最高資料一覽、贈予書寫作格式、文獻檢索策略等。本書有效協助館員處理官書領域中令人最感棘手部分：技術報告、政府法令限制及專利權等。對參考服務與技術服務館員而言，本書具不容忽視的重要性，可指引面對官書文獻檢索錯綜複雜的情況，並能提供高品質、高效率之服務。

13. McGiverin, Roland H. ed. *Educational and Psychological Tests in the Academic Library*（學術圖書館之教育與心理測驗）. New York: The Haworth Press, 1990.

本書對於有心建立第一流教育、心理測驗館藏者而言，為不可多得的著作。內容豐富，包括規劃測驗資料館藏之時間、內容、宗旨及測驗說明等。本書對社會心理學家、精神病學家、社會教育教師、顧問、心理治療師、語言治療師及學校教師等，均為甚具價值的指南。

14. McCrank, Lawrence J. *The Bibliographic Foundations of French Historical Studies*（法國史研究書目基礎）. New York: The Haworth Press, 1991.

本書為1989年12月美國歷史學會與書目史協會聯合年會發表論文的精選。全書涵蓋豐富、詳盡的有關法國早期歷史研究書目性資源。主題廣泛，包括歷史電影、加拿大出版業、路易王期以來書目記錄等。本書可供歷史學者參考，或大學、專業圖書館收藏。

15. McCombs, Gillian M. ed. *Access Services*（資訊檢索服務）. New York: The Haworth Press, 1991.

隨著圖書館自動化的腳步，由技術服務推展至參考服務，參考館員角色亦發生急遽變化。本書重點在重新審視、定義技術服務館員與參考服務館員的地位和任務。綜合言之，資訊式檢索已取代傳統書目式檢索；今日參考館員傾向於直接提供資訊本身，而非通往資訊的資訊。

16. Panella, Deborah S. *Basics of Law Librarianship*（法律圖書館作業基本要素）. New York: The Haworth Press, 1988.

本書廣泛探討法律圖書館各方面工作，包括其歷史、起源、宗旨、館藏發展、技術服務、讀者服務、行政管理、人事問題、新科技影響及各類型法律圖書館，為不可或缺的概要性指南。對非法律專業館員、圖書館學學生和新進法律圖書館館員尤有利用價值。書後所附法律圖書目錄及索引更提升其參考性。本書為法律圖書館必備館藏，亦為良好教學用書。

17. *Peace Movement Organizations and Activities in the U.S.: An Analytic Bibliography*（美國和平運動機關與活動分析書目）. New York: The Haworth Press, 1991.

本書將二次大戰後至1980年代美國風起雲湧的和平運動組織相關書籍作系統搜集整理，按組織、人士、成立理論和變遷，按六大類列出書目：教育者、知識分子、政治家、保護主義者、預言家及領導者。書目內容簡明易讀，具分析性，無論美國和平運動研究者，或歷史、政治、社會、國際關係等相關學科師生，均能獲益良多。

18.Persson, Dorothy M. ed. *Psychology and Psychiatry Serials: A Bibilographical Aids to Collection Development*（心理學與精神病學期刊：館藏發展書目）.　New York: The Haworth Press,　1990.

本書為305種心理學、精神醫學方面期刊之書目，依刊名字順排列。期刊主題涵蓋：智力測驗、發展心理學、人格、心智失常、精神疾病治療與預防、教育心理學、實驗心理學、應用心理學及一般心理學等。所選期刊均為 *Psychological Abstracts* 及 *Current Index to Journals in Education* 等權威性刊物編入索引者。各書目資料包括：現刊刊名、創刊時間、刊期、發行者、國際標準期刊號（ISSN）、索引來源及簡短解題等。並提供一個以上「主題代號」供讀者參考。

19.Pierce, Sydney J. *Weeding and Maintenance of Reference Collections*（參考館藏的淘汰與維護）.New York: The Haworth Press, 1990.

本書為參考館藏淘汰、維護之實用指引。範圍廣泛，包括不同類型圖書館（大學、公共、聯合等）參考館藏發展的特性、問題及資深參考館員現身說法，描述其淘汰參考資料的原則與方法，並有專章討論新科技——光碟資料庫在參考館藏的地位與應用。本書對於一切關心參考服務者均有其重要性，對下列人士尤具價值：參考部門主管可藉以得到實用的指南與詳明的淘汰、規劃、評鑑法則，圖書館科系師生則可獲取參考資料管理之深入知識。

20. Pisani, Assunto ed. *Euro-Librarianship: Shared Resources and Shared Responsibilities*（歐洲圖書館事業：資源共享與責任分擔）. New York: The Haworth Press, 1992.

本書乃針對美國與歐洲圖書館間館際合作、資源共享與責任分擔事宜加以討論。目的在促進圖書館提供最佳研究資訊與服務。若干章節作者以母語寫作，輔以英文摘要，使本書更具國際性。書中亦探討現代圖書館常見的困難，如財源短缺，書價、期刊訂費上漲等。今日資訊流通、資源共享、責任分擔已是時勢所趨，本書可協助世界各地圖書館增強合作、分享的能力，使未來的研究人員和學者專家得以輕易獲取所需資訊。

21. Smiraglia, Richard P. ed. *Describing Archival Materials: The Use of the MARC AMC Format*（記錄檔案資料：機讀編目格式之利用）. New York: The Haworth Press,1991.

本書為因應機讀編目格式（MARC）對「檔案及手稿控制」（Archives and Manuscript Control; AMC）日益增加的重要性和影響力而編寫。今日線上檔案編目已漸為檔案管理者採納，本書即針對相關主題加以討論。如線上檔案控制標準的修正與應用，線上檔案控制科技如何運用於圖書館館藏等。本書對熟悉檔案控制方法，具備檔案管理基本知識之館員及檔案管理者而言，十分實用。

22. Steinke, Cynthia ed. *Information Seeking and Communicating Behavior of Scientists and Engineers*（科學家與工程師尋找資訊及傳遞資訊之習性）. New York: The Haworth Press, 1991.

本書主題在研討：科學家和工程師從事研究時，究竟如何從龐大資訊來源中發現、選擇及使用其所需資料？上述主題之重要性雖無庸置疑，卻往往為科技圖書館員在無意中忽略，欲提供讀者高水準服務則不能不正視此等問題，本書即針對科技人員的資訊尋求行為特性作深入探討，可激發科技圖書館員對讀者行為特性之通盤了解，研究讀者使用資料的各種方法及管道，並進而修正館方系統與服務，使其更能符合讀者特性與檢索模式。

23. Steinke, Cynthia ed. *Electronic Information Systems in Sci-Tech Libraries*（科技圖書館的電子資訊系統）. New York: The Haworth Press,1990.

本書闡述今日圖書館突破其有形外牆，將館藏資源傳播讀者的新途徑。隨電訊科技日新月異，電腦設備日益普及，圖書館已不再僅被定義成一固定處所，而是延伸為一種聯結讀者與資訊的途徑與力量。全書分六章，檢視了電子資訊系統與電子文件在館藏與工作站、館員與館員及非圖書館資源與圖書館等之間的傳播過程。讀者可在書目發現若干最精巧且為圖書館廣泛使用的系統，亦可見到四所推廣遠地讀者電子服務的大學圖書館，二所創新服務的專門圖書館工作實例。

24. Steinke, Cynthia ed. *Technology Transfer: The Role of Sci-Tech Librarian*（科技轉移：科技圖書館員的角色）. New York: The Haworth Press, 1991.

隨著世界各國、各公司自動化與競爭的日益加速，研究效率與資訊傳播速度亦更形重要。本書旨在探討科技轉換過

程中，圖書館與資訊中心究竟扮演何種角色？討論範圍包括聯邦資訊中心、學術研究機構及大型公共圖書館等，並多舉例證（如美國航空太空總署（NASA）的科技轉換等）加以說明。科技圖書館員可從中得到不少新知與啟發。

25. Stevens, Wesley M. ed. *Computers and Access to Medieval and Renaissance Manuscripts*（電腦與中世紀及文藝復興時期手稿之檢索）. New York: The Haworth Press,1990.

本書提供中世紀手稿資料之資料庫、電腦服務之世界性指南。內容極為豐富，包涵自公元一世紀初，拉丁文書籍、古希臘文手稿，至中世紀時期，文藝復興研究等資料。並對上述資料之線上編目法及相關資料庫有詳盡說明。本書兼具廣度、深度與時效性，對檔案學家、專業研究者及善本圖書館員是極具參考價值之有關中古及文藝復興資料之資訊來源。

26. Tyckson, David A. *Enhance Access to Information: Building Catalogs for the Future*（加強資訊之獲取：為未來建立目錄）. New York: The Haworth Press, 1990.

長久以來，目錄始終是獲取特定圖書館館藏的主要途徑，其最大功用在描述、索引館藏資料；然而即使現代科技日新月異，今日圖書館目錄仍效果不彰。本書編寫的基本動機即在嘗試以各種新科技解決上述問題，使編目館員和讀者能在系統中一次掌握全部館藏。書中主題包括：加強對現存記錄之可獲性，增加傳統上不編目資料之資料庫，增加檢索軟體，增強使用者介面與聯結不同圖書館系統。根據已採用本書初步方法之圖書館報告顯示，目錄功能確可

再加發揮，角色亦可重新定位。本書確實提供了新方法和研究方向。

27. Williams, James F. *Strategic Planning in Higher Education: Implementing New Roles for the Academic Library*（高等教育策略規劃：學術圖書館新角色）． New York: The Haworth Press, 1991.

本書對高等教育策略性規劃活動作廣泛的討論。內容包括策略性規劃執行過程的各步驟，並強調如何藉以達到提升大學圖書館地位的終極目標。作者皆為一時之選，包括館長、館員及計畫撰寫者。本書對大學行政人員、大學圖書館員與圖書館學教育者均具參考價值。

28. Woodrum, Pat. *Managing Public Libraries in the 21st Century*（如何管理21世紀公共圖書館）． New York: The Haworth Press, 1990.

面對即將來臨的21世紀，圖書館員勢必面對、克服更多挑戰。本書討論公共圖書館在下一世紀可能面臨的管理問題，預測其可能解決途徑，包括館藏、建築、經費、行政體系及管理規劃等。為具遠見之公共圖書館館員必讀工具。

原載於《教育資料與圖書館學》30卷16期，民81年秋，頁105-110。

書　評

Out in the Cold: Academic Boycotts and the Isolation of South Africa.（遭受冷落—學術排斥與南非之孤立）Lorraine J. Haricombe and F. W. Lancaster. Arlington, VA: Information Resources Press, 1995. 158 p. ISBN 0-87815-067-6

　　「遭受冷落：學術排斥與南非之孤立」一書，是美國伊利諾大學（University of Illinois）圖書館學與資訊科學研究所榮譽教授藍開斯特（F. W. Lancaster）及受其指導博士論文、服務於北伊利諾大學圖書館的哈利柯比副教授（Lorrain J. Haricombe）共同撰寫的學術性書籍，目的在探討卅年來（1960年至1990年），南非學界受到國際抵制的範圍、程度與影響。

　　南非學術界在國際間受到各種型態的排斥，包括拒絕南非學者出席國際會議，拒絕出版南非學者的稿件，拒絕與南非學者進行共同的研究合作，不願到南非訪問等，不承認南非大學所授的學位，拒絕出售圖書、軟體給南非以及拒絕南非人申請入境簽證等。

　　此書共分八章，第一章說明「抵制」與「排斥」（Sanction, boycotts）之定義、性質，歷史回顧，有關文獻之重點以及相關個案。第二章討論南非受排斥以各種層次，由完全抵制到部分限制。第三章說明「學術排斥」（Academic boycotts）之定義，舉列中共、日本、獨立國協、愛爾蘭、古巴等地抵制層次與策略之成例，並探討學術自由與人權之關係。第四章則述南非高等教育機構，運用「抵制」來達成改變南非種族歧視政策之種種情況，學術界受到國際「排斥」之各種實例，及原始文獻之影本證據，學術自由受到其政府干預，以及一九九四年

以後改善的實況。第五章、六章、七章說明著者以調查問卷與訪問，達成收集資料之目的並分析結果。第八章結論中，重申其研究目的是在了解南非之學術（Scholarship of South Africa）在受到排斥的情況下，受到何種程度的影響？研究後發現此種「排斥」對南非學術的成長並無太大影響，「排斥」所造成的主要傷害是激怒及不便，反而沒有造成大的障礙，但是絕大多數的人都反對「排斥」。訪問結果顯示學者們因被「排斥」感受到的是「孤立」，遭受冷落及不能參與等，並未對學術進步有實質的影響，但這種「排斥」卻增進南非在設計課程時對本國文學與文學的重視，也促使南非特別為因應自己的需求，而編印教科書，也帶動了專業社團組織的形成，例如：全國醫師與牙醫師協會、民主大學職員協會聯盟。

著者最後認為「學術排斥」實際只是造成不便，引起厭惡，對於學術研究造成不便，並不是學術研究的重要障礙，其所表示的有象徵作用，而不是求「變」的有效工具。

此書的重點雖討論南非的情形，實際上也涉及一般學術排斥的探討及道德倫理問題，包括高等教育、專業倫理、學術自由、學術出版、圖書館學與資訊流通、以及南非學研究（South African Studies）等。本書寫作嚴謹、客觀，正如開普敦大學（University of Cape Town）Timothy Dunne 副教授所言：「這本書可讓讀者考慮到如何用富創意而又直接的方式來針對一些否定基本人權的『權力』結構。」

原載於《資訊傳播與圖書館學》3卷2期，民85年12月，頁87。

考銓論述篇

考銓制度改革聲中
圖書資訊人力資源之發展

摘　要

　　本文說明主管我國人事的機構 —— 考試院的建制、功能、考試特色、興革事項；探討並分析考試院之作業與圖書資訊人員掄才之關係，最後提出對我國圖書資訊人力發展方向之建議：

　　(一)妥作整體性人力規劃，以求教、考、用密切配合。

　　(二)用人圖書館應忠實報缺，以免人力不足，相互挖角。

　　(三)各校圖書資訊系所教學內容應加統整，使之較具一致性，而免考試內容偏頗，僅有部分應考人可以作答。

　　(四)修正課程充實語文、專門學科、知識加工及資訊課程。

　　(五)鼓勵畢業生參加國家考試取得公務員任用資格，獲得常任文官之保障。

　　(六)加強在職進修，充實專業知能。

壹、考試院的建制與功能

　　考試院的成立源於 國父重視我國古代以考試取材、健全吏治、鞏固國基這種制度的特色。在建立民國時，主張除外國三權外，再加上考試和監察兩權，組成五權分立的政府。民國十七年公佈中華民國政府組織法時，就遵 國父遺教，訂立五院的組織與職掌，考試院獨立行使考試權，而考試權的涵意不僅是選賢舉能，更包括「教育有道」以及考試

後的「鼓勵以方，任使德法」，掌理考試、任用、銓敘、考績、級俸、陞遷、保障、培訓、褒獎、撫卹、退休、保險、養老等人事行政權。因為養老將納入全民福利計畫，憲法增修條文將「養老」的職權刪去，規定考試院所掌理事項為：一、考試。二、公務人員之銓敘、保障、撫卹、退休。三、公務人員任免、考績、級俸、陞遷、褒獎之法制事項以及掌理公務人員保險、訓練進修事項，並且對各機關之考銓業務有監督之權。這些功能由合議制的考試院院會核定政策，再由下設的考選部、銓敘部（含退撫基金管理委員會）、公務人員保障暨培訓委員會及公務人員退休撫卹基金監理委員會執行，因此考試院這個名稱不僅指單純的考試而已，實際上是全國最高的人事行政機關，具有發揮健全人事制度，維護行政中立，貫徹法治精神，選拔專業人才，提昇執業水準的功能。

貳、考試之特色

一、公開競爭性

　　公開徵才，只有學經歷之規定，凡符合規定者，均可報考。

二、計畫性

　　配合任用計畫，根據機關用人需求，為事擇人，辦理以公開、公平、公正為原則之考試，以達到考用合一的目的。

三、多元化

　　除了公務人員高普考及特考外，有升等、升資考試、公職候選人檢覈考試、尚有認定專業資格的專技高普考試、高

科技及稀少性科技考試等。

參、興革事項

一、訂定或修訂法案，以維護公務人員之權益

　　近年來，考試院順應時代之趨勢，積極訂定或修定各種人事法案，以下是近況，尚須立法院從速審議通過者有五項之多：

1. 保障法
2. 考試法
3. 政務官法
4. 公務人員行政中立法
5. 訓練進修法
6. 公教人員保險法
7. 專技人員考試法
8. 公務員基準法[1]

二、改進考試制度

（一）改變等級

　　取消甲等特考，將公務人員考試等級，改為高等考試、普通考試、初等考試三等。原則上依博士、碩士、大專畢業等不同學歷條件，分別應高考一級、二級、三級之考試。公務人員考試等級及格後取得任用之資格如表一：

表一　公務人員考試等級、應考資格及任用等級

考試等級	應考資格	任用等級
高考一級 特考一級	持博士學位證書者	薦任第九職等任用資格
高考二級 特考二級	持碩士以上學位證書者	薦任第七職等任用資格
高考三級 特考三級	持專科以上學校畢業證書者	薦任第六職等任用資格
普通考式 特考四級	持高中以上學校畢業證書者	委任第三職等任用資格
初等考試 特考五級	持國中以上學校畢業證書者	委任第一職等任用資格

（二）簡併科目

將國父遺教及三民主義合併為中華民國憲法（高考），中華民國憲法概要（普考）。

（三）增額錄取

除依任用計畫，調查缺額錄取人數外，另為因應臨時出缺，錄取3%至5%增額錄取，若到下次高普考放榜時，尚未被遴用，即喪失資格。

（四）放寬應考資格

執職業證照，由教育部認定其畢業資格者即可報考。

（五）採分試制度

公務人員高普考分試制度，業經考試院第八屆會議通過，自民國八十七年公務人員高普考試起實施，實施範圍以公務人員高等考試三級考試、普通考試為範圍。分試之主要觀念，在將考試程序予以區隔，在第一試考試中，以綜合性

科目及有代表性專業科目廣泛測驗應考人基本知識；及格後，再參加第二試之專業考試，以使應第二試之人數篩減至合理數目，俾提昇第二試申論式試題閱卷品質。第一試按各科別全程到考人數之百分之五十擇優錄取，錄取人數未達需用名額五倍者，按需用名額五倍擇優錄取。第一試錄取者，取得參加該年同一考試、等級、科別第二試考試資格，第一試錄取資格不予保留。

　　表二所列考科目之中華民國憲法（概要）、英文、法學緒論、本國歷史及現行應試專業科目，或目前大專院校有開設相關課程。坊間有相當普遍之參考書籍，應考人在準備應試上應無困難。至於地球科學、數的推理係新增科目，原則上地球科學將以高中地球科學教科書（國立編譯館編印出版，共五冊）為主要命題範圍；至於數的推理，主要測驗應考人之數的概念，數量的掌握能力、數的解決能力等，以生活化、實用性為原則，藉以了解其未來任公職處理事務之基本能力。並以高中（職）、國中、小學數學教材為主要範圍，包括基本的算數、代數、幾何、機率及統計以及其他相關數學方法的概念與推理[2]。

（六）擴大專技人員考試範圍

　　近年來社會發展快速，各種專門職業亦趨專業性，各類經濟活動及行業之分工亦日趨多元而精細，為因應社會發展並維護公共利益及大眾之福祉，新建專技人員之職業證照制度，是一個必然發展的趨勢，本院正在釐清專技人員之內涵，加以界定，作為增減專技考試之依據。

表二　高普考分試制度

試別	第一試		第二試
	綜合性知識測驗科目50%	專業性知識測驗科目50%	專業考試科目
高考三級	1.中華民國憲法 (40題) 20% 2.英文 (40題) 20% 3.法學緒論 (30題) 15% 4.本國歷史 (30題) 15% 5.數的推理 (30題) 15% 6.地球科學 (30題) 15% 共計200題，每題0.5分，滿分100分 考試時間：三小時	現行各科別應試專業科目中選列二科 *圖書館類科考： 1.圖書館管理(40題) 2.圖書館學與資訊科學(40題) 共計80題(每科各命題40題) 每題1.25分，滿分100分 考試時間：一小時三十分鐘	現行各科別應試專業科目中選列六科 7.國文(論文及公文) *圖書館類科考 1.圖書館管理 2.圖書館學與資訊科學 3.技術服務 4.讀者服務 5.電腦與資訊檢索 6.外國文(選試英文、法文、德文、日文、西班牙文)包括作文、翻譯及應用文)
	預定報名日期為：87年4月20日 預定考試日期為：87年6月28日 預定榜示日期為：87年7月27日		預定報名日期為：87年8月1日 預定考試日期為：87年8月24-26日 預定榜示日期為：87年11月11日
普考	1.中華民國憲法概要(40題)20% 2.法學緒論(40題) 20% 3.本國歷史(40題) 20% 4.數的推理(40題) 20% 5.地球科學(40題) 20% 共計200題，每題0.5分，滿分100分 考試時間：三小時	現行各科別應試專業科目中選列一科 *圖書館類科考： 1.圖書館資訊管理概要(80題) 共計80題 每題1.25分，滿分100分 考試時間：一小時三十分鐘	現行各科別應試專業科目中選列四科 國文(論文及公文) *圖書館類列科考： 1.圖書館管理概要 2.技術服務概要 3.讀者服務概要 4.電腦與資訊檢索
	預定報名日期為：87年4月20日 預定考試日期為：87年6月27日 預定榜示日期為：87年7月27日		預定報名日期為：87年8月1日 預定考試日期為：87年8月22-23日 預定榜示日期為：87年11月11日

（七）建立題庫及典試委員資料庫

全面建立各項考試需用之題庫試題，並納入資訊管理系統，預期可發揮增加試題組合、提高管理效能、便利進行試題分析等具體效益。目前所建立之典試委員資料庫已有相當規模，未來仍將定期收集最新資料適時更新，以力求資料登錄之正確完備。

三、銓敘工作之改善

（一）退輔基金由恩給制改為儲金制

公務人員退撫制度自八十四年七月一日起，由過去財政支出之恩給制改為政府與公務人員依法定提撥費率，按月共同撥繳費用成立基金之儲金制。依照初期費率百分之八的估計，預計十年內，退撫基金累積本息可達四千餘億元，在超然獨立的機構監督下，在法定運用範圍內，靈活運用，例如購買公債、庫券等，可以調節資本市場，又可以貸款方式供給各級政府辦理經濟建設之用，當可支援國家建設。

（二）退輔基金移撥至銓敘部辦理

公務人員退休撫卹基金管理委員會係於民國八十四年五月一日正式成立，隸屬銓敘部，負責公務人員退休撫卹基金之收支、管理及運用。基金收入主要為各級政府與公務人員按月撥繳基金費用，並依年度基金運用計畫，分別投資運用及公務人員福利有關之貸款，並在院本部設置公務人員退休撫卹基金監理委員會加以監督。

（三）職務列等之改善

本院根據下列原則，使職務列等合理化：

1. 提高基層

提高基層公務員職等，五職等可列五、六、七之職
等，三職等可列四、五職等，二分之一可列六職等。

2. 平衡中層
3. 穩定高層

（四）銓敘行政資訊化

「全國人事業務資訊化整體規劃」業已完成並據此研訂
「推動全國人事業務資訊化五年實施方案」落實執行。將於
五年內利用交通部之政府機關行政資訊網路。完成全國人事
資訊網路連線，以利各機關資訊交流，達成資料共享共用、
互通互惠之目標。

（五）貫徹考試用人

廢止僱員職務，出缺不補，以有任用資格之書記取代。

四、公務人員保障及培訓

公務人員保障暨培訓委員會是全國公務人員保障暨培訓
事宜之專責機關，於八十五年元月廿六日成立，其基本任務
為「保障」與「訓練」，保障公務人員權益，加強公務人員
培訓。

（一）保障部分

負責公務人員保障政策、法規之研擬規劃，並對公務人
員於其權益遭受侵害時或對於服務機關所提供之工作條件及
所為之管理認為不當時，所提之再複審、再申訴案件，以超
黨派、依據法律獨立行使職權之作法，加以審議決定，使公
務人員權益能循合法途徑獲得救濟，而無後顧之憂，以激勵
公務人員勇於任事，並將設置文官法庭。

（二）培訓部分

負責公務人員訓練進修政策、法規之研擬規劃、成立公務人員培訓學院、辦理公務人員考試筆試錄取人員（職前）、升任官等及行政中立等各種訓練事宜，以建立公務人員訓練進修制度，整合國家訓練資源，並提昇公務人員的素質，增進政府的效能。

肆、考試院之作業與圖書資訊人才

一、考試院之作業

考試院依據各機關之報缺，在高普考或特考時，設置類科，備圖書館工作人員應考，而進入圖書館界服務。曾在考試院院會中提出下列改進意見，已經實施：

1. 擴大領域，增加「資訊」到圖書館類科。
2. 擴大就業範圍：於前年爭取，將專技考試資訊師應考資格，增加圖書館科系畢業人才，使圖書資訊人才可有執業的專業資格，提昇地位，然而因數理（離散數學）底子不夠，二年來並無人應試。
3. 高普考試訓練及升官等考試訓練課程，增列圖書資訊訓練課程，加強公務人員對資訊資源利用的認知力。

二、圖書資訊人才之分析

每年圖書館科系大學部畢業生大約有295人（臺大、師大、淡大、世新、輔大），碩士班畢業生大約有20餘人，博士班畢業生大約2-3人。根據教育統計，社會教育機構及職員人數項下，全國有414個公共圖書館，1,816個圖書館員，國家圖書館有191個館員，公立大專院校圖書館共44所，515個館員的編制[3]，也就是說我國公立圖書館有二千多人的編制，員

額的確偏低。由表三及表四統計資料可見畢業後報考高普考就業情形[4]：

　　每年畢業人數在300人左右，而每年出缺人數約在20至30人之間，佔畢業人數10%。這足以顯示圖書館員的供需有失衡現象。若依據報缺的情形看來，考試及格人的確已足以因應需用人數。然而經常聽到圖書館找不到人，抱怨受到任用資格的限制，但考試人數不少，而考取的人數較需要人數高，除八十五年沒有什麼彈性外，都錄取較多人，為何還說沒人可用？既然圖書館感到人力不足，為何不報缺？這原因何在？實在值得圖書館行政界和教育界深思檢討。

表三　高考圖書資訊管理類科

年　　　別	報考人數	到考人數	到考率	及格人數	及格率	需求人數	及格/用人
八十年	419	353	84.2%	62	17.6%	37	167.6%
八十一年	583	481	82.5%	38	7.9%	26	146.2%
八十二年	614	483	78.7%	51	10.6%	27	188.9%
八十三年	684	547	80.0%	44	8.0%	26	169.2%
八十四年	596	470	78.9%	30	6.4%	12	250.0%
八十五年	549	432	78.7%	12	2.8%	11	109.1%
八十六年	496	368	74.2%	21+1	6.0%	24	91.7%
總　　　計	3,941	3,134		259		163	

註：82-84年為高考二級、85年為高考三級

表四　普考圖書資訊管理類科

年　　　別	報考人數	到考人數	到考率	及格人數	及格率	需求人數	及格/用人
八十年	447	349	78.1%	36	10.3%	26	138.5%
八十一年	579	421	72.7%	38	9.0%	28	135.7%
八十二年	746	551	73.9%	46	8.3%	32	143.8%
八十三年	739	545	73.7%	25	4.6%	23	108.7%
八十四年	654	511	78.1%	24	4.7%	15	160.0%
八十五年	444	332	74.8%	4	1.2%	4	100.0%
八十六年	496	289	58.3%	3	1.0%	3	100.0%
總　　　計	4,105	2,998		176		131	

伍、我國圖書資訊人力發展方向之建議

就個人認知，提出以下發展方向敬供參考：

1. 圖書館界應切實作人力規劃，針對需求，培植人才。

2. 圖書資訊應忠實地報缺，以免有惡性的相互挖角的情況一再發生。

3. 使人力的培養不致浪費，圖書資訊人才的確有教、考、用不符的情形，非常希望教學內容一致，使各校圖書學習內容不致相距過大，而不能因應考試。

4. 圖書資訊系所課程宜予修正，加強下列內涵：語文、專門學科、知識加工及資訊課程。最能提供知識加工的知能，即是主題分析和資訊分析方面的課程[5]。

    (1) 主題分析（Subject Analysis）：對文獻內容或檢索問題中所含的主題概念進行分析的過程。主題分析又稱為內容分析（Content Analysis）或文獻分析（Document Analysis），含下列四個層面：

    　　a. 主題之結構分析

    　　b. 主題之分面分析

    　　c. 主題之範疇分析

    　　d. 主題之標引分析

    　　以上的知能應有下列基礎課程：

    　　a. 資訊科學原理

    　　b. 資訊心理學

    　　c. 邏輯學

    　　d. 語言學

    　　e. 術語學

    　　f. 分類理論與實務

    　　g. 索引典理論與實務

    　　h. 主題概念分析原理與實務

(2) 資訊分析（Information Analysis）、資訊研究（Information Research）、資訊調研（Information Study）：針對科研、生產或管理等方面之全面、某一特定課題、或某一指定之任務，從事資訊資源之調查研究、系統性地搜集及實地考察，然後就有關資訊加以分析、判斷、綜合及歸納，並將成果以綜述、述評、專題報告、評鑑或預測等形式發表，供決策部門及研究人員參考，因此要掌握下列六個層面：

a. 課題選擇

b. 資訊搜索

c. 資訊整序

d. 科學抽象

e. 成果表達

f. 成果評價

而基礎課程宜有：

a. 統計學

b. 計量學

c. 資訊預測

d. 系統論

e. 科學學

f. 未來學

g. 哲學

5. 圖書館依社會教育法第五條之規定，為社會教育機構，又社會教育人員之任用，依教育人員任用條例第二十二條之規定：「社會教育機構專業人員及學術研究機構研究人員之聘任資格，依其職務等級，準用各級學校教師之規定」。「前項機構之一般行政人員之

任用資格，依公務人員有關法規之規定」。中央、省立、市立之公共圖書館均有其組織編制法規，規定專業人員之職務、等級。如中央圖書館臺灣分館之組主任，其職務列等為薦任第八職等或聘任，是以該組主任人員之進用，得以公務人員任用，亦得依教育人員任用。但是依教育人員任用是聘任的而有續聘與否的風險，若依考試及格任用則是常任文官，保障較高。因此建議圖書資訊系所的畢業生應充分掌握時機，報考國家考試，獲得應有的任用資格，為國家服務，並為提昇國家競爭力而努力。

6. 加強在職訓練提昇專業知能：國家考試是為國掄才之手段，而圖書館人力的培育與發展仍是圖書館界自身的重任，現在的情況的確呈現了教、考、用不配合的情況，值得檢討、深思與研究。考試院除了加強研究改進考試類科、考試技術、方式及題庫建立、銓敘以及保障訓練方面主管之各項業務，也希望圖書館界共同努力，使廿一世紀知識服務業能百尺竿頭，更進一步。

註　釋：

1. 考試院第九屆八十六年施政績效（考試院編印，民國86年12月）。
2. 公務人員高等考試三級考試暨普通考試分試考試說帖（民國86年10月23日）。
3. a. 教育統計（民國86年），頁138-139，附1.教育行政機關職員人數、附2.社會教育機構及職員人數。
   b. 銓敘部法規司提供資料。
4. a. 中華民國考選統計（考選部編印，民86年6月）。
   b. 考選部統計室提供資料。
   c. 人事行政局人力處第五科提供資料。

5. 吳萬鈞，科技知識服務系統（農業科學資料服務中心，民國86年），頁10-13。

原載於《圖書與資訊學刊》24期，民
87年2月，頁24-1~24-9。

考銓工作的省思

摘　要

　　本文係作者回憶其擔任考試委員之原由，說明考試委員的職權所在，以及作者從事考銓工作所作所為之記錄，並提出對考銓工作應邁進方向之建議。

壹、意外的機遇

　　好像在剎那間，三千三百五十七天 ── 我生命中百分之十四的日子已在投身於考銓工作中飛逝而去。回憶在九年前的卅個年頭裡，從事教學、圖書資訊及基金會行政工作時，從沒料到有我會有機會得到　總統提名，經監察院全體委員審查投票通過，出任第八屆考試委員，參與為國掄才、服務公務人員的神聖工作；更沒想到任期屆滿後，再蒙　總統提名，國民大會代表同意，有連任的機會。這不是原來生涯規劃的職業改變，使我深深體認到人生機遇的奇妙。

　　在第九屆考試委員之前，考試委員的遴選資格有地區性的考慮，記得在民國六十年代，父親就認為我已早具教授身份，原籍又是西南偏遠的雲南，應有資格去問鼎這份職務，但我一向都不屑於謀求、鑽營、不擬主動謀此職位；另一個讓我裹足不前的原因是當時母親已棄養，父親和我夫婦同住，教學有寒暑假，時間較具彈性，我能較靈活地運用時間來奉侍年邁失偶的父親，所以我很堅決而坦白地告訴父親，我沒有做特任政務官的意願，父親對我生平無做「大官」意願的表現有些失望，但也很尊重我的意向。未料在近「知天命」之際，為了充實自己的知能，辭去教職，再度赴海外攻讀資訊科學，獲得博士學位後，回師大服務剛滿一年，意外地，王

安博士一再邀約赴美出任其中國學術研究基金會執行長，亦應美國伊利諾大學之聘兼任客座教職。在海外服務三年後再次回國重拾教鞭期中，於七十九年赴洛杉磯參加北美地區國建會發表論文時，在旅舍會場裡，聽到廣播我的名字，趕去接電話，得知總統府要我提供履歷及著作，考慮提名我為第八屆考試委員。真沒想到在父親逝世十年後，亦在我不謀求職位的原則下，蒙　總統提名，終於不負父親對我的期望，負擔起考銓的重任。

貳、終生學習的實踐

考銓工作涉及多元化的人事行政，當我在準備應監察委員面詢的時候，才真正了解考銓工作的複雜性和多元性，需要用心作深度與廣度的研究才能勝任。許許多多不了解考試院功能的人都質疑為什麼我是朝八晚五整天待在考試院裡？事實上我是每天在辦公室和會議中研究和學習 —— 研讀議案、法規，閱覽專業書刊，聆聽他人高見。一方面增加對審議議案的了解，另一方面為了出題和審題，自己專業的知識必須跟得上時代，要掌握專業科目內容日新月異的改變，涉獵了不少相關的書籍和文獻。考銓工作的確給了我衷心珍惜的終身學習機會。

參、考銓功能

一、考試院的任務

憲法原文賦予考試院的職權是掌理考試、任用、銓敘、考績、級俸、陞遷、保障、褒獎、撫卹、退休、養老等重任。民國八十年依據憲法增修條文第六條規定，考試院的功能有所改變。考試院為國家最高考試機關，掌理下列事項：一、

考試。二、公務人員之銓敘、保障、撫卹、退休。三、公務人員任免、考績、級俸、陞遷、褒獎之法制事項，並有監督各機關考銓業務的責任。

　　以往考試院常被誤認為功能不彰、沒有效率及沒有明顯權力的小廟，而實際上考試院這種行政中立機關的確為國家做了許多重要而鮮為人知的貢獻。考選部以公開、公正、公平的方式掄才，消除機關用人時所面臨到的人情包袱，確定公務員專業人才的資格，維護服務社會人士（如醫師、律師、會計師）的專業水準。銓敘部除了主管公務人員之銓敘、撫卹、退休及任免、考績、級俸、陞遷、褒獎等法制事項外，為辦理公務人員退休撫卹基金之管理和收支營運，銓敘部還設置了公務人員退休撫卹基金管理委員會。本院亦設置公務人員退休撫卹基金監理委員會，負責基金之審議、監督及考核，維護公務人員的權益。公務人員保障暨培訓委員會掌理保障及培訓事宜，保障部分係負責公務人員保障政策、法規之研擬規劃、解釋，並於公務人員之權益受侵害時，對其所提之再復審、再申訴案件，以超黨派、依據法律獨立行使職權的作法，加以審議決定；培訓部分係負責公務人員訓練進修政策、法規之研擬規劃並辦理公務人員考試筆試錄取人員以及升任官等及行政中立等各種訓練事項。保訓會在公務體系中扮演提高公務人員素質、激勵公務人員勇於任事並維護公務人員權益與尊嚴的角色，所以在考試院服務的同仁都是「公僕」的「公僕」。

二、獨立行使職權

　　考試院是合議制，充分展現出民主素養，對議案大家盡量發表自己的意見，雖然有意見不同或辯論，最後以採取多數決，由主席歸納眾議作出結論後，經常是為大家所樂於遵

守，並據之執行。每週一次的委員座談會溝通意見，每週二次的審查會是博採眾議審訂議案，供院部會作最後裁決。每週一次的院會討論議案決定政策。考試委員除參加這些會議外，須擔任典試工作，負責某一項考試整體的典試工作為典試委員長，負責召集某一類科的考試，則擔任召集人，亦擔任審查、閱卷、審題和口試相關工作，參與或主持國際性及全國性人事行政研討會，並在文官訓練單位講授課程。每年亦固定巡察中央或地方機關與事業單位考銓業務，聽取基層意見並出國考察，作專題的研究。

三、國內外考銓業務考察

　　每年考試委員都要進行國內外考察，在九年中，參加國內業務考察十一次、國外考察五次，擔任國內外考察團的領隊各二次。八十年九月間赴蘇聯、芬蘭、瑞典、丹麥、挪威、德國考察公務人才甄補暨培訓作業，八十二年元月赴巴西、阿根廷、秘魯及巴拿馬四國考察人事行政，八十四年三月赴日、加、美三國考察文官制度，八十四年十二月另赴澳洲、紐西蘭考察人事行政，八十七年二月赴葡萄牙、義大利、希臘考察文官制度。國內考察中對各機關所提各種疑難雜症的人事問題，均作充分了解，而後由權責單位研議解決方案，例如修正職組及職系名稱一覽表、修正考績委員會組織規程、重視基層人力缺乏及位處偏遠離島單位之公務員進修機會、修正公務人員考試法等等。每年的國外考察既可了解他國人事制度優劣也可借鏡，藉之攻錯，獲益良多。回國後均有具體報告及建議，例如縮短考試作業流程、簡併考試科目、加強國際合作、舉辦國際文官制度研討會、增加考試錄取名額、妥善規劃訓練機構的設置、訓練課程及對象、統籌規劃分工訓練資源、加強訓練機構國際合作及諮詢功能、

增加口試制度、加強培養公務人員危機處理能力、加強高級
行政人員的培育歷練、建立升任主管訓練制度、維護女性公
務人員身心保健，修正分娩假、研議實施週休二日制、有效
運用退休撫卹金等，這些建議都已落實執行了。

肆、重大議案

　　第八屆考試院二八四次院會中，研議通過一、六○二件
議案，第九屆院會到本年十月底止，經過一五四次院會也已
經通過了七九七件議案。這二、三九九件議案包括的層面非
常廣泛，無法一一列舉，但大至成立機關的法案如：公務人
員保障暨培訓委員會、公務人員退休撫卹基金管理委員會和
監理委員會，統攝公務人員共同適用的基本規定、兼顧各種
個別人事制度差異的全盤人事法規——公務員基準法，以及
因應當前政治環境發展趨勢，加強對公務人員保障、健全文
官制度的公務人員行政中立法，小至公務人員考試體格檢查
標準。每項法案都是經過所屬部會研議後報院會，簡單的在
院會中經過充分討論後決議，交相關部會執行，複雜的則交
付審查，每個議案不見得一次就可以審查完畢，大都要經過
好幾次的審查會才能完成，經常有開二小時的審查會只討論
通過一個條文的情形，例如公務人員基準法經過十年審慎的
研究，三十四次審查會字字斟酌才通過草案，可見議事態度
的慎重嚴謹。九年間除了討論事項提供意見外，在院會中曾
發表過六二三次意見，對於行政、考選、銓敘、保訓、撫卹
基金都有建議，亦都獲得委員們的支持通過而加以執行。

　　我最關心的法案是公務人員的培訓事宜，我認為政令的
推行、政策的訂定、甚至國家的發展都建築在公務人員優秀
的知能上。時代快速的變遷、社會上脈動的不同、日新月異
的專業知識，都不能為只是堅守崗位但不求進步的公務人員

所掌握的，必須要不斷地培訓，使之具有新穎的知能，來達
成公務所賦予他的任務。當我提出建議在本院成立一級單位
的培訓機關時，有人認為我的建議不切實際，甚至認為我在
異想天開，在政府精簡聲中怎麼可能成立一個一級單位？但
遵照八十年九月十日第八屆第九十四次會議通過的考試院考
銓制度研究發展小組設置要點，我主張由院部局同仁組成小
組交叉運用各種研究方法法規研究、以實地參訪、座談討論
來進行公務人員訓練進修體制的研究。就學理層面、法制層
面、體系層面、政策層面、功能層面、組織層面提出以下結
論和建議[1]：

一、學理層面

1. 訓練基於組織業務目標，由機關提供特定的知識與技
   能。進修則是基於個人成長、潛能發揮，由公務人員
   透過適當管道，自發學習各種知識與觀念。兩者相輔
   相成，均屬公務人員人力培育及再教育的範疇。考試
   訓練為選拔與培訓優秀公務人員的重要方法程序；在
   職進修也是提昇公務人員知能成長的重要途徑。為配
   合時代需求，發揮政府機關應有功能，以增進為民服
   務效率，考試院身為文官院自應肩負起培訓公務人員
   的責任。

2. 以人事行政學觀點，並徵諸各國實際現況，訓練進修
   為文官制度人事行政的一環，又根據公務人員考試法
   第二十一條規定，公務人員高等考試與普通考試及格
   者，及其他特種考試及格的人員按錄取類、科，接受
   訓練，訓練期滿成績及格者，發給證書，分發任用，
   所以公務人員考試訓練進修實屬本院的權責。

二、法制層面

現行公務人員訓練進修法規，除因主客觀因素分屬考試院與行政院分別訂定外，各機關也有另訂配合該機關需要的訓練進修規章，致使公務人員訓練進修法令多有重疊繁複，造成基層機關執行運作的困擾，所以考試院應將訓練進修法令加以整合，重新研擬周延的公務人員訓練進修法規，作為整體公務人員訓練進修的基本根據。

三、體系層面

依層次可分為考試院訓練進修機構，各部會、省市政府訓練進修機構，基層訓練進修機構等三階段，其架構為：

1. 基層訓練進修機構：包括部會處局署所屬機關的訓練進修機構，省市政府所屬機關的訓練進修機構，及縣市政府的訓練進修機構，辦理專業訓練進修、基礎訓練進修為主。
2. 部、會、省市政府訓練進修機構：包括部會處局署的訓練進修機構辦理管理訓練進修、專業訓練進修為主。
3. 考試院訓練進修機構：考試院公務人員保障暨培訓委員會的國家文官學院，辦理考試訓練、中高級公務人員在職訓練及領導訓練進修。

四、政策層面

1. 本院為中央政府五院之一，依憲法規定為全國最高人事機關，掌理國家考銓大政。本院凜於憲法的授命，自應貫徹法定職權，恢宏憲政功能，並配合國家社會發展需要，改進考銓行政，健全文官制度，落實憲政化、現代化及中立化的要求，以增進政府職能，穩定

國家政治運作。考試院早於第八屆施政綱領中,即以籌設國家人事行政研究訓練機構,辦理全國公務人員的訓練進修為主要施政項目。

2. 政黨政治運作下,文官嚴守中立之原則日形重要,目前對中高級文官訓練進修制度研究、改進方面,缺乏專責機構;因此,宜參照外國體制之機構,由獨立超然之考試院於「公務人員保障暨培訓委員會」內設置「國家文官學院」(於立法院立法時改稱為國家文官培訓所)以培訓中高級文官,使文官在執行公務時,更能秉持中立的立場,不受政黨政治更迭之影響。建議應從速統籌、規劃訓練進修目標、政策,並督導全國公務人員訓練進修機構,俾使全國公務人員訓練進修體系更臻完整。

五、功能層面

依公務人員職務狀況及訓練進修的目標,宜區分為四種,其施訓對象及施訓內容分別為:

1. 基礎訓練進修:考試訓練及職前的初任人員為對象,施訓目標在甄選適任的公務人員,以增進本職的工作能力為主。

2. 專業訓練進修:以各種不同業務的現職人員為對象,施訓目標以充實專業知能為主。

3. 管理訓練進修:以將調升較高管理職務人員為對象,施訓目標以加強管理、協調能力為主。

4. 領導訓練進修:以將擔任中高級文官人員為對象,施訓目標以厚植領導統御能力為主。

六、組織層面

　　公務人員訓練進修業務，自考試院成立以來至政府遷臺前，屬本院銓敘部主管，遷臺後至民國八十五年，銓敘部組織法中由登記司掌理公務人員進修業務、考試訓練則由考選部訓練委員會掌理訓練之規劃、協調、審議、督導、考核事項，執行則委託行政院人事行政局及其所屬訓練機構代為辦理。基於組織功能設計，考試院除統籌全國公務人員訓練進修政策、目標、方針及協調督導全國各層級公務人員訓練進修機構外，應將考選部考試基礎訓練，銓敘部之公務人員訓練進修業務移歸「考試院公務人員保障暨培訓委員會」辦理，並提出該會組織條例草案。

　　獲致以上具體的研究成果之後，並獲得院長、副院長、委員們和兩部部長的支持，加上個人與立法委員們個別溝通，為因應精簡人員，行政革新的措施，合併培訓與保障而有保訓會以及文官培訓所的成立，這是我覺得最欣慰的一件事，也算是對考銓工作一項小貢獻。目前除了訓練進修法的修訂外，建議積極研究保訓會的組織，以便加強功能的發揮。

　　對於教、考、訓、用合一的政策方向，我有非常強烈的定見，雖然這個方向涉及的問題很多，但在鍥而不捨的努力下，相信會有一天達到目標。在考選方面，我一再強調考試方式及考試技術的改善是使掄才工作做得更完善的必要條件。所以在考試法的修正、分試制度的建立、題庫的更新、建立典試委員資料庫的方式、試務方法作業及流程的改進、擴大辦理專業人員的資格考試與證照問題都提出了具體的改進意見。

　　在銓敘方面，我不是學人事行政的，雖對管理學方面多所涉獵，但幾年來自我要求，努力研讀各種相關法規、議案及文獻，才對政府為達成任務對公務從事有效的求才、用才、

育才、留才管理技術和措施等人事制度多所了解。這九年來除了公務員基準法、公務人員中立法、調整公務人員職務列等、政務人員法、公務人員任用、俸給、考績、陞遷等法、推動週休二日、聘用人員條例、消防人員人事制度、以及各所屬部會執行院會決議有所相異時的處理方式等等，我特別關注的重大案子之外，對於公務人員保險多年虧損到今天，財政部無法依規定撥款付給中央信託局，無論我們大家多次提出應將這種虧損逐年歸還，財政部都不予理會。這無底洞愈來愈深，讓我深深覺得遺憾及無奈，也深感政府單位相互不配合的無力感，而深切盼望速加改善。

在行政方面亦曾提出以下具體建議：

1. 人事資訊系統的整體規劃，推動全國人事業務資訊化五年實施方案，訂定相關標準，該項計畫已經圓滿地完成階段性任務；本院辦公室自動化作業及網路建置也使行政效率大增，在本院的網頁內，詳細地介紹本院的組織職掌、施政重點、考銓相關報導、院內新聞資訊、院內圖書資訊、統計資訊、證書服務及各類法規動態等等。自八十六年七月設立至今，已有四十四萬多人使用此網站，平均每日約有五百多人到本院網站，對於一般民眾對本院的了解，可說是提供了一個相當便捷的管道。院長在日本都能清晰地查到有關本院的資訊，真正達到資訊無國界、無遠弗屆的境界，值得慶幸。

2. 工作手冊的訂定，使做每件工作時都有所本，自建議以來，行政單位覺得有用，而逐年更新，提高行政工作效率，達到作業一致化的境界。

3. 出版品採用政府出版品統一編號，國際圖書及期刊編號，使本院出版品透過此機制得以廣為流傳。

4. 本院部會出版品索引的編製與考銓辭彙的訂定，以配合自動化作業，物以類聚，便於文獻的檢索，以獲得快速、正確、完整的資訊。

5. 建立發言人制度，由秘書長為本院發言人，使媒體獲得正確消息，減少道聽塗說的可能性，加強正面的大眾傳播功能，建立本院正確的形象。

6. 全面實施圖書館自動化，成立考銓圖書資訊中心，成為全國考銓圖書資料重鎮，共享資源。

7. 被推為興建委員會委員之一，參與行政大樓興建工作，對於行政大樓建築的設計和規劃經常提出建設性意見，力盡棉薄。

8. 國際文官制度研討會的舉辦，加強國際合作，增進國際人事資訊的交流和互動，院部會合作辦理以後績效甚佳。

伍、展　望

　　本院成立七十年以來，歷經十位院長、十六位副院長的傑出領導及全體考試委員和同仁的通力合作、竭誠努力，考銓工作方面的績效與貢獻是日彌進步。成立了七十年的考試院也等於人生七十才開始，面臨新紀元、新氣象，經現任許院長積極的推動，關副院長認真的襄助，委員們個別與集體的努力，加上院部會同仁的配合，開始以前瞻性的思維和作為，致力於公務人員發展與激勵制度的改進，重視公務人員權利與義務之平衡，提振公務人員士氣，激發工作潛能，培養具有民主與專業素養之公務人員，選拔優秀專技人才等等工作，尤以以下幾項為最重要[2]：

1. 檢討修訂考銓法規，改善考銓措施，健全文官制度。

2. 考察及研究各國人事制度，舉辦研討會議，改進我國

人事制度及考銓業務。

3. 加強與中央及地方各級機關之聯繫溝通，並實地考察了解各機關考銓業務，發揮協調統合功能。

4. 改進考試方法及技術，貫徹公正、公平、公開競爭原則，健全考試制度。

5. 研究建立教、考、訓、用結合之制度，提昇公務人員及專技人員的素質。

6. 加強維護公務人員權益，健全保障制度，以激勵公務人員勇於任事，並兼顧權利義務的平衡。

7. 研究改進公務人員退撫基金管理及監理業務，以增進基金經營績效。

8. 研究改進公務體系分層負責及逐級授權的制度，並加強公務人員在職教育的落實，以強化組織功能，提昇行政效率。

9. 加強院、部、會、局資訊網路整合運用，提昇考銓行政的效能及決策品質。

10.完成本院及考選部綜合行政大樓的興建，改善辦公環境；同時充實考銓相關的圖書資料，發揮考銓圖書資訊中心的功能。

　　深切地希望在未來三年中，能更臻一步地落實執行這十項本屆施政綱領所臚列的工作項目，以期順應跨世紀國家發展之需要，加速行政革新，達成提昇國家競爭力之目標。尤其希望審慎研究規劃、建立教、考、訓、用結合之具體方案加以切實執行，以提昇公務人員及專技人員素養，配合機關用人及因應社會需求。在邁入新千禧年前，應邀寫這篇拉拉雜雜的文章，藉著工作的回顧與省思，來恭賀院運昌隆、考銓大業百尺竿頭更上一層，益加成功。

註　釋：

1. 考試院考銓研究發展小組培訓分組編輯，《公務人員訓練進修體制之建立》（臺北：考試院，民國85年6月），頁38-44。
2. 考試院第九屆第十次會議通過，考試院第九屆施政綱領，民國85年11月21日。

原載於《考銓季刊》21期，民89年1月，頁147-157。

考銓工作的歷練、回憶與檢討

摘　要

　　作者在卸任第九屆考試委員時，對其在十二年考銓工作任期內的歷練、回憶與檢討，作下列的報導：（一）考銓制度的創新、業務的革新；（二）考銓學術及國際會議的參與；（三）其他考銓業務的推展。

壹、前　言

　　經過擔任第八屆考試委員六年的歷練，再續任第九屆考試委員時，仍抱著研究文官制度之改進、謀求考銓制度之完善及推動重要考銓政策為宗旨。十二年來參與考銓工作，深深體認到考試委員的獨立行使職權的內涵，加重了任事的責任感，每個議案都是個新挑戰，不能不有繼續研究的態度，做適當的處理。

　　二年前，在血壓不高，血脂肪正常的情形下，突罹腦血管栓塞（俗稱中風）的疾病。右半身不遂，住院三週，出院時仍須倚靠輪椅行動。半年的復健後，雖能拿枴杖走路，但右手的功能至今未能恢復，左手因此取代右手來工作。所幸腦功能未受影響，考試院的工作都能積極參與。為了避免因行動緩慢，造成對出國考察團隊的困擾，自八十九年起即未參與國外考銓業務考察活動，頗覺遺憾。在任滿前，匆匆就記憶所及，將過去六年來重要的工作加以敘述如下：

貳、考銓制度的創新及業務的興革

　　本屆參與約二百七十八次審查會，主持審查了七個案

子，訂定一些文官制度的創新興革的政策。

1. 主持「後備軍人轉任公職考試比敘條例部分條文修正草案」審查會。

   修正重點：（一）將志願在營服役之預備軍官納入適用範圍；（二）上校以上軍官轉任公職考試採任用考方式，「先考後用」及「任用考」之基本原則，取消檢覈，並增列轉列公務人員之後備軍人任用比敘優待之授權規定。

2. 主持「公營事業機構專任人員（不包括董、監事）可否兼任轉投資公司代表官股之董事長或副董事長職務，事涉公務員服務法重大政策解釋事項」審查會。

   決議：（一）公營事業機構專任人員（不包括董、監事）得兼任轉投資公司代表官股之董事長或副董事長職務一節，與公務員服務法相關規定未合不予同意。

   （二）另依「公務人員留職停薪辦法」規定，公務人員配合科技發展或國家重大建設，得借調至民營事業機構服務，公營事業機構專任人員是否參照上開辦法，宜請行政院自行斟酌。

3. 主持「為配合訂定政府機關與民間機構人才交流實施辦法，擬增訂公務人員任用法第二十八條之二條文，訂定其法源依據」審查會。

   決議：增訂公務人員任用法第二十八條之二條文：「（第一項）各機關為培育管理人才，學習企業經營理念及方法，並借重民間專業人才，以提昇政府機關行政效能，得派遣具有發展潛力之公務人員至民間機構學習歷練，並自民間機構借調具有專業性、科技性或特殊性知能人員。（第二項）前項借調人員不占政府機關編制職缺、不支薪，及不適用公務人員俸給法、退休法、撫

　　卹法、保障法之規定。（第三項）政府機關與民間機構人才交流條件、期間、人數、服勤及有關事項之實施辦法，由考試院會同行政院訂之。」

4. 主持　「公務人員特種考試殘障人員考試規則修正草案」審查會。

　　決議：（一）基於民國八十六年四月廿六日公布之「身心障礙者保護法」（原稱殘障福利法）第三十二條規定，將「殘障人員考試」修正為「身心障礙人員考試」。（二）刪除分區錄取、分區分發之規定。（三）決定考試及格人員僅得在同職組各職系間調用。

5. 主持「公教員工因執行職務冒險犯難或執行危險職務致殘廢死亡發給慰問金要點修正草案」審查會。

　　審查意見咸認本案：（一）標題名稱究宜定名為「要點」或「辦法」，（二）發給慰問金之屬性究為常態抑或非常態，及（三）慰問金發給數額標準如高於依相關法律核給之退撫給與，是否合理等節，尚未釐清前，本要點暫不宜修正，爰作成決議：有關本要點之屬性、適用範圍及慰問金發給數額標準等問題，請行政院人事行政局會同銓敘部研議後再修訂。

6. 主持「考試院年度考銓業務國內考察實施計畫修訂條文對照表及考試院第八、九屆考銓業務專題研究出國考察實施計畫、草案條文對照表」審查會。將國內外考察實施計畫予以修正，以符實際。

7. 主持「薦任公務人員晉升簡任官等訓練辦法」草案總說明暨條文案審查會。

　　審查會中經過大家集思廣益研究出的決議、訂正的內容，再經院會通過，即據之執行。所以審查會是重要的決策過程。

參、考銓學術活動及國際會議的參與

考銓學術活動、業務檢討及國際會議，不但使我們有檢討的機會，提出改進的意見，並可聽取專家建議和國外的經驗，以提供相關業務部門參考，讓我確實感到我在第八屆時提出召開國際會議研討會的建議有其意義和價值。六年來參加或主持的會議如下：

1. 參與八十六年六月廿一日舉辦之「文官制度與跨世紀國家發展」系列研討會。

2. 擔任考試院八十六年工作檢討會議考選組召集人。

3. 擔任八十七年一月九日至十日「文官制度與國家發展研討會」，文官甄選與人才培育部分，「民主先進國家文官甄選制度之比較 ── 以英美日三國為例」分組主持人。

   此次研討會主題探討英美日三個國家文官甄選制度，並借重臺大周繼祥教授對民主先進國家文官甄選制度深入的研究，及評論人精闢的評論、參與者提供寶貴意見、委員的精湛建議，使我們了解其他民主先進國家值得我國借鏡參考之制度及措施。

4. 擔任八十八年一月廿五日召開之「公務人力資源發展會議」中，「新千禧年的挑戰：建立有活力及快速回應的公共服務機構」分組主持人。

   本次國際會議邀請外國學者 Dr. Edward Deevy 與會主講，主題為建立有活力及快速回應的公共服務機構。現行組織不論是民間企業或政府部門都需要追求轉型，都必須要改革及再造，而「人」就是企業組織追求轉型的主要動力，Dr. Deevy 多年來一直提倡「有活力的」經營理念，將其理念與同仁分享，受益良多。

5. 擔任考試院八十九年工作檢討會議保訓組召集人。

6. 擔任八十九年一月十日召開之「考選制度學術研討會」，「跨世紀考選政策及方法技術之探討：考選方法技術」分組主持人。本分組主題為「考選方法技術」，研討專題是：（一）國家考試採行心理測驗可行性之研究；（二）強化口試功能之研究。

肆、其他考銓業務

1. 由第八屆開始，我建議人事資訊工作及院內文書與圖書館工作電子化的推展，本院、部、會和人事行政局的資訊單位，相互研究、配合努力克服困難，使之按計畫如期進行，頗值感佩。

2. 擔任考試院暨考選部綜合行政大樓興建委員會委員，對內部及外觀作了些可行的建議，我建議將圖書館留在玉衡樓既可節省經費，又可配合研究工作，確實為上策。

3. 於第九屆考試委員任內，擔任過以下考試的典試委員長：八十六年特種考試警察人員考試、八十六年特種考試臺灣省及福建省基層公務人員考試、八十七年專門職業及技術人員特種考試消防設備人員考試、八十八年特種考試退除役軍人轉任公務人員考試、八十九年關務人員升等考試、九十年公務人員特種考試身心障礙人員考試、九十一年公務人員初等考試。並提出若干試務及事務改進意見，亦蒙考選部即時採納加以改進，除部分考試有些類科錄取不足，頗覺遺憾外，試務工作均順利圓滿完成。

4. 擔任國家文官培訓所主辦公務人員高普考試基礎訓練課程講師，建議訓練課程講義應加以編撰並予審核，

以期培訓內容益臻完善。

5. 除每年參加國內考銓業務考察，聽取各級政府及公營事業對人事制度的意見外，這一屆任內曾經參加八十七年二月考試院葡萄牙、義大利、希臘文官制度考察團出國考察十五日。考察項目為公務人員培訓進修制度、考試制度、俸給制度、福利制度及執（職）業證照制度等主題，所得之結論有：（一）調整俸級結構、（二）改進俸級調整制度、（三）改進年終工作獎金發給方式、（四）建立彈性退休制度、（五）改進警察人員教考用制度、（六）改進培育訓練制度等，供相關業務單位參考。

6. 中風後，對於寫作的速度影響極大，此屆任內只完成了「身心障礙特考之回顧與展望」、「考銓工作的省思」、「考銓工作的歷練、回憶與檢討」等三篇文章，頗覺汗顏。

伍、未完成的心願

為了提昇整體公務人力的素質，使公務人員能配合時代的需求，有效地服公職，達到適才適所的理想。我一向重視教、考、訓、用的配合以及公務員的訓練。前者由本院研究發展委員會委請江明修教授等加以研究，提出短、中、長程建議，確實對本院之政策方向及業務執行有所助益。近程所建議之目標：（一）視工作屬性採用多元考試方法；（二）慎選命題及閱卷委員；（三）可多次舉辦考試，滿足用人機關用人需求；（四）各訓練機構有效的落實訓練計畫；（五）設計及靈活運用多元訓練方法與內容；（六）加強任職後之專業訓練；（七）出任主管及升任官等職務應先接受相關訓練；（八）修正權理規定。中程目標：（一）用人機關與教

育單位建立「建教合作」關係；（二）應考資格設計本於專業要求，以學系為主；（三）建立完整的公務人員訓練進修制度；（四）規劃訓練機構體系；（五）結合民間訓練機構及各大學校，提供訓練進修資源；（六）專業人才的培育；（七）確保文官中立，維持行政的穩定性；（八）建立有效的職前訓練與實習制度；（九）非常任公務人員的導正與縮減。長程目標：（一）設立「公務學程」制度；（二）規劃建立各職系核心工作能力；（三）建立公務人員專業證照任用制度。以上除了近程目標（三）可多次舉辦考試，滿足用人機關用人需求外，大致上都做到，但中、長程目標則尚待努力。

　　在第八屆任內經我的建議和溝通，保訓會得以成立，成立後，發現有研究改進該會的組織與功能之必要，雖然保訓會本身也對此問題加以研究，但意見分歧，毫無結果，於是再委請江欽銘教授等進行研究，至今尚未完成。在這一任內，這二件重大工作不能完成是我深覺遺憾的。

陸、感　念

　　這十二年公務生涯中，最使我深深感念的是大家長　院長、副院長都非常平易近人，毫無官架子這種官場陋習，充分發揮民主精神，切實掌握到合議制的精神。委員們相互尊重，秘書長和副秘書長都能因應時代的變遷，配合同仁的需求，匡襄院長、副院長處理院務。幕僚同仁的敬業與盡責，都是機關裡很難見到的。這種合作無間、坦誠相見、溫馨和樂的情誼，使我們別後還要常相聚。例如退職委員聘為本院顧問，聚會時退休同仁都應邀參加，第八屆考試委員更組織聯誼會，每三、四個月小聚一次敘舊分享喜樂，也是很珍貴的感受。考試院也有豐富的藝文活動，第八屆時趙行方教授

組成玉衡畫社；第九屆趙淑德委員極力提倡國樂、書畫、太
極拳等種種心靈改革的活動，使同仁們能獲得多元的機會，
達到提昇精神生活、休閒品質、健身和終身學習目的，趙委
員的熱心和領導是大家所欽佩和感謝的。

　　院本部、所屬部、會及其所屬單位的同仁們，同心協力
地辦理考試、銓敘、保障、退休、撫卹等工作，掌理任免、
考績、級俸、陞遷和褒獎等法制事項，態度嚴謹認真，高效
率都是公務機關的典範。我一生做事都要求高效率，自我要
求任事嚴謹和認真，在這樣理念相同的環境裡，盡一分心力，
使我感到鼓舞和滿足。

　　考試院的確有傳統的美德，切實地為國掄才，嚴謹地作
公僕的公僕，但不擅宣導，致而外界不了解考銓工作的內涵
和功能，甚至在精簡聲中有廢除考試院之聲，提倡「一元化」
的人事管理，殊不知　孫中山先生締造中華民國，創建五權
政府就是深切了解我國的民族性，必須要有一個超然而客觀
的機構來建立文官制度，使之能客觀地掄才、公正地處理公
務。假如要一元化精簡組織，則人事行政局及其所屬單位就
應併入考試院，可使全國的考銓業務能一致地、完整地益臻
完善。

原載於《考銓季刊》31期，民91年7
月，頁48-53。

身心障礙特考之回顧與展望

摘　要

　　本文說明身心障礙特考的由來與依據、考試規則的訂定與修正、考試的情形、身心障礙人士之類別與應考的資格、各類身心障礙之人員應考之優惠及協助措施，並分析90年度此特考應考人之類別。最後提出有關改善試務的意見。

壹、前　言

　　考試院的職責就是建立和維護文官制度，分別由所屬部會辦理下列事項：考選部以公平、公正、公開之考試來掄才為政府與社會服務；銓敘部掌理全國公務人員人事法制之研擬、公務人員銓敘審定、考績獎懲、保險福利及各機關人事機構之管理事項等；公務人員保障暨培訓委員會掌理全國公務人員保障政策、法規之研擬規劃，並於公務人員之權益遭受侵害時，對其所提之再複審或再申訴案件，加以審議決定，負責公務人員訓練進修政策、法規之研擬規劃、以及公務人員升任官等筆試錄取人員各種訓練事宜；公務人員退休撫卹基金監理委員會負責公務人員退休撫卹基金收支、管理、運用之審議、監督及考核事項等，以期政府運作能達到完善而有效的境界，促進國家發展。考試院各部會也因此努力地配合國家穩定發展而進行相關的措施。身心障礙特考就是一個例子，因應政府對殘障人士照顧的政策及社會環境的變遷，舉辦特考協助殘障者自立、自信、自力更生，參加特考進入公家機關為民服務。本項考試不但是在我國首創，亦是世界創舉，不僅從社會福利政策上考量，也要兼顧文官考試制度之健全與完整性，因此本項考試的舉行，使我國照顧殘障之福利政策，邁向新的里程碑。

貳、身心障礙特考的由來與依據

　　政府重視殘障人士的權利與福利，在民國六十八年中美斷交後，黨國元老谷正綱先生、當時任內政部部長的邱前院長創煥、當時擔任臺灣省政府社會處處長許院長水德，共同召集社會革新工作小組，提議要研訂三項法規：老人福利法、殘障福利法及社會救助法。後經當時擔任內政部長的邱前院長努力推動，於民國六十九年六月完成制定公布殘障福利法。民國七十九年許院長水德在擔任內政部部長任時非常重視此法，認為要落實此法，必須加以修訂，規定殘障者之人格及合法權益，應受尊重與保障，除能證明殘障者無勝任能力，不得以殘障理由，拒絕入學、應考、雇用或予其他不公平之待遇；並明確規定各機關應按比例進用殘障人員，且有強制性的規定，凡不按比例進用或進用不足額者，應繳納差額補助費。民國八十二年邱院長擔任考試院院長時，責成考選部積極規劃辦理殘障特考，並且修訂考試法，送請立法院審議，經過時任立法委員的陳總統水扁和多位立法委員的支持，將公務人員考試法第三條第二項增列殘障考試之規定，以照顧殘障者就業權益，並於八十五年一月十七日修正公布，使殘障特考有更明確的法源據之辦理。

　　民國八十六年四月公布「身心障礙者保護法」，以「身心障礙者」取代「殘障者」，一則要突顯「障礙」可以是來自個人生理或心理因素，也可能是來自社會環境設計的不良及限制；再則是要擴大殘障福利法的適用範圍，讓一些確實有醫療、教育、就業、福利等需求的人，可以納入被照顧的範圍內。因殘障福利法已改為身心障礙者保護法，考試院亦於八十七年十月檢討此項考試規則，配合該法改名稱為身心障礙人員考試，並以身心障礙者保護法第三十二條為法源。

參、身心障礙人員考試規則之訂定與修正

　　考選部經常研究改進考試相關事項，身心障礙特考的考試規則更是按照用人機關的需求或因應當時情況作以下的修正：

1. 八十五年訂定條文第三條：本項考試採集中報名，分區考試、分區錄取、分區分發方式辦理；八十六年九月修訂增訂第二項：本考試榜示後，原錄取分發區提報缺額之用人機關已改制或裁併者，其正額錄取人員得改分發至其他錄取分發區，以維護應考人之權益。

2. 八十七年十月配合身心障礙者保護法第三十二條規定，修訂考試規則名稱，並修正第一條增訂身心障礙保護法第三十二條為法源，以茲周全。

3. 本規則第八條，有關體格檢查規定文字及「身心障礙等級」中度視覺障礙所設標準規定，將「中度以上視覺障礙（含全盲）」修正為「兩眼矯正視力優眼未達○‧一（含全盲）」，以期明確。

4. 配合分區錄取規定之刪除，以及於八十六年七月訂定發布「公務人員考試錄取人員訓練辦法」，修正本法第九條條文有關錄取人員分配訓練之規定與辦理訓練事宜。

5. 八十九年九月配合公務人員高等考試三級考試、普通考試實施分試，類科及應試科目表名稱修正，修訂第四條條文為：本考試二、五等考試之類科及應試科目，分別依照公務人員高等考試二級考試及初等考試類科及應試科目表之規定辦理；三、四等考試類科及應試專業科目，分別依照公務人員高等考試三級考試及普通考試分試考試類科及應試科目表第二試應試科目（國文除外）之規定辦理。三等考試應試普通科目

為國文（論文、公文與閱讀測驗）、中華民國憲法，四等考試應試普通科目為國文（論文、公文與閱讀測驗）、中華民國憲法概要、本國歷史與地理概要。前項考試類科仍須配合任用需要予以設置。

肆、歷次考試情形

第一次殘障人員考試是在八十五年七月廿八日至三十日舉辦，由考試院毛副院長高文擔任典試委員長，有七、三九八人報考，到考五、八九七人，錄取四七四人，錄取率為百分之八‧〇四。

第二次身心障礙人員考試是在八十八年五月七日至九日舉行，由考試委員吳泰成擔任典試委員長，有三、五三五人報考，到考二、七五〇人，錄取一二八人，錄取率為百分之四‧六五。

第三次身心障礙人員考試，因考選部劉部長初枝十分關切殘障人士的權益，主動於第二二六次院會（九十年三月廿七日）向院會提案，經決議訂於九十年八月四日至六日分別在臺北、臺中、高雄三個考區舉行。第二三一次院會（九十年五月十日）決議由鼎鍾擔任典試委員長。共計報名人數四、四一二人，到考三、二七三人，到考率百分之七四‧一八，錄取一〇六人，錄取率為百分之三‧二四。在各科別需用名額及報名人數的統計資料中，較值得注意的是：用人機關提報三等考試公職醫師之需用名額是四一人，實際報考者僅有三人，又因成績未達五十分之最低錄取標準，而無人錄取，深感遺憾。

伍、身心障礙人員之類別及應考資格

身心障礙者保護法中所稱身心障礙者，係指個人因生理

或心理因素致其參與社會及從事生產活動功能受到限制或無法發揮，經鑑定符合中央衛生主管機關所定之下列障礙並領有身心障礙手冊者為範圍：一、視覺障礙者。二、聽覺機能障礙者。三、平衡機能障礙者。四、聲音機能或語言機能障礙者。五、肢體障礙者。六、智能障礙者。七、重要器官失去功能者。八、顏面損傷者。九、植物人。十、痴呆症者。十一、自閉症者。十二、慢性精神病患者。十三、多重障礙者。十四、其他經中央衛生主管機關認定之障礙者。

　　依照考試院民國八十九年九月七日修正發布的公務人員特種考試身心障礙人員考試規則規定，中華民國國民領有各級政府核發的身心障礙手冊或殘障手冊，年齡在十八歲以上，五十五歲以下，具有公務人員高等考試三級考試（專科以上學校相當科系畢業者）、普通考試（高中職畢業者）分試考試應考資格表所列資格者，得分別報考三、四等考試，五等考試則不限報考學歷。

陸、九十年度身心障礙特考應考人之類別分析

　　九十年本項考試三等考試共設十類科，四等考試共設十一類科，五等考試共設七類科，總計廿八個類科，考試科目共有一二二個。本項考試報考人數共有四、四一二人，包括視覺障礙一六二人；聽覺或平衡機能障礙四五九人；聲音或語言機能障礙七十一人；肢體障礙二、八三八人；智能障礙二十三人；重要器官失去功能二五二人；顏面傷殘三十八人；自閉症五人；癡呆症一人；染色體異常九人；先天代謝異常六人；其他先天缺陷八人；多重障礙三〇七人；慢性精神病二三三人。因應考人類別眾多，申請特別試場的人數亦達一、八二七人，約佔報名人數的百分之四一‧四一。其中較特殊的包括：腦性麻痺身體協調性不佳書寫試卷困難，須使用電

腦作答者，共有四〇人。其他申請優惠措施之應考人，還包括視覺障礙一三一人，上肢肢體障礙者三三三人（含以腳持筆及以腳按電腦作答者各一人），下肢行動不便者九三三人，聽覺障礙者三九〇人（其中矯正後優耳聽力損失逾九十分貝以上者一三九人）。這次考試特別開放給全聾應考人報考，是因為有部分用人機關提出適合矯正後優耳聽力損失逾九十分貝以上者擔任的六個職缺，包括中央健保局提供的資訊科一人、桃園啟智學校園藝科一人、海洋生物博物館資訊處理一人、國科會一般行政一人、澎湖縣政府一般行政一人、澎湖縣稅捐處稅務行政一人。此外，經過考選部與分發機關及用人機關確認結果，本項考試尚無適合矯正後優眼視力未達〇‧一者擔任的職務，因此不開放給全盲應考人報考，可見考選部對用人機關意見的尊重。

柒、各類身心障礙人員應考之優惠及協助措施

　　考選部為了服務身心障礙應考人，每一試區均安排有專任服務員或童子軍，及熟諳手語的老師，負責協助應考人，同時也設置醫護人員，包括醫師、護士、精神科專業人員及救護車，儘可能全力協助障礙情況各異的每一位應考人，依試場種類提供下列協助措施：

1. 輪椅試場：盡量安排於一樓試場，提供適當高度、寬度桌面及較寬敞之教室應試。部分應考人要求提供輪椅者，由試務處商借輪椅供其使用。
2. 下肢肢體障礙，行動不便之試場：試場盡量安排於低層樓，各試場人數並斟酌減少，以利其行動。
3. 上肢障礙，致書寫試卷困難之試場：依規定延長每節考試作答時間二十分鐘，提供放大兩倍之測驗式試卡。

4. 視覺障礙致閱讀試卷困難之試場：依規定延長每節考試作答時間二十分鐘，提供放大兩倍之試題及測驗式試卡及輔助照明設備與放大鏡。

5. 腦性麻痺，身體協調性不佳致書寫困難，須使用電腦作答之試場：除提供電腦及磁片輔助其作答外，並依規定延長每節考試作答時間二十分鐘。

6. 聽覺障礙試場：安排諳手語或口語（唇語）溝通之監場人員及服務人員監考及服務。注意事項以大字報方式表示，每節考試上、下場以有顏色之警示燈號代替鐘聲，試場並準備便條紙，俾便溝通。

7. 多重障礙者試場：以身體其他部位執（銜）筆作答者，提供特殊作答桌椅及未畫線條之試卷（頁數並予增加）。

8. 租用殘障專用廁所、設置活動坡道。

9. 其他服務措施：為避免應考人因行動不便延誤上場時間，本項考試准應考人在每節考試開始後十五分鐘內均得入場；部分應考人或因身高較矮或因脊椎彎曲，提出椅墊之需求，均另準備椅墊；提供特殊性應試輔助設施，如為全盲應考人提供盲人點字機，每節考試鈴響前，監場人員會協助應考人將書籍及參考資料置於教室前後，下場時除了到應考人座位收卷外，並協助應考人取回書籍及參考資料等。

　　參加其他各種國家考試的身心障礙人員，亦可依照以上的規定享受優惠措施。

捌、結　語

　　身心障礙特考在眾人關心下，辦理了三次考試，共錄取七○八人。這個特考是所有國家考試中，試務最繁瑣而複雜

的一項考試，同一類科考試，因應考人殘障程度不同而有考試時間不同之情形，因為每一類科報考人並不多，必須有好幾個類科在同一考場舉行，每一個考場要準備不同的試卷，裝封工作必須要特別仔細小心。這次特考共勞動了七十九位典試委員、一八五位命題委員、八十二位閱卷委員。考選部辦理試務之同仁臨時自北、中、南三區約聘來協助之人員高達六一四人，本次考試應考人繳交之報名費計三三二萬餘元，支出的各項事務費用估計高達七〇〇餘萬元，由報院請辦考試到放榜共歷時一八〇日，可謂是付出人力、物力最高的考試，同仁們所費心力的確很大，但成績斐然，足以告慰的是只有一個試題疑義，整個考試幾達零缺點。我要特別對參與此次特考試務的典試、命題、閱卷、審題委員及工作同仁，表示最深的敬意和謝意。

考試期間長官們都非常重視這個考試，陳總統親赴國家考場慰問陪考的家屬和考畢的考生，並指示要盡量查缺，增加錄取率及考試的頻率。

許院長在兩天考試期間親臨考場督導試務，並指示人事行政局調查各機關任用身心障礙人士之實際情形，及罰金實際收支情形，以期落實對殘障人員服公職之權益。院長也擬開拓盲人工作的途徑，建議醫療主管單位或教育機構提供按摩訓練，再經過嚴格的國家考試，取得專技人員身分服務大眾。

另外，馬監察委員以工在監試時亦提出改善試務的意見：按公務人員任用法規定嚴重心理障礙者，不能參與考試，但身心障礙人員考試則規定輕度精神病患者可報考，究竟該用何種標準來衡量精神病患的報考資格？這是考選部宜加以探討研究的重要項目，以免任用法和身心障礙人員考試規則有不一致之處而引起質疑。

　　考選部一向勤於考試政策及作業方式方面的研究改革，想來他們都會認真研究以上意見，使考試可以達到更完善的階段。

　　殘障團體時常呼籲增加殘障人員考試頻率和錄取人數，但是考選部所舉辦的公務人員高、普考試、部分專技考試、基層特考、初等考試，假如用人機關沒有特別限制，身心障礙者都是可以報考的。所以殘障人員在專門職業方面和公務機關服務方面，有很多的機會，但是需要應考人自己去把握。我身為殘障人，深深體驗到自助、自立、免除自卑感、努力奮鬥、克服困難，去完成應做的工作態度是必要的，我願意把這個體認和殘障朋友共勉之，也預期考選部在下次考試前將各種建議研究完畢，使身心障礙人員特考益臻健全。

原載於《考選周刊》835期，民90年11月1日，第3版；《考選周刊》836期，民90年11月8日，第3版。

八十四年度考試院考察日加美地方文官制度簡報

　　本院八十四年度日加美地方文官制度考察團，成員包括張委員定成、郭委員俊次、余委員傳韜、曹委員伯一、王委員執明、譚委員天錫、何委員世延、本人及歐副局長育誠、陳科長坤炎、蕭科長智遠、宋專員光景。於本（八十四）年三月十五日至二十九日前往日本東京都、加拿大卑詩省及溫哥華市、美國洛杉磯市及舊金山市等地考察地方人事行政制度。我國邁入政黨政治時代，正實行地方自治，人事制度及運作受到衝擊，如何調適實在是一值得探討的課題。所以此次考察以行政中立、公務員培訓及保障制度為考察重點；除參訪相關人事機構及訓練機構外，並與相關人員及公共行政學術界舉行八次座談，蒐集資料甚多，收穫豐碩。現已完成考察報告，共提出有關法制、組織編制、考試、任用、保障、訓練進修、考績、待遇、退休撫卹等十類計三十四項建議。茲綜合各項建議記敘如下：

壹、法制方面

1. 建議儘速制定公務員基準法，明確規範公務員權利及義務。
2. 建議加強與立法院聯繫，儘速審議已送請該院審議之行政中立法、公務人員保障法、公務人員進修法、公務人員陞遷法等等。
3. 建議儘速研訂公務人員訓練法。
4. 建議研究制訂政治獻金法或政治捐獻法之可行性。

貳、組織編制方面

1. 建議積極協調立法院早日審議公務人員保障暨培訓委員會和公務人員發展中心的組織條例，並儘速成立國家文官學院。

2. 除了精減員額，遇缺不補外，建議研究獎勵措施，落實員額精簡政策。

參、考試方面：

1. 建議研究以下各項措施或制度：
   (1) 升等考試採年資增加分數之措施；
   (2) 高考一級考試施行口試；
   (3) 基層特考考取者僅給予地方機關公務員資格。

2. 建議儘速確定高科技及稀少性職務之範圍，據之研究高科技及稀少性人才之甄試方式。

肆、任用方面

1. 建議我國公務員陞遷考核宜注重本機關服務年資及績效，並以內升為原則。

2. 建議逐步將機關部分人事任免權移交常務副首長掌理，建立文官長制度。

3. 建議各機關按照殘障福利法各機關進用殘障人員規定，保留一定比例，供將來殘障特考分發之用。

伍、保障方面

1. 建議儘早規劃更有效之申訴制度，尤其對於免職處分案，主動訪察或邀當事人與機關代表當面了解。

2. 建議研議規範、以確保女性公務員不致受到騷擾。

3. 建議正視以職系組織協會之可行性。

陸、訓練進修方面

1. 建議儘速進行訓練整體性之規劃，並促請各機關主管重視訓練工作。
2. 建議加強公務員之法制教育、科際整合訓練、危機處理訓練。
3. 建議在實行地方自治之際，有系統地調訓地方機關中上層級幹部。

柒、考績方面

建議研究更有效之考核方式，並建議參考日本公務員按年資晉敘之辦法。

捌、待遇福利方面

1. 建議參考日加美調整待遇之作業程序。
2. 建議研究產假之時段及協助公務員理財等方式。
3. 建議參考美日加公務員工作五日之措施，作適當之調整。

玖、退休撫卹方面

1. 建議研究日本之退職津貼及退職年金兩種制度並行之制度在我國之可行性。
2. 建議早日全面實施我國公務員退撫新制。
3. 建議將退休撫卹基金貸款給公務員作有效運用。

拾、其　他

駐外單位人手不足，建議增加員額，及建議「擬訂不考

三民主義之說帖」一事，因係考察時所獲之反應，雖後者已經考選部處理，仍將此建議列入報告，作為記錄。以上的建議，有的已經辦理，只是再次提醒，有的是建議參考研究，作為本院訂定相關考銓政策及相關法案施行細則之參據，亦可送立法院作審議相關法案之參考。

　　考察期中各委員、隨行同仁及歐副局長擔任本團秘書長備極辛勞，亦承秘書處、部、局及其他相關單位鼎力協助，亦藉此再申誠摯謝意。

　　　　　　　　　原載於《考選周刊》517期，民84年8月5日，第2版。

譯　　述　　篇

廿五年來學術圖書館建築之規劃

David Kaser 著*　張鼎鍾譯

　　模矩型**（modular）圖書館建築之觀念始自第二次世界大戰之後。這種規劃於斯時引進美國圖書館界後，到一九六〇年代已經完全被接受了。初期的模矩型建築設計相當簡單而樸實，增進了圖書館業務的效率。有人認為早期的模矩型建築過份地平凡；因此在過去廿五年中，有人用中庭，燈光調節，特殊效果，或非凡的形狀來減少早期不經裝飾模矩型建築的平淡狀。以外表裝飾來增加建築美觀常已妨礙到圖書館的優良服務。各大學應特別注意這一點，必須要讓建築師了解圖書館功能的重要性及外表美觀之次要性。

　　過去廿五年中所建築的學術圖書館比歷史上任何一個時期的圖書館都多。照理說，這一段時期所造的圖書館應比早期的建築物更好。事實上，很多圖書館員都懷疑這個假設。本文將檢討圖書館設計的發展，指出強弱點，並就此重要課題提出問題並闡述未來發展方向。

壹、古典型模矩式建築

　　一九六〇年代時，簡單的模矩式設計已取代了廿世紀前半期美國學術圖書館所用的「固定功能」規劃式。明顯地有下列幾個優點：(1)第二次世界大戰後，圖書館的服務觀重視讀者可以直接地在開架式書架上自由取用圖書；(2)圖書館的服務觀重視「時間」及「流通」的有效運用；(3)特別重視「彈性」。

　　圖書館的讀者不再侷限在很寬敞而無法承擔圖書重量的大閱覽室之中。圖書館員可以在很樸實的建築中與其他的人

建立關係，一度以往大宮廷式館舍以藏書為唯一功能，現在圖書館內的室內設計以隨心所欲而又便宜地重新安排及另作調整。因此模矩型學術圖書館之可以很快地被圖書館界所接受可謂是不足為奇之舉。

一九三〇年代中期，建築師及書架設計人麥當奴（Snead MacDonald）首創模矩型建築觀念，但是並沒有被完全接納，滯遲了十年的原因有二：一是因為「保守派」的抵制；二是因為經濟不景氣；再一方面當然是第二次大戰的影響[1]。愛俄華大學（Iowa University）圖書館長艾爾華斯（Ralph Ellsworth）是最起勁的鼓吹者，模矩式的設計到第二次世界大戰後開始用得比較頻繁。首先使用的是西蒙斯學院（Hardin-Simons College）（一九四七年），普林斯頓大學（Princeton University），北達柯達州立大學（North Dakota University）（一九五〇年）及愛俄華大學（Iowa University）（一九五一年）[2]。一九五〇年代，我們看到一些改善，到一九六〇年代，模矩式學術圖書館建築已達完善的階段。

因為設計簡單而嚴肅，加上恪遵蘇羅門（Louis Sullivan）的理論：（一）建築的形狀應隨「功能」而定；（二）重視建築結構的經濟性。一般保守主義人士也發覺他們專業及美觀的信念都包含在早期的模矩式建築中。這些建築包括路易斯安那州立大學（Louisana State University）、一九五八年建築的柯格大學（Colgate University）、柏翰楊大學（Brigham Young University）和聖路易大學（St. Louis University）。

但是，有些人認為這一批早期的模矩式圖書館建築缺乏視覺的趣味。過份地有規律，長方形狀往往使人覺得很平淡乏味，而切望有所變化。有人說他們很醜，看起來就像個盒子。雖然盒子是圖書館可以發揮功能的保證，長方形就是圖書館的模矩，因為每個圖書館的建築必須要裝千千萬萬冊長

方形的圖書。可是有人逐漸感覺到這個「盒子」必須裝飾得稍有變化，使之不致過份像個「盒子」。

今天要確定在什麼地方開始發起這個「裝飾盒子」的運動是相當困難的。圖書館員本身並不想裝飾這個「盒子」。當時，圖書館員還相當了解保留這個「盒子」形狀的優點，十分想繼續維持這種形狀。我們很容易去做個假設的說法，那就是捐款建館舍的人是最先要比「盒子」多一點裝飾的建築。當然，有些情形是因為這些建築常以捐款人的名字為名，用來紀念捐款人，這些捐款人可能不喜歡長方盒子；也可能是大學校長或董事們希望要所建築物比盒子要來得堂皇一點的圖書館。很多大學行政人員希望他們的圖書館是圖書館，也是個象徵和形象用以代表期望中或實際的大學特色。

貳、質之衰落及浪漫派模矩型

由於上述兩種期望，大學圖書館的「質」就此開始逐漸下降。圖書館建築的形狀不再受簡單而直率的功能所主宰。這時期的圖書館有二個功能：（一）圖書館；（二）代表性。誠如一僕不能待兩主，圖書館的外型無法同時達成上述的兩個功能。

一九五〇年代，很多建築師都以他們所設計的長方形盒子為榮。但到一九六〇年代，他們為迎合雇主的意思而開始放棄「盒子」的觀念，走向複雜的型態。此後建築亦逐漸離「簡單」格調而他去。

根據藝術史學家的說法，一九六〇年代學術圖書館由古典主義很快地傳到「浪漫派」。浪漫派則有奇型、異質、學術氣氛、偏重藝術、講究效果，返回到自然，反對拘束和教條。在後來的二〇年內，「浪漫主義」的影響充沛在各建築物設計上。因為這些浪漫派的因素，模矩式的建築開始不受

歡迎，圖書館建築費用也因此增加。複雜狀方盒子的建築是比單純的方盒子要昂貴些。

很奇怪的現象是模矩型發展到高峰時，浪漫主義開始盛行，兩種不同的型態會在同一座建築物上出現。早在一九五〇年開始設計，而於一九六〇年間問世的聖路易市的華盛頓大學（Washington University）被大家譽為模矩型館舍中最成功的一個例子。這所五層樓方型結構的進口是在第三層的正中央，可最有效率地使用圖書館的各種地區，方方正正的分割，剛好與圖書館模矩性的設備相吻合，低的天花板，圖書館的空調和燈光的處理都是一致的；館內活動區的分布完全以功能來決定。這些素質使艾爾華斯稱為「最佳者」[3]，很少有人不同意這個評價。

但是華盛頓大學優良的模矩型圖書館也是第一次顯示出變化的建築。在設計時，加上兩個特色以求圖書館的外表不致於過份像個盒子。此兩設計增加了建築費，其中之一多多少少也危及功能。設計之一是在第二層的週圍加建了一個寬陽台，另一個設計的特徵是在館舍的一角加建了一個庭院。據說陽臺的作用是為了遮住底層所用的玻璃。藉之使此建築看起來在校園中央突出，而減少其笨重感。庭院則旨在把自然光帶進主樓梯、指定參考書室和善本書室。實際上，環繞整個圖書館一週寬達廿七尺的陽台並不是需要的。圖書館裡面的人工採光相當完善，並不需要自然採光。多餘的天井或庭院犧牲了圖書館活動所需要的空間，尤其是在第一層，更阻礙了功能的發揮。但是這兩個特色也相當可愛，他們的確減輕了方盒子建築的單調氣氛。

一九六〇年早期時，並不是所有的學術圖書館建築設計師都去設計浪漫派富情緒性的風格。在這個時代裡所建築的館舍也有因為他們恪遵「功能主義」，而獲得美國

圖書館協會所頒發的優良獎，為南卡羅來納大學（South Carolina University）在一九六○年完成的館舍，一九六三年納非耶學院（Lafayette College），一九六四年的邁亞密大學（University of Miami）及田納西州孟非市納蒙學院（Lemoyne College）。雖然這些館舍和其他館舍一樣都有些功能上的問題，但在原則上還是保持了模矩型。這些建築雖然是方型或長方型，但也都顯示出設計上所受的限制。可是過了幾年後，新設計的學術圖書館建築就逐漸減少方型或長方型。

參、問題所在

　　以後這幾年，有些什麼問題逐漸在美國圖書館建築上出現呢？很少有新問題，都是難以控制的老問題。這些問題早在一九六○年麥克夫（Keyes Metcalf）撰寫其大作《學術及研究圖書館規劃》一書時已很明顯了。他列舉了下列問題：（一）不規則的形狀；（二）室內或室外天井；（三）龐大及富紀念性的建築；（四）玻璃太多或太少[4]。他就過去二個世紀所造的學術圖書館中所顯示出上述四種瑕疵作一檢討。

一、不規則的形狀

　　簡單的方型或長型的館舍可以把入口開在寬的那一面的正當中，在圖書館中央那一層開大門是最經濟也是利用圖書館進行活動最好的方法。這樣可以減少那些需要裝飾的外牆空間。當然有時因為無法補救的地形缺陷而左右了設計。但是很多情形是因為要獲得一點特殊美觀效果，而放棄這種建築及活動的經濟性的考慮，更多的情形是因為要想使一個方盒子看起來不像方盒子。

　　有些不規則形狀的圖書館的館舍是圓形的，圓形的圖書館並不是圖書館的新形狀。早在羅馬時代就建築過半圓

形的圖書館，第一個完成的圓形圖書館是一七四九年加麥那（Radcliffe Camera）在牛津大學裡造的一所圖書館，以後又造了好幾所。這種圖書館裡的書架和傢俱較浪費空間的使用；例如書架作扇形安排時，向外伸展，就會浪費空間。每個書架之間至少要留三十英吋的空間，供人行走。當書架由中央向外延伸時，愈長，愈浪費空間，因此效率減少且增加建築費用。營造廠建造九十度直角的房子所花的費用較曲線形的建築費要低得多。

　　雖然圓形圖書館不夠效率，但是經常還是在造，一九六三年聖體大學（University of Corpus Christi）、一九六六年加博學院（Chabot College）、一九六七年聖彼德學院（St. Peter's College）及一九六八年聖邁可學院（St. Michael's College）都造了圓型的圖書館。同年有一位建築師在威爾斯學院（Wells College）試驗放射型書架，並不太成功；一年以後西北大學（North Western University）又開始設計三個圓形書庫，也發現到一些缺點。其他的機構也建築了半弧形的館舍，如一九六七年在內華達南方大學（Nevada Southern University）及烏士特科技學院（Worcester Polytechnic Institute）。有些建築師在設法掩飾長方形盒子，有些又設法修正圓形以隱藏「圓形帽盒」狀，因此一九六七年瑪利屋學院（Marywood College）開了一個齒輪形的圖書館，烏士特州立大學（Worcester State College）在一九七〇年造了一個棘齒輪形（ratcher-shaped）的建築物。

　　有些機構雖然避免長方型，但也選擇了直線型。一九六六年歐羅茲大學（Oral Roberts University）造了一所六邊圖書館。一九五九年德瑞塞大學（Drexel University）、一九六九年瑪利蒙學院（Marymount College）造了一個八角形的圖書館；一九六九年偉德納學院（Widener College）、一九七三年多倫多大學（Toronto University）、一九七六年杉格盟州立大

學（Sangamon State University）則造了一個三角形的圖書館；
一九七八年德州大學（University of Texas）造了平行四邊形的
館舍；一九七八年西伊利諾大學（Western Illinois University）
造了一所風車形圖書館，上一層與下一層成四十五度直角。
一九七〇年代，芝加哥大學圖書館（University of Chicago）
雖然保持了一個長方形的性質，仍屬置「簡單」於不顧。一
九七〇年加州大學聖地牙哥校區（University of California/San
Diego）的圖書館就是採用一個磨菇雲的形狀。還有其他的
圖書館如威爾斯學院圖書館（Wells College）就看不出什麼
可以辨認的形狀，正如艾爾華斯所謂「慢慢往山下加庫甲湖
（Cayuga Lake）邊逐漸消失[5]。」

二、內外天井

　　過去沒有新式採光和空氣調節時，必須利用內外天井的
採光使大建築的中央部分可以使用。在一九六〇年代早期，
中庭和天井採光是人類所知最古老的優良建築物。自紀元前
開始，這種建築在圖書館界發生很大效率。中庭及高窗採光
都是經一六九〇年劍橋聖三學院（Trinity College, Cambridge）
溫潤博士（Sir Christopher Wren）引進，在十八和十九世紀圖
書館建築上的主要標準特色。

　　到第二次世界大戰結束時，人工採光、通風設備及冷氣
系統都可以最低廉的價格獲得。自那時開始，天井和中庭、
高天花板就不再因功能而使用了。既然不再需要他們，他們
所造成的「無效率」也就很明顯了。使用天井有四種不易解
決的問題：第一是因為加大建築而增加建築費，外牆加大，
也必須加以修飾外牆；第二是因為內部龐大，無利用價值的
空間需要冬暖夏涼而花的維護費；第三是他們阻礙了圖書館
直接和有效率的動線及流通，他們所佔用的位置可以派更好

的用場；第四是噪音以直線式地傳播，而對隔音環境有所危害，讀者常因此受到干擾。高天花板及中庭下的中間較難利用人工採光，館舍利用的彈性也因此減低。當然室外的天井只有部分上述的問題，但是仍屬值得考慮。

由於以上種種原因，一九六〇年以前的模矩式建築很少用中庭。雖然那時以前偶而也有中層樓和高天花板的出現，大都受了固定功能的影響，特別是法律圖書館仍喜用中層樓，有時一般學術圖書館也有中層樓。一九四九年哈佛大學納蒙圖書館（Lamont College）、一九五五年喬治亞技術學院圖書館（Georgia Institute of Technology）、聖路易斯大學圖書館（St. Louis University Library）、一九六二年科羅拉多學院圖書館（Colorado College Library）可算是最早使用中層樓模矩式的圖書館。這早期的中庭大都在進口處，如一九五五年的南伊利諾大學（Southern Illinois University）和一九六六年克寧摩遜大學（Clemension University）。

雖然中庭和天井有功能上的缺陷，但是過去二世紀中，他們使用得相當廣泛。自從一九六九年亞特蘭大市（Atlanta）海牙德旅館（Hyatt Hotel）的豪華堂皇中庭出現後，所有圖書館都開始在正當中開個洞。原因是大家以為這種建築適用於旅館業，也一定對圖書館業務是好的。天井不但逐漸流行，逐漸增加了體積。一九六三年貝特勒大學（Butler University）和一九六八年普拉佛登斯學院（Providence College）的中庭較小而一九六六年康德偉醫學圖書館（Countway Medical Library）、史丹佛大學部圖書館（Stanford University）及一九七二年的華盛頓大學圖書館則越開越高，也越來越大。

中庭（內天井）越來越大的趨勢總是要有停止的一天，此舉與一九七〇年紐約大學圖書館（New York University）開幕的那一天同時發生。華盛頓廣場的紐約大學從進口處有

一萬尺的空間，一直往上十二層都是空的。這座建築物有二種反常的情況：將近一世紀美國圖書館最大的內天井是在巴特摩爾（Baltimore）一八七八年的畢保德圖書館（Peabody Library），這個建築因為它的巨大，表示出早期圖書館走廊建築的風格。第二個反常的情況是從外面看來紐約大學的圖書館是毫無折扣的方盒子形狀。

　　也在這個時候，圖書館中庭的缺點開始明顯化，矯正的工作所受到的阻力也少些。首先在體積上縮小，一九六七年猶他大學（University of Utah）及一九八四年李海大學（Lehigh University）在中庭上加玻璃，以減少聲的傳播。過了十年後史丹佛大學也爭取到經費在中庭處加玻璃以減低音量。有些新的圖書館為了減少噪音的問題，在每層樓增加一些設備，如西伊利諾大學。也有的圖書館是在最下一層造一個噴水池，有人稱其為聲音掩飾物。戴他州立大學（Delta State College）、威士連大學（Wesleyan University）圖書館和貝特勒大學（Butler University）都試了，但並不成功。

　　學術圖書館的天井和高天花板雖然都有不理想的經驗，但是仍舊不斷地在造。一九七〇年芝加哥大學（University of Chicago）圖書館、一九六八年克拉克大學（Clark University）、一九七二年翰墨頓學院（Hamilton College）以及聖母大學的聖瑪琍學院只是在過去二〇年中，美國所建築的圖書館的一部分，他們多多少少都受到上述天井及中庭四種問題所影響。

三、巨大壯觀

　　在文藝復興以前的四千多年前，圖書館大部是提供寺廟或宮廷使用，因此他們都被置放在堂皇壯觀的建築物中，以符合它們的地位。甚至在美國流行到一八八〇年有凹進去書

廊的圖書館都是直接沿用大教室建築款式，包括本堂，走道上和半圓型的凸出部分。既然圖書館建築富宮殿式之傳統，一九一〇年到一九四〇年之間所建固定的功能的圖書館仍舊沿用壯觀性為基本要素就不足為奇了。

圖書館建築的豪華壯觀性可以好幾種方式表示出來。通常凡是任何建築在體積和費用上超出功能所要求的範圍就是豪華壯觀。所以本文在前面所討論到「不規則的形狀」和天井都可分類為壯觀類。在圖書館裡面過於寬敞的進口、提升的玄關、昂貴的建築材料、堂皇的樓梯和特意製作受人注目的飾物都可以形成豪華壯觀的因素。

高的屋頂經常被視為豪華，很多情形下，這是真實的，但在這世紀的前幾十年，這是設計優良功能圖書館必要的要素。那幾年代中，七呎半的鐵書架由地面一層層地疊上去，多層的書架必定使其他空間上面的天花板較高，尤其是閱覽室的天花板一定很高。大窗子可以補充燈光的不足，在沒有冷氣的情況下，它可以用來排除逐漸累積起來的熱氣。

但是過去這三十年的模矩型建築可用新式燈光設備和空氣調節，無需任何地面到天花板超過八呎二吋的高度。圖書館的設計可以不再繼續維持其宮殿式的傳統，而可以發展圖書館的實用性，使之符合它對人人平等現代社會應負的責任。但是有時中庭所呈現的高屋頂仍舊繼續生存著。我們可以看見的例子有一九六六年的聖約翰大學圖書館及一九八二年的柯格大學（Colgate）圖書館，那兩所圖書館的高屋頂完全是為美觀而不是為功能的關係。高屋頂和中庭必須要很大的外牆來封住館舍，他們會產生音響、照明和空氣調節等問題，這些問題都是今日的圖書館利用者所不須忍受的。

其他的一些壯觀的情形自從用了模矩型以後就開始減少了，紐約大學圖書館利用較軟並可防噪音的圖書館建築材料

來取代虛飾、昂貴和有回音的大理石。彎曲的樓梯常常很吸引人，並有豪華感，但是也常常會引起頭暈，而終會被建築法規所淘汰。可是它們仍舊為圖書館繼續在用，如一九六三年的亞代分學院（Adelphi College），一九六八年的史加瑞學院（Scarritt College），一九六九年費斯克大學（Fisk University）和一九七〇年的羅沙利學院（Rosary College）。

其他設法獲得壯觀效果是，過去廿年來有些圖書館因此而放棄了圖書館員所欣賞的模矩式的彈性，而返回到早期受固定功能所侷限的式樣上去，例如一九六八年的克拉克大學（Clark University）。一九八七年的聖瑪利學院圖書館在書庫裡的天花板很低，但在其他地區的天花板則很高，既有天井又有固定功能的照明設備，改變佈置很不容易。阻礙未來彈性最深者是很多建築物都放棄了模矩式天花板照明設備的原則，例如一九六八年威爾斯學院和一九八一年印第安那大學商學院都是想用燈光來裝飾、點綴而不為圖書館的目的來使用燈光，這些照明設備因為改裝費用昂貴完全無法修正。有些圖書館失去彈性是因為他們缺乏地面負荷量，有些地區就沒有辦法改成書庫，例如一九七六年杉格盟州立大學圖書館利用懸臂（Cantilevered）建築原理所增建的樓上幾層的館舍。

四、玻璃過多或過少

廿年前麥克夫所報告之問題中，只有一個是抑止住了，那就是用燈的過多或過少。直接的太陽光對閱讀方面是不好的，但是間接的自然採光只可以在圖書館開放的一半時間內供閱覽用。雖然我們到目前才確定陽光對書籍傷害性，但我們早就知道陽光可使書皮的顏色變白。因為這些原因，除了北面，圖書館員一向避免在任何其他方向的牆上開窗子。

　　在新式日光燈問世之前，圖書館多依靠自然採光，很多古老固定功能建築物的開窗法也帶入早期的模矩式圖書館。加以玻璃變成一種新發展出來的建材受到異常的歡迎。雖然有些建築物可以用很多玻璃，但是對圖書館館舍而言，這造成了些很嚴重的問題。在這個時期因使用過多的玻璃而面臨嚴重問題的圖書館有一九五九年造的格瑞勒學院圖書館（Grinnell College）。貝特勒大學圖書館（一九六三）、克萊弗學院（一九六七）及加州大學聖地牙哥校區圖書館（一九七〇）。

　　一九五〇年代及六〇年代初期過份地使用玻璃帶來了一點反對的情緒，結果有的圖書館的窗子開得很少，有的根本不開窗子。趨向時尚，一九六五年代所造的館舍，將像面臨兩種決定：不是完全用玻璃就是完全不用玻璃。這段時期內建築圖書館窗子過份少的是歐羅茲大學圖書館（Oral Roberts University 1966），羅傑斯特技術學院圖書館（Rochester Institute of Technology 1967）及印第安那大學圖書館（一九六八年）。這種情形是在麥克夫批評圖書館誤用玻璃時盛行。

　　自那個時候開始，大致說來圖書館利用玻璃方面的決定比較明智。但到一九七〇年代中期，玻璃鏡子被引入來造圖書館外牆，這又掀起一段玻璃鏡子使用過多的情形。例如一九七六年的本立狄學院圖書館（Benedict College Library）是用玻璃鏡子造的；原來瓦薩學院圖書館（Vassar College Library）在一九七〇年增建部分原來預備用玻璃鏡子的，在建造之前發現它在能量方面的不足，而臨時改變了原意。最近的圖書館建築重視功能的結果是少開窗戶，但決定是基於圖書館使用者的需要，而不是基於毫無作用的美感效果來決定。圖書館也注意外面遮陽帳之裝置以避免依賴室內的窗簾或百葉窗，窗簾和百葉窗都得經常調換。但是因為有很多圖

書館的窗子都開得不恰當，圖書館員特別在增加新館舍時帶了有色眼鏡來慎加研究。

肆、新方向

學術圖書館建築規劃人特別在這個時期要面臨的現實問題就是造價昂貴、建地有限及不想在所餘的空間裡增建建築。因此造了好幾種不夠水準的高樓圖書館。假如以「使用」為出發點來造這些房子，那就會成功了。可惜的是其他非功能性考慮又滲入，致而限制了他們的成功性。

一、高樓

高樓圖書館建築不是上一個世紀的創舉，紐約商業圖書館（The New York Merchantile Library）及最初的克瑞爾（Crerar）圖書館都是高樓，都是在六十多年前就造的，他們並不是學術圖書館。學術圖書館方面則有德州大學（University of Texas）（一九三四年）二十八層的克瑞特圖書館（Cret Building）、費斯克大學（Fisk University）（一九三六年）的圖書館塔、史丹佛大學（一九四〇年）的胡佛研究所圖書。所以六〇年來的大學圖書館員對這種建築並不乏經驗。因此當聖母大學在一九六三年建造十四層樓時，很多資深的人在懷疑其智慧所在。這棟建築物高度並不受圖書館功能性所主宰，而是取決於該大學想以此來表示它學術的精湛以取代其足球隊的佳譽。該圖書館的確達到其建立形象的目的，老遠在球場上有百分之六十的位子都可以看見圖書館嵌滿圖案的正面。所幸的是這個建築也發揮圖書館的功能，因為每一層的面積有足夠的空間來佈置讀者和書架，這種情況是以前德州（Texas）、費斯克（Fisk），和史丹佛大學圖書館所沒有的情形。

　　這棟第一座高樓圖書館給了其他人一些啟示，他們也想試試這個設計，但是沒有一座如此成功，也有些是完全失敗了。假如不是因為有特色的計畫把圖書館各個部門都放在一個屋簷下還保持每一部分單獨的整合性的話，布朗大學（Brown University 1966）十四層的科學圖書館就會顯得總不相稱地高。哈佛斯史地大學（Hofstra University）十層樓的圖書館就在高與寬方面缺乏適當的比例，孟非市州立大學圖書館（Menphis State University 1968）的書庫也是如此。麻州大學（University of Massachusetts 1972）廿八層高度的圖書館還沒有為其他的建築所超越。假如歷史可以給予指導的話，假如這些學術機構仍舊要圖書館發揮「象徵性」功能的話，這種寶塔式圖書館必定因不良的效果無法生存。

二、地下圖書館

　　在所討論的創新時期內，也有些圖書館是埋在地下的，至少有一大部分是建築在地面之下。比上述往上發展的建築比較成功。一九六〇年代把圖書館建築在地面之下有幾個理由：（一）使之與毗鄰的龐大建築保持距離。（二）保留一片重要的空間，使之不要受阻礙。霍金斯大學（Johns Hopkins University）四分之三及華盛頓大學（Washington University）一半的館舍都在地面之下是因為第一個原因。因為第二個原因而造在地下的第一個圖書館是一九六七年的亨瑞斯圖書館（Hendrix College）。在校園中央唯一的庭院建築一個傳統式的建築就會損毀所有的景觀和流通，所以一棟兩層樓的建築就降到地面以下了，這種安排可以使上面的庭院得以再度美化之。一九六八年有二所圖書館 — 萬德貝大學圖書館（Vanderbilt University）和伊利諾大學部圖書館（University of Illinois）也因為類似的原因蓋在地面以下。前者建在地面以下

可以環繞實驗室和教室，而不侵犯了他們的庭院；後者則可以接近總圖書館，但並不遮住伊利諾州最大的顧慮 ── 馬羅玉米試驗農場（Marrow Experimental Cornpiots）的陽光。

一九七〇年代早期時，建築地下圖書館的第三個理由開始變得顯著起來。那就是這種結構節省能源，有些地下圖書館或者一半在地下的圖書館就是為了經濟的理由而建築的。有的建築在山邊，出現在下風方向；例如一九七六年史奎布斯海岸學院（Scripps Institute of Oceanography）及一九八三年聖米瑞學院（St. Meinard College）。其他並不因節省能源而繼續建築，但也同樣享受到這種建築的益處，諸如一九七六年完成的哈佛的普斯（Pusey Library at Harvard），因為這個圖書館得與納蒙（Lamont）、偉德納（Widener）及何頓（Houghton）圖書館連接起來，同時又得保持哈佛庭院（Harvard Yard）的完整性，所以要設計一所往地下五層的建築，後來因為造價的原因，改建成三層。也因為場所問題，密西根大學法學圖書館在一九八一年時往下擴充。這次擴充比以前在一九五五年用玻璃和鋁製品擴充的部分要成功得多。

以對地下圖書館流行的隱憂程度來看，很意外地這種建築並沒有多少困難問題，並沒有多於天窗或平屋頂流下的水量，在外牆上不需要昂貴的裝修。他們經常是造價便宜，比地面以上的建築便宜。新式的燈光和空調處理都可使之與其他任何內部空間一樣地適居且舒適。因為看不見外部形狀，所以也就沒有受到奇特形狀的誘惑而有害於圖書館的功能。

所有到目前已完工的地下圖書館有一共同的問題，那就是它們依靠外天井來攝取自然光線。當然意在掩飾穴居特性，不論天井用在那裡，都對圖書館功能有害。在伊利諾大學、哈佛大學、耶魯在一九六〇年造的畢英克圖書館（Beinecke Library）都穿過服務可用的地面而損及圖書館的需要。萬德貝

（Vanderbilt）大學圖書館的那個天井稍為好些，它的位置是在旁邊而不在正中央。只有亨瑞斯學院抵制了用天井光線的引誘，致而有二層平均、長方有彈性的空間供圖書館使用。看起來將來會建造更多地下圖書館。

伍、結　論

由於上述的經驗，我們可以了解到為什麼今天的圖書館令人滿意的百分率比二十年前少。主要的問題在於為什麼滿意率逐漸下降，下面列舉的幾點可能是原因所在：

1. 圖書館建築的風尚同人類其他的活動一樣是多變的。一九六〇年代簡單樸實的風味在發揮圖書館功能方面較八〇年代的複雜風格要來得合適。
2. 圖書館員在撰寫計畫時，沒有把建築物功能性、需求的重要性清楚地說明。
3. 學校的主管、董事和捐款人有時附加了一些對館舍的要求，常常是口頭的交代，常對圖書館功能有害。
4. 建築師常常輕視計畫上寫的要求或者是掩飾他們對原訂計畫之不恪遵，直到已經無法補救的程度。
5. 顧客有時沒有充分地監督建築師的工作，或者是不夠對嚴格遵守需求作嚴格的要求。
6. 顧客有時根據建築師聲望和在商場所表現聰明來選擇建築師，而忽略了他們是否願意放棄製作印象效果而可嚴遵功能的需求。

由上面的分析，我們可以得知，建得不夠好的圖書館的原因。大體上雇主獲得他們應得的圖書館。二千多年前所理解到的警告到今天仍舊實用 ─ 建築師是為雇主而工作的，建築師不斷設計品質不佳之圖書館是因為顧客接受這些不良建築。當雇主要求某一類建築物時，建築師必須了解得很清楚。當顧客

需要一個圖書館時，建築師也必須了解得很清楚。假如圖書館
的功能不能與建築物同時生存時，雇主必須讓建築師了解那一
種需要較重要。預期未來建築的圖書館要比過去廿五年的學術
圖書館建築得完善些，這樣對大家都有益處的。

附　註：

* 　David Kascr，美國印地安那大學圖書館學資訊科學研究院傑出教授。
** 模矩式圖書館是把面積分成等份的長方型，用建築柱子在各角落
　　上表明，燈光由天花板上向下發射照明、距離是相等的，燈光調
　　節和空氣調節及地板的重量負荷量也都是一致的，因此這種建築
　　可以隨意改變空間的用途。固定功能之圖書館則缺乏這種彈性，
　　地面的使用大部分因原設計的用途而固定了。在第二次世界大
　　戰以前，幾乎所有的圖書館都將藏書集中在多層的書庫中依之施
　　工。這種施工主宰了圖書和讀者永遠分開的情況。

註　釋：

1. Charles Baumann, *Angus Snead Macdonald* (Metuchen, N. J.:
   Scarecrow, 1972), 118-37.
2. Ralph Ellsworth, *Ellsworth on Ellsworth* (Metuchen, N. J.: Scarecrow,
   1980), 40-50.
3. Ralph Ellsworth, *Planning the College and University Library
   Building* (Boulder, Colo.: Pruett Pr., 1968), 123.
4. Keyes D. Metcalf, *Planning Academic and Research Library
   Buildings* (New York: McGraw-Hill, 1965), 21-23.
5. Ralph Ellsworth, *Academic Library Buildings* (Boulder: Colorado
   Associated University Pr., 1973), 42

Translated and published with permis-
sion of the American Library Associa-
tion from *C & RL*. 45 (1984): 268-281.
（本文經美國圖書館協會研究圖書館
協會同意翻譯出版）

原載於《圖書館學與資訊科學》12卷
2期，民75年10月，頁240-251。

動態經濟中的政策擬定
中華民國經驗談

李國鼎演講　　張鼎鍾譯

　　此文為李資政國鼎於一九九〇年十月十五日在哈佛大學「李國鼎講座」所作演講之內容。李資政有鑑於此講座在國際學術上的意義，雖然非常謙虛地表示婉謝，但一向以國家利益為重的他，終於同意接納這項榮譽。以八十高齡風塵僕僕、精神抖擻地親自到哈佛大學，以「動態經濟政策之訂定中華民國經驗談」為題，在哈佛大學燕京學社大禮堂作長達一小時四十分鐘之演講。傅高義（Ezra Vogel）教授主持演講會，介紹李資政為中華民國臺灣奇蹟之奠基人之一。哈佛大學燕京學社大禮堂全部滿座，除了波士頓的中外學者、研究生、僑民來聆聽外，尚有不少聽眾由各地專程前來聽講，例如來自華盛頓的丁大衛先生及果芸將軍，來自舊金山的劉國治先生以及來自臺北的臺大管理學院院長許士軍教授等。生技中心白主任壽雄、李資政的公子李永昌先生、他的得力助手劉小麗小姐、外子馮源泉先生和我都專程前往恭聆精彩的演說。

　　李資政國鼎的演講包括六個單元：

1. 戰後臺灣經濟結構之主要變化。
2. 臺灣經濟發展初期之情況。
3. 促使臺灣經濟起飛之重要決策。
4. 因應經濟政策改變之政策。
5. 政策制定之理念。
6. 臺灣經驗之教訓。

壹、戰後臺灣經濟結構之主要變化

　　一九五九年臺灣個人所得只有一百三十美元，一九八九年已高達七千五百美元，雖然物價有變動的情形，但人民生活水準提高，把臺灣經濟轉變到一個工業經濟的新境界。貧富的差距也縮短了，一九五二年，百分之廿最富有家庭的收入是百分之廿最低收入之十五倍，到一九六四年減少到五‧三三倍，到一九八〇年減到四‧一七倍。近年來此倍數雖稍為擴大，如一九八八年為四‧八五，每個家戶的所得分配事實上有所改善。最主要的是所得增加而物價安定。一九六四年到一九八九年間，每年臺灣貨物批發物價只增加百分之四‧三。如果扣除兩次石油危機期間，則只有二‧二。在這一段時期裡，臺灣經濟結構也有所改變：一九六一年農業產品佔全國生產量之百分之三十二‧三，到一九八九年時則降到百分之四‧九。一九五一年，製造業佔全國生產總額之百分之十四‧八，到了一九八六年則升高到百分之三十九‧七。但是到了一九八九年又有下降到百分之三十五‧六的情形。雖然有下降的情形，但是製造業在未來的的經濟成長方面還是居主導地位。近年來，服務業則不斷地持續增加，在一九五一年它只佔百分之四四‧七，但到一九八九年，它增加到佔全國生產量百分之五一‧五。

　　隨著經濟的變化，人們生活改善，一九六一年到一九八八年間，男人的壽命由六二‧二二歲延長到七〇‧九九歲，女人則由六十七‧〇三歲延長到七六‧二一歲，同時期之內嬰兒死亡率則由千分之三二‧七降為千分之六‧二四。

貳、臺灣經濟發展初期之情況

　　一八九五年到一九四五年日本統治臺灣時期，日本人曾發展臺灣農業，以提供日本人所需的糧食與原料。也有計畫

地設置電力設備、水利設備及交通系統，發展了一些輕工業，如利用水力發電的金屬製造業。其戶口及財產登記制度、銀行制度、法治也都保護了個人權利及私人財產。雖然二次大戰對臺灣有些破壞，但並沒有傷及其行政架構。後來由抗戰勝利到一九五二年間有一百六十餘萬人口自大陸遷來臺灣，使臺灣人口總數由六百萬增到八百萬。新移居來臺灣的人包括政府官員、工程師、經理及企業家，他們都可以重建受戰亂影響的經濟。雖然軍事費用甚高，對政治形成很重的負擔，政府財政赤字情形嚴重，但韓戰爆發，美國自一九五一年至一九六五年間以超過十億的經援及軍援支援我國，但一九六五年開始，美援就逐漸停止。當局指示我組成小組研究如何穩定我國經濟的方法，在無外援的情形下，有什麼重大的政策帶動臺灣既動態又擴張的經濟方案。政府採行了以下五項重要的政策：

參、促使臺灣經濟起飛之重要決策

一、土地改革政策

　　自政府於一九四九年遷臺後開始體認出因為農村之貧瘠，貨幣之貶值，共產主義才乘機而起。為了避免同樣的問題再度發生，並為了爭取人民的信心和國際的支持，我國政府推動了土地改革工作，分三個階段執行：一九四九年一月採行三七五減租，維護了佃者的權益；第二個階段，一九五一年到一九五四年間，政府將所持可耕田地之百分之十九（高達十一萬餘頃）的土地轉移給二十一萬戶耕者，最後是執行耕者有其田，政府向地主購得百分之五十八的土地，再轉移給佃者。結果有百分之六十四以前無地的農民轉而有自己的土地可耕。此舉影響大到一九六六年時農民的淨所得已超過

土地改革前的三倍。一九五二年至一九六二年這十年間農產品生產量也平均增加了百分之五‧一。因此農民們不但可提供足夠的食物，甚至有餘可同時投資到農業及工業方面，此舉為後來繼續維持經濟成長提供了堅固之基礎。

二、改革外匯與鼓勵投資

　　一九五〇年時，政府採高關稅保護的辦法，很嚴厲地執行外匯控制，多種匯兌率使國內幣值過高。國內市場有限，缺乏可以外銷的自然資源，政府認清必須要採前瞻性及外銷為主的政策，因此在一九五八年就開始進行改革 ── 採用單一外匯匯率制度，使國內幣值貶到一個比較務實的程度，新臺幣兌換率降低，國內廠商外銷產品到外國時，回收本地貨幣，致而使外銷活動受到鼓勵。政府在美援運用委員會成立了一小組來研究「投資環境、鼓勵投資、生產和外銷」，首先採用十九項財經改革計畫為政策，其次起草「鼓勵投資條例」於一九六〇年正式公布；此條例包括下列諸項：

1. 選擇某些工業予以五年免繳所得稅的優待。
2. 變更農地為工廠建築用地。
3. 准政府採購私地作工業用途，並發展工業園區出售給私人企業使用。此措施贏得商界之良好反應，此後數十年，投資量年平均成長百分之十五‧五，一半以上都是私人投資。

三、人口控制及人力發展

　　一九五〇年到一九六〇年間，臺灣的成長非常迅速，在此擁擠的小島上人口驟增，對工作與糧食的要求也隨之增加。一九六四年政府規劃的單位 ── 國際經濟合作發展委員會籌辦國家人力會議，討論如何發展教育方案以因應工業化的需

求，並研究如何解決因人口成長所產生的問題，結果決定增設高職。但因人口問題的敏感性及我國反對節育的傳統，對人口成長並沒獲得肯定的決議，本人覺得這個問題不能忽視，一定要控制人口的成長。便私下和省立衛生單位成立家庭計畫協會，透過這些組織，在五年中有六百萬人自動接受避孕手術。雖然這個措施實行後稍稍帶來了一點改善，但是問題並沒有解決，最後蔣故總統　經國先生對人口政策表示支持，於一九六九年政府宣佈家庭計畫執行細則，以免費或減低費用方式提供產前檢查、親子健康指導、避孕資訊及懷孕期中之輔導。

　　家庭計畫受到政府大力支持，再加上一個迅速成長的經濟配合，可謂是績效卓越。出生率在一九六一年是每千人有三八・三人，到一九六五年降到每千人有三十二・七人，一九七〇年再降到二十七・二人，一九七五年是每千人有二十三人，而在一九八八年出生率更降低到每一千人只有十五・七人之數。

　　臺灣最主要的資源是人力，為了有效地利用豐富的人力資源，政府不但發展各個層次教育並加強職業訓練，提高工作技能。目前高中及高職的學生與一九六九年來比是增加了一倍，十八歲至二十一歲間的青年，有百分之三十一在專科或大學就讀。由於對高素質人力的重視，臺灣的人力資源是最具競爭性的資產和經濟成功最關鍵性的因素。

四、建立外銷加工出口區和保稅工廠

　　一九五一年到一九六一年間有很多理由使外國公司不願來華設廠，最主要的理由就是繁文冗節，手續太複雜。政府了解到行政效率的重要性而設置了加工出口區。那是在一九六三年開始提出加工出口區規程綱要，一九六五年宣佈施行，

一九六六年世界上第一個加工出口區在高雄正式成立。此作業程序非常簡單，外匯的申請、原料的輸出、成品的輸出只須要在出口區向一個辦公室申請。因為原料的輸入及產品的輸出都在加工區的港口直接運入運出，可以避免輸入付稅，輸出付退稅的手續，享受到區外其他工廠不能享受的便利。加工出口區甚受國內外廠商的歡迎，才開幕時計畫可在一、九七八頃空間上容納一二〇家公司，結果二年後有　二八家公司在裡面運作，致而後來又在楠梓及臺中再闢一加工出口區，正式於一九七一年四月開始營運。三個加工區加起來僱用了六萬五千餘人，一九八九年外銷紀錄是三十八億美元。

五、科技發展

　　一九六一年至一九七一年間，臺灣工業化之速度很快，而工資也急速地上升，資本和技術必須更加配合才能與國際競爭，政府因而決定加速科技發展之步履，一九六七年成立國家科學委員會，以鼓勵學術研究與發展，二年後成立中山科學研究院發展國防科技，一九七三年成立工業技術研究院發展新興中小企業之工業技術。一九七一年代初期石油危機中，更體認出從速發展科技之必要性。一九七六年奉派組織領導一專案小組來協調各部會發展應用科技多方面的努力；不但在產業、國防方面，並致力於交通、電機、衛生、醫藥及環境方面。專案小組指出一些策略性的科技，包括能源、材料、資訊與電腦、自動化、光學及生技等，應予以從速發展。

　　七〇年代末期，在新竹設立科學園區以吸引高科技投資，公司在園區裡開設運作。歸國學人返臺設廠，一九八四年到一九八九年間有一百一十家高科技公司在此生產價值二十一億美元的產品，多半外銷。

肆、政策制定之背後理念

上述五大政策在不同發展過程中應用到各不同的經濟部門中去，目的在激發私人的自發性，不但是個務實的作法，也是切合時宜的作法。

對重視私人自發及自由市場是非常重要的。很多落後國家就因為政府擔當責任過大，而在其發展的努力方面失敗了。再加上他們的經濟發展政策通常以行政去控制，而不以市場為導向。所幸的是我國沒有採用那種模式。土地改革的目的在鼓勵農民更有效地生產更多的糧食，政府宣佈統一的匯兌率，允許新臺幣貶值，使外銷者不致受到貨幣幣值過高的影響。有人執「民族主義」的信念反對加工出口區這個措施，最後務實的作法還是較狹隘的民族主義為好。國家對人口控制的政策雖曾因為傳統上認為人口就代表國力，被認為會與要使中華民國變成強國的目標相違背。然而這個觀念仍舊為務實主義所取代。

時效是最重要的，正確的政策必須及時制訂，也應隨著內外情況而改變。

伍、因應經濟政策改變之政策

在追溯臺灣經濟發展成功的記錄中，我不想給予一種「我們從來沒有問題」的假象，事實上，我想特別指出我們的關鍵問題所在：

一、農業政策

一九五一年代的土地改革，把農地劃成一小塊一小塊分給耕者，使土地利用更加密集，土地的生產量也因此增加。這幾年來工業的發達，使農民都遠離土地，農業人口大量流失，必須仰賴「機器」來解決缺乏人力的問題。最近這幾年，

政府決定修正或取消「禁止農地自由轉移或轉租」的法令。

二、鼓勵出口

　　推廣出口的政策相當成功，一九七八年時中華民國外銷了百分之五十以上的國內總產量的產品，出超佔國民生產毛額的百分比由一九八一年的百分之二成長到一九九一年的百分之十九·八，使國內受到升值的壓力。政府馬上改變政策，不只是鼓勵外銷，對出口入口都給予同等的重視。允許新臺幣升值，減低稅率，也取消了原料加工再出口退稅的制度。政府更花費大量的金錢在建設公共設施方面，以改善臺灣的基礎工程，增加內部需求，改善貿易不平衡的情況。

三、環　保

　　在全力推動投資和工業生產時，對環保問題給的關注過少，臺灣工業成長了，環境卻惡化了，河流遭到污染，空氣亦復如此，噪音也是個問題。政府在一九七九年提出了臺灣地區的環保策略，在中央政府先成立環保局再升級為環保署這樣一個部級單位機關來負責環境管理、環境規劃及訂定環境法令等事宜。

四、社會與文化發展

　　經濟發展帶給臺灣史無前例的物質繁榮，但是文化方面，好像更為貧瘠，快速的都市化和工業化削弱了中國傳統社會密切的家庭關係。文化之平庸有損過去的文化遺產。政府體念出這個問題的嚴重性，勻支了一些經費來進行社會與文化發展。因此大力推動儒家思想，提倡重視群倫。

　　我絕不想給人一個印象，認為中華民國是完美無瑕疵的，所有的政策都很適時，臺灣所面臨的問題都有現成的答

案。事實上政府當然也犯了錯誤，尤其是面臨複雜而難解決的問題的時候，但是短暫的挫折從未使我們氣餒。採取一個務實態度，總可以及時地糾正錯誤，用及時而有效的方式來解決問題，我堅信今後也是繼續這樣進行的。

陸、臺灣經驗之教訓

最後講到的是臺灣經驗的可轉移性。每個國家都有文化和社會的不同之處，要某一政府採用其他某一國家特定的經濟政策這種想法是非常地天真，但我也堅信有一些我們的經驗是可以提供給其他國家參考的。有些什麼臺灣經驗可供其他國家參考？我認為最重要的教訓是尊重自由市場制度，今日自由市場的原則對所有開發中國家都是極端重要的。

以進口替代為例，在這種策略下，原料可以在優惠匯率下很廉價地進口，進口成品則以較高的價格賣出，被課以關稅。而要這種制度涉及輸入許可證與數量的限制，以及不同的貨物有不同的匯兌率。經濟決策變得很政治化，結果則既無效率又混亂。在這種情形下，自一九五〇年代末起政府大膽地將工業政策由進口替代改為發展外銷採用單一匯兌率，及准許貨幣貶值都是很好的措施。

務實主義是政策制訂背後最重要的哲學之一，將教條及理論不顧實際情況地運用到現實問題上會相當危險。務實主義就是以現實為基礎，了解人民究竟要什麼以及外在與內在的實際情形。臺灣經濟所顯示的就是務實主義所產生的政策，這就是臺灣經濟成功的關鍵所在。

在每一個臺灣經濟發展的階段中，最重要的是對人力作最有效運用與發展。沒有高品質的勞工，任何發展的努力都會落空，我們重視教育和訓練，培養有技能的工作人員，才能重組經濟結構並維護成長，為了因應未來，也需要重視科

技教育。

　　剛才所述的政策都可以應用到其他國家去，也是成功的經濟發展關鍵所在，我必須強調各國應避免通貨膨脹稅（taxation by inflation），讓他們的經濟在一平穩的環境下成長，沒有一個以上所描述的政策可以在價格不穩定下成功。

　　　　　　　原載於《哈佛人：哈佛校友會訊》3期，
　　　　　　　民81年12月25日，頁16-19。

經濟成長、政治改革
與中華民國的全球性角色

錢復演講　　張鼎鍾譯

壹、中華民國的經濟

一、經濟成長

　　本人願指出，四十年來中華民國的經濟成長大約每年在百分之八‧五左右，以國民所得為例，一九五二年的每人所得低於美金一百元，去年已高達美金八千元。我國經濟成功的事實常被指為「臺灣奇蹟」，主要的特徵是持續性的經濟成長，漸進性的結構改變，擴張性的對外貿易及順差，政府外債借貸比率低，生活水準提高及社會安定。尤其在國防經費負荷這麼重的情況下，中華民國有這種成就的確是非常了不起的事。更值得重視的是：

1. 我們的成長並沒有用下一代的將來來作抵押，反之我們的積蓄比例的情況是世界上最高的。
2. 我們的成長並不是犧牲他人來使部分的人士富裕，收入的分配是相當均勻的。
3. 我們的成長亦不是因為有富有的資產，我們在缺乏天然資源和面對人口快速增加的情況下成長。

二、經濟自由化

　　因為經濟持續而快速的成長以及外貿盈餘的情況，我們不知不覺地，累積了世界最大的外匯存底近七百五十億。這當然不是一個健康的現象，表示出國內儲蓄之運用不足，也

是貿易衝突的來源。因此，我們也採用了一些方法來增進輸入，改善貿易不平衡的情況，特別是與美國方面。謹就我們所採用的若干經濟自由化措施，說明如后：

1. 減低關稅：由一九八四年到一九九〇年間，我們曾七次調整關稅率。一、兩年以後，我們希望把輸入品關稅調整到百分之三‧五，與其他工業化的國家相當。

2. 逐漸開放市場：打進我國市場的不只限於商品，亦將逐步開放而包括服務業。除了影響國家安全及公共健康者外，原則上須預先申請入口及投資許可的規定均將取消。

3. 放鬆外匯控制：過去四年來中央銀行在放寬外匯控制方面有很大的進步。以匯款為例，每年每個成年人可不經核准，自由匯款美金三百萬元。再以匯兌率為例，允許浮動，讓市場機能決定匯率。尤其是我國商人之對外投資更是越來越活躍，不只限於亞太地區，甚至在美國和其他地區也很活躍，加速我國工商業國際化的步履。

4. 維護智慧財產權：有關維護著作權法和商標的規定及法令仍須加強執行，據過去幾年來，相關法令的確作了適當的修正以符合時代的需要，目前在臺北已經很少能找到盜印的圖書了。

5. 執行新貿易法：發展貿易對經濟成長是很重要的。為了要確保一個自由而開放的貿易政策，政府已草擬貿易法案，送交立法院審議。法案中包括「關稅暨貿易總協定」的原則與規範。

三、經濟挑戰

毫無疑問地，我們已建立一個足以使其他發展中國家眼

紅的經濟體系。在短短四十年中，我們由一個生產糖、米兩種產品這種農業經濟的情況進展到工業經濟，繼而進入八十年代高科技的經濟。雖然我們獲得些勝利，但毫不諱言地我們也承認有若干經濟問題尚待解決。例如：

1. 勞工缺乏，工資上漲。
2. 勞工運動之興起及對和諧的勞資關係所產生的影響。
3. 環保意識高漲甚至阻礙了對工業及基礎建設的投資。
4. 建廠或公共建設用地之地價狂飆。
5. 經濟發展產生不均衡狀態，由於以前過份重視生產部分，以便外銷，忽略了現代社會中其他的部分，例如：生活品質。

貳、政治改革

　　大家對中華民國的經濟成就可能很熟悉，但可能對其民主的發展不太了解。本人以為中華民國的政治發展和經濟的現代化是並駕其驅的。因為中華民國的思想基礎是孫中山先生的三民主義，旨在建立一個「國家獨立、政治民主和民生康樂」的國家。過去四十年來，我們追求經濟成長以滿足人民日常的需求，改善了生活水準；同時我們也盡最大的努力來建設一個民主、民有、民享的政府。

　　早在一九五〇年，臺灣省縣市的地方自治方案已經公佈實施，鄉長、鎮長、縣長、市長、縣議員、市議員和省議員都由國民直接選舉。一九四九年大陸淪陷後，鑒於我們的國會議員無法重新選舉，故於一九六九年就對國大、立法院與監察院作了補充選舉，一九七二年又作了增選，加強了中華民國的民主運作。此外，一九八六年民主進步黨成立以後，政治改革的速度加快，近年來執政黨亦採取了一連串的行動，包括自由化和民主化的辦法。自由化包括廢除戒嚴法，解除

對報社設立之限制，強化司法獨立制度，發佈集會遊行法及
人民社團組織等有關條例。民主化方面則包括反對黨組成之
合法化，國大及立法院之改革以及修憲等活動。

　　以上所述自由化及民主化的措施都應歸功於蔣總統經國
先生。他本身發動了改革的引擎，將現代化的民主引入中華
民國。一九八八年元月十三日，蔣經國先生逝世，由當時李
副總統登輝接任總統之職繼續民主化的工作。一九九〇年五
月以後，有幾項發展在中華民國出現，一九九〇年六月舉行
國是會議，邀請了一百四十位政治領袖、學者、僑領代表各
種政治意見。國是會議建議取消動員戡亂時期，並廢除憲法
臨時條款，授權總統有充分的權力來處理內外事件。同時法
院判例確定，三個民意機構所選的代表，必須在一九九一年
年底全部退職。我們政經改革包括修憲，值得一提的是，這
種民主的過程的確是非常特殊的自發性地，與二次世界大戰
時的日本與西德不同，不是由外國主導也不是由外國監督，
也不像東歐一樣由於政治社會上的動亂而起。反之，它是和
平演變，大部分由政府自行主導的。我國對民主化的諾言不
能有回頭或放棄的餘地。我們認為社會有競爭性的要求是一
個健康的指標，對民主之成長是必要的。往前看，我們可以
預期有更多國民會參政。事實上，參政的人已經由各種不同
背景的人變為更年輕和更富有專業性的人物。政治之擴大參
與絕對顯示出我國政治發展走向明朗而積極的趨勢。

　　總之，我們正在學習，也在試驗各種改革的方式，使中華
民國轉變為一個完全的民主立憲政體。我們也希望把這個民主
的體制深植到大陸去。過去幾年我們儘量與大陸同胞接觸。

政治方面對大陸採取的主動

　　在李總統許多政治成就中，最令人仰慕的事就是在一九

九一年四月三十日宣佈結束與中共長達六十年的內戰。一九
九一年五月一日正式結束了為期四十三年的動員戡亂時期，
這是我們民主改革程序中的里程碑，也是李總統引人注目的
努力，減低政治緊張狀態，致力於與大陸建立橋樑。過去幾
年，我們對大陸表示善意，一九八七年十一月起我們就解除
國民返大陸探親的禁令，已有二百萬人次的探親訪問。臺灣
廠商也在大陸投資了近三十億美元。除此之外，政府也授權
給一民間組織「海峽兩岸交流基金會」去與大陸當局交涉，
派了幾次代表去訪問，以促進兩岸人民的接觸。海基會與大
陸當局討論的事，由商業關係到海盜問題均包括在內。海基
會負責執行政府的大陸政策，由行政院大陸事務委員會所監
督。總統府下設一單位機關「國家統一委員會」向總統提出
制訂國家統一政策的建議。

參、中華民國的全球性角色

一、最近地緣政治變化的回顧

第二次世界大戰之後，世界有鉅大的變化，尤其是最近
幾年，我們目睹柏林圍牆消除、東歐共產政權消失、波斯灣
戰爭、莫斯科保守派領導的政變失敗，冷戰結束，以及最近
蘇聯的瓦解。從以上的改變，我們了解幾件事：東西對立兩
極權力的消失，蘇聯已不再是以往的強權。本人很高興看見
美國還是在軍力、經濟和社會和諧方面維持其世界強權地位，
他的實力可以鞏固世界安全，蘇聯的解體促使全球策略性規
劃者重新對新世界的秩序做評估。很多研究國際事務的學者
獲得一個結論：這個世界已不再受一個強權來控制，沒有一
個國家包括美國是無懈可擊的，沒有一個國家可以像以前一
樣稱霸全球，一個國家的重要性已不再以其疆域的大小，其

軍隊的人數及其國民生產總額來衡量。

　　換言之，在沒有一個單一的強權可以控制全世界之際，所有的國家，無論大小，使這個世界更繁榮，使世界每個人都可以過更安和樂利的生活。在這種背景環境之下，中華民國對世界一定有所貢獻。

二、中華民國的最大資產

　　中華民國雖不是傳統上所謂的強權，他既沒有遼闊的疆土與人口，也沒有核子武器，沒有越南或中共的龐大軍事力量，也沒有日本的國民生產總額。

　　中華民國究竟有什麼？中華民國最大的資產是我們在現代世界中及中國歷史上所代表的意義。我們所信仰的及我們所貢獻的可以表示出我們是什麼。蘇維埃共和國之瓦解是因為他是什麼，更精確而言，是因為他不是什麼。西方國家之勝利是因為他們的民主，他們的自由、繁榮及成功，使他們對全球的進步有所貢獻。中華民國在國際舞臺上以前所做的，以及將來要做的對我們自己固然舉足輕重，但對我們的敵友也一樣地重要。我們永久的成功得視我國社會的素質。一九四九年以後我國的成功是在締造出一個富活力有生氣的社會，擴展社會的公平，促進更多的繁榮，社會的中產階級菁英份子及青年人都提供熱誠的支援。我們極力維護一個自由、公平而繁榮的社會就是我們首要的資源。也就是恪遵「結合自由經濟和普遍民主」的這一套勝利的公式，到目前為止這個公式使我們成功並盼能與他人分享我們的經驗。

三、世界舞臺上的中華民國

　　在世界舞臺上中華民國所扮演的角色，本人首先提到的是我們要儘量地爭取友誼，既維持原有外交關係的友國，亦

積極發展新的關係。在國際關係拓展上我們務實地衡量國家的利益及現實的環境,而定出三大目標:

1. 我們得更加強及鞏固與我們已有正式外交關係國家的合作計畫。合作計畫包括財政、經濟、國防、運輸、工業、漁業、農業及醫療等等。

2. 我們努力地與我國當前尚無外交關係的國家發展關係,到目前我們在50個國家中有79個代表處,這些代表處促使雙方在貿易、文化、科技及環保方面進行合作,也希望與這些國家建立半官方的關係。

3. 我國繼續參與國際組織活動,目前中華民國參與了776個非官方的民間組織。目前正在申請加入關稅暨貿易總協定,獲得許多會員國的公開支持,包括美國。

中華民國正在以務實的方式達到這些目標,而且我們也準備好儘量由各種方式來扮演積極的角色。這種務實的精神是我國突破國際孤立所作的努力。以下舉例說明之:

早在一九八四年我國運動員參與在洛杉磯舉行的奧運會時就以「中華臺北」的名稱參加。當在大陸進入亞銀之際,亞銀擅自將我國的稱謂由「中華民國」改到「臺北、中國」時,我國並沒有退出那個組織。最近我國用「臺、澎、金、馬地區」之名申請進入關稅暨貿易總協定(GATT)。

由於以務實的方式進行外交關係,我們希望在國際舞臺上發揮積極的作用,扮演富建設性的角色。一九八八年,我國政府以12億美元設立「海外經濟合作發展基金」,提供經援給開發中的友好國家,加之我們有36個技術援助單位在25個國家裡提供服務。在對外援助上其他值得一提的計畫,包括「蔣經國基金會」及「國際救災基金」等。

四、我國與美國的關係

我國與華府的非官方實質接觸範圍廣泛而健全，兩國之間聯繫密切，經由旅遊、教育及科技交流方面，加以鞏固，唯有在貿易上有一點爭議。大家都聽過我平衡中美貿易之努力。我國的政策是儘可能向美國採購物品，對美貿易的出超近幾年已經逐漸下降，由一九八七年的一六〇億減到一九九〇年的九〇億。到一九九一年更低於七〇億。

我們對美國國會給予的支持非常感激，例如一九九一年六月一日，眾議院通過了一項援外法案，其中指出我國對波斯灣地區多國行動所提供的支援，此法案也表示支持我國參加「經濟合作發展組織」，七月份布希總統支持我國申請加入貿易總協的確是件令人興奮的事。

據估計一九九一年美國出口到臺灣的貨物將達一百二十億，較一九八〇年多百分之五，消費者需求增加，三千億美元的「六年國家建設計畫」，已有的公眾或私人資本、穩定的商業環境，使我們仍是亞洲區中最強壯而平穩的市場。美國商務部曾描述我們為一繁榮的市場，此市場「代表有很多重要的機會可供美國公司來投標，例如治水、市區交通網路、水管及下水道以及公路建築等等」。

同時我國的商人到美國投資的情形一直在成長，尤其是美國的建築公司、製造工廠、儲蓄及貸款公司等。將來我們計畫要鼓勵我們的商人多興建工廠，與美國公司合併，在美國房地產和科技市場方面投資。

五、未來展望

當國際情勢巨幅變動之際，我們對自己及在此國際新秩序中所扮演的角色很有信心。我們的力量，尤其是過去幾年來都是致力於成為國際間一個很活躍而負責的一份子。過去

的行動在在表現出我國是一個「有原則及有榮譽感的國家」，今後亦將繼續維持這種理念。當然，北平方面一直設法摒除我們在世界上應有的地位，我們雖然被激怒，但並沒有氣餒。我們對自己身為國際間有用而受尊敬的一員所應擔負的責任是非常認真的。

以上我們所描述的都是中華民國光彩的一面，我們有問題嗎？當然是有的。我們的交通仍舊混亂，人們隨心所欲地亂開車、污染的問題越來越嚴重，物價太高、街道太擁擠、犯罪情形上升、立法委員們肢體打架、百姓以示威呼籲臺灣獨立。此乃成長的陣痛。然身為一個民主發展而又成熟的社會，我們對未來具有充分的信心。

我們將繼續以漸進、和平及民主的方式來統一中國。雖然北平方面一直在孤立我們，但是我們有政治及經濟的實力與大陸競爭並可獲致全世界的尊敬與認同。我們在國內進行修憲，我們也注意到國家的安定，並以找出不同意見中的共同點來尋求一種為增進二千萬居住在臺灣人民的福祉的共識。

一九九〇年底我國政府提出總額高達三千億美元的「六年國家建設計畫」，旨在提昇發展寶島的基礎建設，我們必須要大量投資在房屋、學校、公共衛生、控制污染、交通與電訊的設備上，以促進人民的生活水準及福祉。

執行以上的計畫將使我國平均個人所得在一九九六年時，可由美金八千元提升到一萬四千元。除此之外，我們把臺灣發展成為一個國際財務中心、交通中心，成為西太平洋地區的「矽谷區」（Silicon Valley），我們一方面以投資方式，來減去貿易逆差的問題，同時也將善用積蓄。

在結束以前，我想與各位分享一點個人的看法：中華民國並不是完美的，但是我們也了解要「完美」就是要有追求完美的決心。在中華民國政府的每一個成員，上自總統，下

至科員都努力地為一個目標來工作，也就是我們要把今天的
中華民國帶得比昨天要好一點。為了要達到此目的，我們一
直在追求具有遠見的變化。但是人類的精神價值、自由思想、
個人的尊嚴是絕對不可變的權利。也就是因為有這些與中共
不同理念，我們對世界秩序可以有很多貢獻。

原載於《哈佛人：哈佛校友會訊》3期，
民81年12月25日，頁20-23。

美國東亞圖書館自動化的檢討與評估

蔡素娥 著*　張鼎鍾、劉宛玲 譯**

　　從1960年代實驗性的大型電腦系統，到目前的各種小型電腦及電腦系統，圖書館自動化的發展已行之有年，並且有了豐碩的成果[1]。然而，圖書館自動化前二十年的發展重點大多集中於英語及其他羅馬語系資料的處理上。

　　東亞語文屬於表意文字（尤其中文），此一特性阻礙了電腦化的進行，因而迫使東亞圖書館坐視其他羅馬語系圖書館的自動化。直到1983年美國研究圖書館資訊網路中日韓文系統（RLIN CJK, Research Library Information Network... Chinese, Japanese and Korean System）及1968年線上電腦圖書館中心中日韓文350（OCLC Online Computer Library Center CJK350）系統的建立，情形始改觀。此二系統的完成對各東亞圖書館及整個學術界都有重要的意義。它們不僅協助會員圖書館完成中日韓文資料的交換與圖書館資源的共享。誠如「研究圖書館組織」（Research Libraries Group, 即RLG）的副主任 John Haeger 所說：「中日韓文自動化系統的建立，為東亞圖書館的舊時代畫下句點，也為其新時代立下里程碑，並將其館藏納入書目的主流。」[2]

　　在中日韓文系統啟用數年後的今日，有必要對此二系統的使用情形加以調查，以了解系統的功能是否被會員圖書館充分利用。本研究計畫的主要目的在了解美國的大學及研究圖書館如何將美國研究圖書館資訊網路中日韓文（RLIN CJK）及線上電腦圖書館中心中日韓文350號（OCLC CJK350）系統納入各自的區域系統之內。本人蒐集了關於此二系統的功

能、優／缺點及其與區域書目系統間關係的資料，以做為分析之用。

在此之前已有三個人做過類似的調查，分別為：Karen T. Wei（1986）、Wei-kai Kung（1986）以及Hee-Jung Lee（1985）[3]，但這些調查皆是在 OCLC CJK350 系統啟用之前進行的，因此本研究可為它們補充最新的資料。

壹、美國研究圖書館資訊網路及線上電腦圖書館中心中日韓文350系統（RLIN CJK及OCLC CJK350）

關於此二系統的發展歷史及特性的文章已有許多人發表過，如John Haeger、Jay Lee、Alan Tucker、Andrew Wang及Karen T. Wei等[4]。本人不再贅述，僅略述此二系統的一些重要特徵。

貳、美國研究圖書館資訊網路中日韓文系統（RLIN CJK）

這一代 RLIN CJK 系統的硬體是由群集控制裝置（cluster controller）連接一～四台終端機以及印表機（並非必要），組合而成一組（cluster）。其鍵盤經特殊設計，共有179鍵：10個控制鍵，133個字根鍵，36個功能鍵[5]。1988年9月，研究圖書館組織推出RLIN CJK的第二代終端機 —— 多重文字工作站（Multi Script Workstation; MSW），做為標準的 RLIN 終端機，它並可處理中、日、韓、希伯來及斯拉夫文資料[6]。多重文字工作站不但改善了硬體與軟體，價格也更為便宜。

RLIN CJK 是以文字組合的方式來輸入中文及韓文字。使用者必須按正確順序鍵入字根才能得到所需的字。因此，熟悉文字筆順，才能有效率地操作 RLIN CJK。RLIN CJK 提供了多種檢索點，如：通用的標準代號與代碼（ISBN, CODEN）、作者、書名、團體作者，及主題等；也提供數種顯示格式。截

位（Truncation）、布林邏輯運算子（Boolean logic operators）及限義詞（qualifiers）也可用於檢索。

自1983年9月12日美國國會圖書館將第一筆中日韓文資料輸入 RLIN 系統後，至1990年春季，RLIN 之中日韓文資料已迅速增加至四十萬筆以上[7]。目前已有國會圖書館以及二十三個大學及研究圖書館使用 RLIN CJK 系統。

參、線上電腦圖書館中心中日韓文350系統〔OCLC CJK350〕

RLIN 為中日韓文資料設計了全新的系統。OCLC 則以其原有的 M300 工作站（IBM PC/XT級）修改為可處理中日韓文字的工作站。將該工作站與 OCLC 線上系統連接後，可處理中、日、韓、英、法、德、馬來、西班牙、越南及羅馬語系等文字資訊。該工作站亦可作為獨立的微電腦使用。[8]

OCLC CJK350 提供了字根及語音二種輸入法。但其字根輸入法——倉頡，與RLIN不同。它不是鍵入字根的，而按順序輸入代表字根的羅馬字母。在語音輸入法方面，OCLC CJK350提供了四種羅馬拼音系統：中文的韋傑士（Wade-Giles）及漢語拼音系統；日文的改良式赫伯恩拼音系統（Hepburn），韓文的 McCune-Reischauer 系統[9]。

OCLC CJK350提供的檢索點較RLIN少。只有通用的標準代號及代碼、書名、作者（個人或團體）、及作者與書名的組合等。（1990年1月6日，OCLC 發表其第一個線上參考諮詢系統 EPIC，提供關鍵字/片語及主題檢索、布林運算子、截位功能、以及許多其他功能[10]。但它只能檢索顯示羅馬文或羅馬拼音的資料，OCLC CJK350 的使用者並不能直接受益。）資料型式及出版年等亦可用於檢索。在查得一筆以上的資料時，依資料的多寡有三種顯示格式：一組一組的（group），聚合的（collective），以及截位式的（truncated record display），但單筆資料則僅以機讀編目格式顯示。OCLC CJK350亦允許使用者自行列印含有羅馬拼音及本國文字的書目卡片。

OCLC CJK350 自1987年正式問市以來，至1989年10月止，全世界已有七十所圖書館使用此系統，其中包括二十所美國大學圖書館[11]。至1990年1月，OCLC 線上聯合目錄的中日韓文資料已超過三十二萬筆。

肆、比　較

RLIN 系統最重要的優點在於其資料庫容量以及優秀的檢索能力。使用 RLIN CJK 的圖書館多是主要的大學與研究圖書館，這些圖書館收藏的東亞有關資料約佔全美東亞資料的百分之六十。而 RLIN CJK 亦提供布林邏輯運算子、截位功能、關鍵字及主題檢索的能力，只要使用者能克服輸入方式的困難，RLIN CJK 應能做為線上公共檢索的工具。

OCLC CJK350 系統最大的優點則在其多變化的輸入方法及印製卡片功能。不同的輸入方法對不同背景的使用者而言十分方便。而其印製卡片的能力更對東亞圖書館助益良多，因為大多數東亞圖書館仍仰賴印有母語字體的卡片目錄提供公共檢索。

OCLC 與 RLG 除結合會員圖書館提供的原始編目及舊有書目資料的修正外，更著手向中國大陸、臺灣及日本的圖書館機構尋求書目資料來源。若這些計畫得以完成，此二系統將能提供全世界中日韓文資料之檢索管道。目前 OCLC 與 RLIN已同意交換書目資料及合作施行電腦連線的標準[12]。此二大系統若能有更進一步的溝通與合作，美國的東亞圖書館與學術界將獲益匪淺。

伍、研究問題

欲了解 RLIN 與 OCLC CJK 系統在整個書目界的地位，必須知道該二系統的使用情形。本次研究旨在探討下列問題：

1. RLIN CJK 及 OCLC CJK 350 提供會員圖書館哪些功能？
2. 對會員圖書館而言，此二系統的優點、缺點為何？
3. 此二系統與其會員圖書館的自動化系統之間的關係為何？
4. 東亞圖書館自動化將如何發展？在最近的將來，是否可能將此二大系統與會員圖書館之區域自動化系統整合，以提供完整的線上服務？其最大的障礙是什麼？

陸、研究方法

為研究這些問題，本人針對全國使用 RLIN CJK 及 OCLC CJK350 系統的圖書館進行調查。問卷內容分為下列幾大部分：

1. 東亞館藏的一般性資訊：館藏所在館藏量、館員人數及公共檢索工具；
2. RLIN 及 OCLC CJK 系統的使用資訊：系統裝設日期、終端機數目、系統為館藏提供的功能、系統的優點與缺點；
3. 區域圖書館自動化系統：區域系統名稱、啟用時間、發展過程、有哪些功能、處理非羅馬語系資料之能力（若無法處理非羅馬文，困難何在？此機構是否將發展此項功能？若是，何時？用什麼方法？若否，原因為何？）；
4. 區域自動化系統與 CJK 系統間的關係：CJK 系

統是否與區域系統平行並存？亦或只是用來轉錄
（download）書目資料到區域系統？若只是用來轉錄
資料，如何進行？轉錄時母語字體如何處理？

　　RLIN 和 OCLC 各將其 CJK 系統的會員名單提供給
本人，1990年1月中，本人將問卷寄給43個會員圖書館，其
中 OCLC CJK350 20個；RLIN CJK 23個。但因哥倫比亞大學
有二個圖書館使用 RLIN CJK 系統，因此實際的參與機構應
計為42個。追蹤問卷於二月底寄出（主要在提醒未回函的會
員）。三月中，資料收集工作告完成，回收率接近百分之九
十（42個機構中有38個寄回問卷）。

柒、調查結果

一、東亞圖書館的一般資訊

　　表1為各館藏資料的典藏位置及涵蓋的語言；表2為館藏
量（單行本）及工作人員數的對照。

1. 館藏位置 ── 38個館中，30館（79%）有獨立的東亞
   圖書館或在一般圖書館中有獨立東亞館藏區。（見表
   1）
2. 涵蓋語言 ── 37個館回答此問題，各館皆有中文及日
   文資料；32館（86%）有韓文資料；10館（26%）有
   中、日、韓文以外的資料。（見表2）
3. 館藏量 ── 本題有35館回答。其他3館館藏量根據1988
   年東亞圖書館委員會資源調查小組（The Task Force
   for Annual Review and Survey of Library Resources of the
   Committee for East Asian Libraries）所統計之數字。各館
   單行本館藏量在一萬五千冊至七十三萬四千冊之間，
   其中有21館（55%）館藏超過十萬冊。18個館（47%）

有一千種以上的期刊。13館（34%）有微縮影片。

4. 館員人數 ── 館員人數為1.26至35.65個 FTE（一個 FTE代表一個全職人員，其總數為所有全職、兼職人員的合計）。27館（71%）有4位以下的專業館員。只有7館（18%）的專業館員比非專業館員多。很明顯的，除了館藏最多的2館外，其他各館的人員數，並不與館藏量成正比。

5. 公共檢索工具 ── 38館都有中、日、韓文資料的卡片式目錄做為公共檢索工具。除卡片外，8館（21%）另有微縮影片目錄；28館（74%）有區域線上目錄系統（提供羅馬拼音的書目資料）；22館（58%）使用OCLC 或 RLIN CJK 系統；4館（11%）有其他裝置，如書本式目錄。

表1　館藏位置及涵蓋語言

	館數	百分比
館藏位置：		
獨立典藏	30	79
混合典藏	8	21
涵蓋語言：		
中　　文	37	100
日　　文	37	100
韓　　文	32	86
其　　他	10	27

表2 館藏量及館員人數對照表

館藏量		（單位：1,000冊）	
館員數（FTE）	<100	100~299	>300
專業館員　　0~2.0	13	4	0
2.5~4.0	3	5	2
4.1~6.0	1	2	1
6.1~8.0	0	0	4
8.5+	0	1	2
非專業館員　0~2.0	11	0	0
2.1~4.0	4	7	0
4.1~6.0	1	3	0
6.1~8.0	1	0	3
8.1~10.0	0	0	0
10.1+	0	2	6

二、CJK系統使用情形

1. 使用之系統——有18個使用 OCLC CJK350 及20個使用RLIN CJK的圖書館回答問卷。17個館藏在十萬冊以下的圖書館中，有9館（24%）使用 OCLC CJK350，8館（21%）使用 RLIN CJK，12個館藏在十萬至二十九萬冊的圖書館中，有7館（18%）使用OCLC CJK350，5館（13%）使用 RLIN CJK，9個館藏在三十萬冊以上的圖書館中，有2館（5%）使用OCLC CJK350，7館（8%）使用 RLIN CJK。館藏量大的圖書館多使用 RLIN CJK 系統，因為它們多為研究圖書館組織（RLG）的會員。

2. 裝置時間——表3為歷年裝設OCLC或RLIN CJK系統的圖書館數與館藏量間的關係。

除了1987年裝設館數明顯減少外，其他年份皆無明顯改

變。而1986年 OCLC CJK350 問市時，所有新的會員圖書館皆裝設 OCLC 系統，則是個很有趣的現象。1989年，二系統的裝設數字相當，但未來情況仍難預料。在比較裝設年份與館藏大小的關係時，發現館藏量大者裝設時間通常較中、小型圖書館早；但這並非絕對，例如，有四個小型圖書館早在1986年以前即已裝設 CJK 系統。

表3　1982~1989年裝設CJK系統之館數與館藏量對照表

年份	系統			館藏量（單位：1,000冊）		
	OCLC	RLIN	總計	<100	100~299	>300
不詳	1	1	2	1	1	0
1982	0	2	2	0	0	2
1983	0	5	5	1	0	4
1984	0	3	3	2	1	0
1985	0	4	4	1	2	1
1986	7	0	7	3	4	0
1987	1	1	2	1	0	1
1988	6	1	7	3	3	1
1989	3	3	6	5	1	0
總計	18	20	38	17	12	9

3. 終端機數目——表4為回答此問題的36館使用終端機數之統計。其中14館（39%）有一台終端機，10館（28%）有二台終端機，6館（17%）有三台終端機，5館（14%）有四台終端機，1館（13%）有六台終端機。若估計未提供資料的2個館至少各有一部終端機，則終端機的總數有80部以上。

4. CJK系統的功能——表5為37個填答者之統計（答案可複選）。各館皆利用CJK系統；17館（46%）以之為線上公共目錄（此與前面所提，58%的會員以此二系統為公共檢索工具的統計數不符，可能有些填答者對

題目有誤解）；13館（35%）以之為館際互借的輔助
工具；6館（16%）利用該二系統從事採訪有關的工
作（如訂書前的檢索，以避免重複，及書目資料的印
證。）只有1館（3%）使用它們做期刊管理。

表4 終端機數目

終端機數	百分比
1	14
2	10
3	6
4	5
5	1
未填答	2

表5 CJK系統的功能（館數：37）

功能	OCLC	RLIN	總計	百分比
採訪	3	3	6	16
編目	17	20	37	100
線上公共目錄	6	11	17	46
期刊管理	0	1	1	3
館際互借	4	9	13	35

CJK系統之優點

本題設計之原意為讓各館衡量（以1~5為範圍）CJK 系
統各優點對該館的重要性。但有些填答者誤解題意而做點與
點間的比較，因此解釋調查結果的方法必須調整。本人乃將
37館分為二組：依指示做答者為 A 組（共26館，70%），其
餘為 B 組。僅以 A 組之答案做為統計數值範圍及中值之根
據。同時亦計算 A、B 二組選擇各優點的總數。不論數值為
何，只要選擇某一優點即計為一票。

表6A　OCLC CJK350的主要優點

主要優點	A組		A組及B組	
	中值	點數範圍	票數	百分比
提高編目效率	5	2~5	15	88
權威控制	4	3~5	12	71
本館館藏資訊之取得	3	1~5	14	82
其他館藏資訊之取得	3	1~5	15	88
提高館員士氣	3	1~5	14	82
提昇圖書館形象	4	1~5	14	82
	館數：11		館數：17	

表6B　RLIN CJK的主要優點

主要優點	A組		A組及B組	
	中值	點數範圍	票數	百分比
提高編目效率	5	2~5	20	100
權威控制	5	1~5	17	85
本館館藏資訊之取得	4	1~5	19	95
其他館藏資訊之取得	5	1~5	19	95
提高館員士氣	3	1~5	13	65
提昇圖書館形象	3	1~5	16	80
	館數：15		館數：20	

表6C　OCLC CJK350及RLIN CJK的主要優點

主要優點	A組		A組及B組	
	中值	點數範圍	票數	百分比
提高編目效率	5	2~5	35	95
權威控制	5	1~5	25	68
本館館藏資訊之取得	4	1~5	33	89
其他館藏資訊之取得	4	1~5	33	89
提高館員士氣	3	1~5	27	73
提昇圖書館形象	3	1~5	30	81
	館數：29		館數：37	

　　表 6A、6B、6C 為 OCLC CJK350 及 RLIN CJK 系統主要優點之統計結果。由表 6A 及 6B 可知，二系統各主要優點之評價大致相同，僅「其他館藏資訊之取得」一項，RLIN 較 OCLC 為高。原因可能是 RLIN 資料庫中包含同一本書不同圖書館的資料，而 OCLC 僅提供單一的書目資料而附上其他的館藏資料。RLIN 的做法提供使用者更詳細的館藏資訊，如不同圖書館的索書號、版本等。另外一個原因可能是 RLIN CJK 會員館際互借活動較 OCLC CJK350 會員為多。（見表5）

　　據表 6C 中 A 組的統計，二系統最主要的優點依序為提高編目效率、權威控制、其他館藏資訊之取得、本館館藏資訊之取得。但若以票數統計來看，排名順序應為：提高編目效率、本館館藏資訊之取得、其他館藏資訊之取得、提昇圖書館形象、提高館員士氣及權威控制。

CJK系統的主要缺點

　　本題與前一題相同，有許多填答者誤解題意。因此本人亦以前一題之方式加以分析。有27館（75%）填答方式正確，因此列為A組，統計結果見表7A、7B、7C。

表7A　OCLC CJK350的主要缺點

缺點	A組		A組及B組	
	中值	點數範圍	票數	百分比
反應時間慢	3	1~5	13	76
資料品質	3	1~5	15	88
不易熟練	1.5	1~4	13	76
檢索方式	4	1~5	16	94
顯示格式	2	1~5	12	71
不適合公共使用	3.5	1~5	13	76
系統當機	2	1~4	12	71
硬體故障	2	1~3	13	76
價格太高	2	1~5	12	71
聘請有經驗之館員	3	1~5	12	71
RLG/OCLC提供之維修	2	1~4	12	71
		館數：12		館數：17

表7B　RLIN CJK的主要缺點

缺點	A組		A組及B組	
	中值	點數範圍	票數	百分比
反應時間慢	2	1~5	18	90
資料品質	3	1~5	17	85
不易熟練	2.5	1~5	16	80
檢索方式	1	1~4	14	70
顯示格式	1	1~4	9	45
不適合公共使用	3	1~5	15	75
系統當機	2	1~5	15	75
硬體故障	1	1~5	15	75
價格太高	3	2~5	18	90
聘請有經驗之館員	4	1~5	15	75
RLG/OCLC提供之維修	1	1~2	11	55
	館數：15		館數：20	

表7C　OCLC及RLIN CJK系統的主要缺點

缺點	A組		A組及B組	
	中值	點數範圍	票數	百分比
反應時間慢	2	1~5	28	76
資料品質	3	1~5	32	86
不易熟練	2	1~5	29	78
檢索方式	3	1~5	30	81
顯示格式	2	1~5	23	62
不適合公共使用	3	1~5	28	76
系統當機	2	1~5	27	73
硬體故障	1	1~5	29	78
價格太高	3	1~5	31	84
聘請有經驗之館員	3	1~5	27	73
RLG/OCLC提供之維修	1	1~4	23	62
	館數：27		館數：37	

由表 7A、7B 可知，二系統之會員在使用時所遭遇的困難各有不同，但仍有相似之處。OCLC CJK350 會員在「檢索方式」一項之點數遠較 RLIN CJK 為高。本人認為可能是 OCLC CJK350 缺乏關鍵字、主題及其他相關的檢索能力。而 RLIN CJK 會員在「價位太高」一項的點數遠較 OCLC CJK350 為高，這個結果並不意外，因為 RLIN CJK 會員至今使用第一代的終端機；當新的 MSW 機種普遍裝設後，情況將會人為改觀。但令人驚訝的是，二系統的會員皆將「不適合公共使用」一項列為前三項最大問題之一，儘管 OCLC CJK350 已提供多種的輸入方法，而 RLIN CJK也提供了多種顯示格式。這個問題值得進一步研究。

表 7C 中 A 組，二系統最主要的缺點為不適合公共使用、價格太高，及不易聘請有經驗的館員。A 組及 B 組合計結果前三位為資料品質、價格太高及檢索方法。

三、區域圖書館自動化系統之資料

38館中有4館（11%）還沒有區域圖書館自動化系統。反之，有10館（26%）有一套以上的系統以處理不同的圖書館功能。大多數的圖書館有整合性圖書館自動化系統。

捌、自動化的年份

表8列出34個機構進行圖書館自動化的年份。若某機構有多套自動化系統，則以第一個系統裝設的年代為準。大多數的圖書館（63%）在1985至1989年間裝設自動化與中、日、韓文館藏自動化年代之關係，特製作表9以供參考，而由表9可知，很早將一般館藏自動化的機構，中、日、韓文館藏不一定較早自動化，令人驚訝的是，有16個機構的中、日、韓文館藏自動化較一般館藏自動化為早。

表8 自動化的年代

年代	館數
不詳	4
1970~1974	1
1975~1979	4
1980~1984	5
1985~1989	19
1990	1

表9 一般館藏及中日韓文館藏自動化的年份

一般館藏	中日韓文館藏									
	年代	不詳	82	83	84	85	86	87	88	89
	不詳				2	1		1	2	1
	70						1			
	75			1						
	77						1			
	78	1							1	
	79									1
	80								2	
	82			1						
	83								1	
	85					1	2		1	1
	87									1
	88			3	1	2	1	1		2
	89		2				1			
	90						1			
	無	1						1	1	1

玖、區域系統的發展

　　表10為各館發展區域自動化系統的方法。大多數圖書館
（65%）採用現成的轉鍵式系統（Turn-key system）經過改良
的商業系統。只有29%的圖書館自行發展系統（這些圖書館的
中日韓文館藏多在十萬冊以上）。

表10　區域系統的發展方法

方法	館數	百分比
自行開發系統	10	29
轉鍵式系統	13	38
改良式系統	9	27
其　　　他	2	6

拾、區域系統功能

　　表11為圖書館區域自動化系統功能之統計。填答的34個機
構中，只有8個（25%）包含所有的功能；18個機構（53%）
的系統有4個最基本的圖書館功能：採訪、流通、線上公共目
錄及期刊管理。大多數機構有線上公共目錄、流通及採訪系
統，少數機構的系統尚有其他功能，如書目維護及電子郵件
等。

表11　區域系統功能

功能	館數	百分比
採　　　訪	23	68
線上公共目錄	34	100
流　　　通	28	82
期　刊　管　理	20	59
館　際　互　借	14	41
會　　　計	19	56

拾壹、處理非羅馬字資料之功能

　　只有27館回答區域系統是否能處理非羅馬字資料的問題，所有答案皆為否定。有23館（85%）將問題歸於硬體的限制，22館（81%）歸因於軟體的限制，11館（41%）的原因為經費不足，5館（19%）則因館藏量少，沒有圖書館歸因於沒有需要。

表12　未發展處理非羅馬字資料能力之原因

原因	館數	百分比
硬　體　限　制	9	56
軟　體　限　制	9	56
經　　　　　費	7	44
館　藏　量　小	2	13
OCLC/RLIN CJK系統已足夠	2	13
其　他（重　要　性　低）	5	31

拾貳、未來發展

　　有29館填答未來是否發展處理非羅馬字資料的能力，13館（45%）答案為肯定，然而只有1館確定會在三~五年內發展，其他皆無明確的發展時間。在發展方法方面，有5館（17%）計畫採修改現有系統的方式；有1館（3%）計畫購買可與原系統連接之獨立硬體；3館（10%）將試探多種可行的方式；2館（7%）尚未有明確的計畫；其餘2館（7%）則將仰賴原有廠商為它們進行，而有16館（55%）表示他們將不發展此種系統能力。表12列舉不發表此種能力的各項原因。

　　（D）CJK系統與區域系統之關係

　　表13顯示 CJK 系統與區域系統間的關係，在32個填答者中，4館（13%）有並行系統（一個處理羅馬語系的區域系統，一個處理東亞語系資料的CJK系統）；有28館（88%）

將線上 CJK 系統的資料轉錄（download）至區域系統。其中有26館填答了轉錄方式：有4館（15%）直接由 CJK 系統轉錄至區域系統（每週或每月一次）；有1館（4%）使用其他方式。而轉錄時，各館對中日韓文字的處理方式為：8館（31%）自動將中日韓文字自區域系統刪除；13館（50%）將中日韓文字之譯碼儲存於區域系統（但不顯示給一般讀者）；5館（19%）採折衷方式　在區域系統中刪除中日韓文字，但保存檔案磁帶，以便日後使用。（表13）

表13　CJK系統與區域系統之關係

	OCLC使用者	RLIN使用者	百分比
關係：（n=32）			
並行系統	2	2	13
從CJK系統轉錄資料	14	14	87
轉錄方式：（n=26）			
直接	2	2	15
透過磁帶	10	11	81
其他方式	1	0	4
文字處理（n=26）			
刪除	1	7	31
儲存於區域系統	7	6	50
另存於磁帶／檔案	5	0	19

拾參、討　論

此一調查的結果產生如下的答案：

一、功　能

調查結果顯示，編目是 CJK 系統最重要的功能。雖然有46%的圖書館表示他們也以之為線上公共目錄，但大多數聲明此一功能很少被利用。館際互借（僅只資料檢索及查證）則

為第三重要的功能，但此功能也很少被利用。此二　CJK　系統皆有提昇及發展新功能的必要。

二、優點與缺點

　　雖然填答者因誤解題意，造成統計的小困擾，本人仍得以採用不同的方式做分析。A組的統計結果為優點及缺點的重要程度排名；A組及B組的票數統計則反應出一般圖書館關心的問題。雖然兩種統計方式結果有些許不同，但其中仍有些一致性，例如：二種統計方式皆顯示　CJK　系統最重要的優點為提高編目效率，價格太高也皆被列為三大缺點之一。

　　經進一步研究表6C及7C中A組的中值（Median），發現各館對　CJK　系統優點的重視程度較缺點為高（優點的中值範圍為3~5；缺點則為1~3）。由此可知，此二系統的優點被視為較缺點為重要　這對此二系統或許是個具鼓勵性的結果。

三、關　係

　　大多數（87%）圖書館將資料由　CJK　系統轉錄至區域系統。由於各館之區域系統皆無處理及顯示中日韓文字之能力，31%的圖書館必須將書目資料中之母語部分刪除。這表示只有羅馬拼音之書目資料被轉錄。母語字元則無法利用。很幸運地，大多數的圖書館將母語部分的欄位保存於區域系統中或單獨的磁帶。或許這些資料目前無法利用，但未來區域系統處理非羅馬語系資料之能力發展完成後，它們將可能被充分運用。

拾肆、未來展望

　　雖然大多數的圖書館希望他們的區域系統有處理非羅馬語系資料之能力，但只有45%的圖書館有此發展計畫，最主

要的障礙在於硬體及軟體的限制及經費問題，重要性不高也是主要原因之一。但隨著科技的進步，硬、軟體問題應能解決。剩餘的問題也可經由東亞圖書館與其直屬機構的持續投入而輕易地解決。發展處理非羅馬語系資料之能力不僅能解決中日韓文資料的問題，對其他非羅馬語系資料的處理也會有所助益。

對自行開發的區域自動化系統而言，發展計畫或許需個別進行。對轉鍵式或改良式商業系統而言，使用同一系統之圖書館及廠商之間的合作，則是經濟而有效率的解決辦法。

拾伍、結　語

經由此一研究本人認為，分擔編目成本（財力與人力）在 OCLC 及 RLIN CJK 系統下已充分實行，因為所有會員圖書館皆利用該二系統編目。而館際互借而使用該二系統的量若增加，也有助於資料共享。目前許多舊資料的館際書目查證仍藉助一些主要東亞圖書館目錄及胡佛圖書館目錄等。待各館的回溯性書目轉換計畫完成後，為館際互借而使用此二系統者將會大量增加。

然而，美國各東亞圖書館的館藏並未完全整合納入其直屬機構的主要館藏。大部分機構雖將羅馬拼音的中日韓文書目資料併入區域系統中，但這些資料並不實用。因為中日韓文中有許多同音異義字，羅馬拼音對使用者，甚至訓練有素的館員而言，並不容易辨認。東亞圖書館仍十分仰賴卡片或目錄做公眾服務。OCLC 及 RLG 的重要產物 ― OCLC CJK350 及 RLIN CJK ― 大體而言，僅使東亞圖書館的編目館員在工作上更為方便。但他們在編目時輸入的母語部分，在轉錄過程中卻被刪除了。這不但是東亞圖書館，也是整個書目界資源的浪費。

　　要將東亞圖書館藏及其他非羅馬語系館藏納入書目主流，而形成一完整的自動化公共檢索目錄，必須致力於改善區域自動化系統處理非羅馬語資料的能力。各東亞圖書館的主動參與和合作，OCLC 及 RLG 專家們對非羅馬語系資料的電腦處理之專業知識，以及各主要學術機構的努力，皆為達成此目標的關鍵因素，我們希望這個目標能在五至十年內圓滿完成。

附　註：

* 　現在美國加州大學洛杉磯分校東亞圖書館館員
** 現任兒童圖書館館員

註　釋：

1. Lucy A. Tedd. "Computer-based Library System: A Review of the Last Twenty-one Years," *Journal of Documentation* 43:145-61 (June 1987).
2. "Five Years of CJK," *Research Libraries Group News* 17:3 (Full 1988).
3. Wen-kai Kung, "Computerized Cataloging of East Asian Vernacular Materials in Non-RLIN Libraries of North America" *Association for Asian Studies (AAS) Committee on East Asian Libraries (CEAL) Bulletin* 80:5-10 (Dec. 1986); Hee-Jung Lee, "A Study of Automated Cataloging System for Chinses, Japanese, and Korean Materials " M.L.S. specialization paper, (Grad. Sch. of Lib. And Info. Sci., University of California-Los Angeles, 1985); Karen T. Wei, "Current Status and Future Trends of East Asian Library Automation in North America, " *Information Technology and Libraries* 5:140-46 (June 1986).
4. John Haeger, "An RLG Plan for the Inclusion of East Asian Records in the Research Libraries Information Network," *International Association for Orientalists Librarians (IAOL) Bulletin* 24-25:38-43 (1984) , and his "RLIN CJK: A Review of the First Five Years," *IAOL Bulletin* 30-31:18-20 (1987); Jay Lee, "Cataloging CJK Online: The ASIA Experience," Paper presented to subcommittee on technical processing, CEAL, AAS Conference, Mar. 16, 1989; Alan Tucker,

"The East Asian Project of the Research Libraries Group," *AAS. CEAL. Bulletin* 69:12-24 (Oct. 1982); Andrew Wang, "OCLC CJK Automated Library Information Network," *Journal of Library & Information Science* (Taipei) 11:143-53 (Oct. 1985); and Karen T. Wei, "RLIN CJK vs. OCLC CJK," *Journal of Educational Media and Library Science* 24:82-94 (Autumn 1986), in Chinese.

5. Research Libraries Group, *RLG CJK Terminal Manual* (Stanford, Calif.: Research Libraries Group, 1983), p.25-26.

6. "RLIN MultiScript Workstation Enthusiastically Received," Research Libraries Group press release, May 5, 1989.

7. "Five Years of CJK" *Research Libraries* Group News, p.3-11.

8. Wang, "OCLC CJK Automated Library Information Network," p.143-53, and system information prepared by him for the author (Jan. 11, 1990).

9. Ibid.

10. "The EPIC Service Is Introduced," *OCLC Newsletter* 183:10-16 (Jan./ Feb. 1990).

11. "Use of OCLC CJK350 System Grows," *OCLC Newsletter* 181:31 (Sept./Oct. 1989).

12. "OCLC and RLG to Cooperate on Compatibility in Computer Linking," Research Libraries Group press release, May 7, 1990.

Translated and published with permission of the American Library Association from *C & RL* 52, no. 6 (November 1991): 559-573. （本文經美國圖書館協會研究圖書館協會同意翻譯出版）

原載於《圖書館學與資訊科學》18卷1期，民81年4月，頁96-113。

賀辭（聯）與講詞篇

三人行必有我師

記得民國四十八年進入圖書館領域後，就得悉我國圖書館界耆宿沈祖榮先生對發展中國圖書館事業的卓越貢獻。此貢獻又有其哲嗣沈寶環博士傳薪、繼承父志，為我國圖書館學奠定下穩固的基礎，也為臺灣的圖書館事業創下了一個新紀元。

民國六十年代，返國服務十八年中，經常在圖書館界的活動中向沈教授請益，獲益甚多。尤其在主持國立臺灣師範大學圖書館期中，每辦理專業活動，必先就教於圖書館界先進，沈教授就是其中一位。他的謙虛、和藹誠懇的態度及不厭其煩地指導及鼓勵後進的風範都令人欽佩。

沈夫人賀湘雲女士是我同系之學姊，賢淑謙和，堪為女性楷模。由於沈夫人的關係，了解到沈教授敬老尊賢、寬厚為人及教學認真的精神和愛國的情操。更深入的了解是在民國七十一年辦理美國資訊科學學會中文資訊研討會期中。為了向海外推介我國資訊研究成果，在中美會、李國鼎、蔣彥士和王紀五各位先生的大力支持下，我組織了一次別具風格的研討會，將國內圖書館自動化、電腦輔助教學等研究成果在美國資訊科學學會的年會中發表。一行十餘人連同十一篇論文向國際資訊界進軍。推請王館長振鵠為團長，藍乾章教授和沈寶環教授分別擔任副團長領導大家。此次會議中，沈教授除了發表精闢言論、進行學術外交外，也發揮他在一切圖書館事業團體活動中的一貫作風。大家也體念到這位長者大公無私、體諒部屬、關心團體榮譽，維護中華民國權益的苦心與努力。在打國際戰時，有這位長者給予無形而有力的支持，得以順利達成任務。

沈教授不斷地繼續在國際資訊界為爭取我國專業權宜而

努力，這種鍥而不捨的精神令人感佩之至。

　　七十三年出國後經常保持聯繫，沈教授的直言鞭策與鼓勵，促使我為圖書館事業做些有限的奉獻，再度於去年返母校做點回饋。今值　沈教授七秩華誕，我感佩之餘，雖無為其弟子的榮幸，但願以師敬之，特撰此文藉表衷心祝賀之意。

　　　　　原賀辭於1989年6月23日沈教授寶環
　　　　　七十華誕時發表。

如何利用圖書館的資料

今天應主辦單位聯合報和聯合文學之邀，到臺灣省第五屆巡迴文藝營來與各位分享個人對利用圖書館的資料的一點認識與心得，希望能對各位在文藝創作及新聞報導收集資料方面有所助益。首先應向主辦單位主辦此活動的崇高宗旨表示敬意和謝意。他們落實文化活動、培養文學創作及新聞寫作人才、推廣文學創作風氣、提升生活情趣，使文化、文藝活動與生活融合為一，而有助於多元社會的發展。這種一貫的精神、嘉惠社會人士之舉很令人欽佩。

今天要向各位說明三項：

1. 圖書館定義、一般功能及類型、組織與服務
2. 圖書館的資料類型與利用
3. 查檢圖書館資料的方式

壹、功　能

圖書館是收集與整理人類經驗的記錄，使之可供讀書使用的場所。它的價值在於為利用而存在，遠超過古時候圖書館所下的定義　不再是古時的藏書樓，知識的寶庫。掌握資訊就是從靜態走向動態，由於所隸屬的單位不同、所提供使用的對象不同、所藏資料的不同，所以有各種不同類型的圖書館。

貳、類　型

大致分為1.公共圖書館、2.學術性及大專圖書館、3.專門圖書館及 4.學校圖書館。顧名思義，公共圖書館是為大眾人民而設置的圖書館，大學圖書館隸屬在高等學府或研究單位，學校圖書館有隸屬於中學及小學的，專門圖書館則有兩種定義，一種是專門收藏某一類資料的，如電影圖書館、洪

建全視聽圖書館，另一類是專門為某種機構之特別性質而設的，如各種機關行號的圖書館，他們收藏的內容僅限於某幾種主題的，如新興的資訊圖書館，他的藏書內容都是有關電腦或資訊的。

目前在臺灣共有3,672所圖書館，其中包括

1. 國家圖書館 ── 總館及分館各一。
2. 公共圖書館 ── 336所，包括省市立圖書館4所，縣市立圖書館和文化中心圖書館21所，分館50所，民眾閱覽室14所，鄉鎮圖書館236所，社教館6所，私立圖書館69所。
3. 大專圖書館116所（大學17所，學院12所，專科77所，軍警學校圖書館10所）。
4. 中學圖書館364所，小學圖書館1755所。
5. 專門圖書館421所。

在文化建設的號召下，過去十年來，圖書館事業的確相當地蓬勃。

參、組織服務

每一個圖書館在運作上定要收集圖書、整理圖書、物以類聚，使之分門別類便於使用，所以每個圖書館大約都有：

1. 採訪組、編目組：技術服務。
2. 典藏組。
3. 參考組、出納流通處：讀者服務。

也有一些圖書館再用資料來分室提供服務，如：期刊室、官書室等等。

圖書館服務方面有技術服務、讀者服務或公眾服務，各位利用圖書館時常用的項目都與他們有關。

圖書館技術服務是組織圖書館分類編目，使書籍有所次

序可以順序排列、便於找查，找到書要出借，就是流通出納的服務。例如有任何問題找不到書或查不到答案，就要利用參考服務，由館員提供協助或答案。所要的書你用的圖書館沒有，就可利用館際互借的方式向其它圖書館借來閱讀。這是一種互惠的服務。

肆、資料類型

圖書館的資料在過去都是限於書籍，而人類經驗記錄的媒介隨著時代有很大的變動及擴大。

外型上可分為印刷型、非書型、縮影資料、視聽資料、電腦資料。

伍、資料內容性質上可分

閱覽性的資料 ── 閱覽性資料可從頭讀到尾。

參考性的資料 ── 工具書。

1. 蒐集資料 ── 書目、索引、摘要、指引型工具書。
2. 解答疑難 ── 辭典、字典、地圖、年表、手冊。
3. 體例不同 ── 按排列法、四角號碼、部首、筆畫等。
4. 部分閱覽。

陸、參考書的種類

1. 語文問題（定義 ── 拼音、縮寫、圖片）── 字典辭典。
2. 關於某事 ── 百科全書。
3. 趨勢 ── 最近事件、年鑑及叢刊。
4. 人物 ── 傳記辭典。
5. 地名（位置概況、距離）── 地名辭典、地圖集。
6. 事實（統計資料、典故、規則）── 手冊。
7. 機構 ── 名錄、指南。

8. 如何做工作 ── 便覽。

9. 書目、各科文獻。

10.圖書 ── 視聽資料。

11. 索引 ── 將書籍中內容要項或主要各辭逐一摘出，依次排列、標註頁數，以便檢查，又稱為引得。

12.統計資料。

柒、藏書原則

圖書資料浩如煙海，參考書亦是品質不等，在使用資料時可以注意到選擇圖書的一些準繩：

1. 權威性：著者之學經歷及專長、出版單位之知名度。

2. 範圍：(1)涵蓋面、(2)新穎性、(3)目的與內容是否符合、(4)有沒有參考書目和進一步閱覽的材料。

3. 處理的方式（Treatment）：(1)正確性、(2)客觀性、(3)風格適用之讀者。

4. 編排方式：排列是按分類、時代、區域或字順排。正文有無索引、是否完整。

5. 外型（Format）：裝訂、紙張、開式、字體、插圖是否精良。

6. 其他的特點。

捌、利用方式

查檢資料的方式

要利用圖書館內的資料，必須掌握到開啟門的鑰匙，亦就是目錄的使用。在圖書館裡的目錄有三主種：1. 卡片式、2. 書本式、3. 線上電腦作業式。

1. 卡片式主題標題（Subject Heading）、著者姓名、作

品書名。我國的圖書館通常以分類來取代標題，著者姓名、書目大都按筆畫、筆順排，分類目錄則按分類法來排，英文書籍大都用字典式排列，也就是將著者各書名及主題標題依字母順序來排。讀者可參照每一個圖書館在目錄櫃上的說明進行查檢的工作，這一個步驟主要的是讓讀者考查到一個排架的號碼，這個號碼大都是由兩部分組成

028　上面一行代表類號
8767　下面一行代表作者號

兩者合併就代表這本書的號碼。參考書在這兩組號碼前有（參）或　"R"　或　"B"　以表示是參考書或書目。讀者取得這個號碼後就可以在陳列的書架上依次取及該書。

2. 書本式目錄排列方式與卡片式相同，只是加上索引在書後便於查檢。書本式目錄有某一個圖書館藏書目錄，例如 G. K. Hall 最近出版哈佛的藏書目錄。有專題的，也有收集某一型態資料的。最有用的是聯合目錄，把分散在各圖書館裡的圖書列出。中華民國臺灣區公藏中文人文社會科學期刊聯合目錄，民國59年中央圖書館編。中華民國圖書聯合目錄，民國66年，收九所大學、四所公共圖書館的圖書按筆畫排，每年出版。

3. 電腦線上公共目錄 OPAC（Online Public Access Catalog）是將圖書館的書籍資料輸入圖書館內的電腦磁帶、磁碟或光碟片，然後在線上檢索出所需資料。在國外已經非常盛行。

另一種多館合作式線上目錄亦有一種聯合目錄，那就是例如美國 Online Computer Library Center（OCLC）、RLIN等

資訊網書目中心與各館連線，將各館的館藏經電信設備傳輸到資料庫，備會員圖書館利用。原來這種書目供應中心（Bibliographic Utility）只是以合作編目為目的，而現在可被利用為館際互借的工具。

近年來圖書館也利用新科技，增進圖書館的技術與讀者服務，嘉惠最多的是有關文獻的使用：例如 DIALOG、ORBIT、BRS 這些服務中心將各專題資料納入他們的系統，經過電傳設備提供給各館的讀者使用。我國的期刊也納入電腦，由中央圖書館在線上提供服務。英文的期刊論文則經國際百科的設備，在我國很多的圖書館都可以檢索到各類文獻。近年國科會更將國外科技的資料庫引進在國內提供線上檢索服務。

在邁向21世紀時，我們對於資訊的掌握更重視，我們也逐漸走向「人在家中坐，能知天下事」的境界，因為目前電腦被利用來作統計的資料庫：全文的資料庫 —— 字典、廿四史的開發成功使我們預料在十年之內，我們能坐在書房在電視螢幕上就可以看到所想讀到的書、查到所需要的資料。

今天由於時間的關係，向各位提出一項簡要的報告做為參考。

原講詞發表於民國78年8月19日上午8：00～9：40《聯合文學》於臺北淡江大學主辦之臺灣省第五屆巡迴文藝營（新聞組）第一梯次上。

考試院第八屆正副院長暨全體委員
任期屆滿歡送茶會致辭

院長、副院長、各位委員、王部長、關部長、林主任委員、陳局長、秘書長、各位院部會局同仁：

　　時光飛逝，六年的歲月，二千一百九十個日子，好像在剎那中就過去了。在第八屆任期屆滿的今天，謝謝伍秘書長非常細心地安排這個盛大的歡送茶會，相信此刻大家的心情都相當複雜，所謂 mixed feelings，一方面內心充滿了依依不捨的離情，一方面因為這一屆的工作很有成就而感到欣慰，另一方面更為院長、副院長、兩位部長、二位次長的高陞而喜悅。大家都認為在考試院的歷史上，第八屆對文官制度之建立與考銓措施之革新、獻替良多；尤其是過去三年來，邱院長卓越的領導，強化組織、銳意革新，績效卓著，使考試院獲得應有的重視，建立了考試院的新形象，廣為各界所推崇，媒體也爭相報導。副院長襄助院長推動院務，所主持的全院審查會也為歷任之冠，成功地凝聚共識，使院會順利通過法案，在院與院之間協調工作的成功更是功不可沒。各位考試委員更是積極研究考銓制度，認真審議議案，慎重決定政策，細心主持典試，多次國內、外考察，了解國內基層公務員問題，也汲取到不少他國經驗供參考，人人超出黨派，位位依法獨立行使職權，圓滿地達成多元任務。前天院長說：本屆共開過二八四次院會通過了一千二百七十三個議案，鼎鍾今天再補充訂定、修正和廢止法規亦多達五百七十七種，所通過的議案及法規種類是歷屆之冠。王部長領導考選部同仁健全考試制度、改進考試技術，充分發揮為國掄才的功能。關部長在二年內完成公務人員行政中立法、政務人員法、公

務人員基準法等重要人事法律草案，亦成立人事制度改進小組，針對四十二種研究專題，提出具體改進建議，種種措施嘉惠或維護公務人員權益，為人稱道。秘書長幹練周到，熱心服務、任勞任怨，令人佩服，院部會同仁人少事多，備極辛勞盡責敬業的表現、通力合作的精神，可以做為公務人員的典範。同時值得欣喜的是本院增設了公務人員保障暨培訓委員會、公務人員退休撫卹基金監理及管理委員會，加強公務人員之保障與培訓，推動退撫新制，都是本屆努力不懈所獲的具體成果，本屆考試院交出了一份很漂亮的成績單。相信在第八屆奠定了這麼良好的基礎上，跨世紀的第九屆可以順利地繼續努力。

　　院長、副院長是我們永遠敬仰的大家長，六年來考試委員之間、同仁之間，彼此都建立了如兄如弟如姐如妹的情誼，雖然以後我們不再日日相聚，但這些情誼是永恆而值得珍惜的。鼎鍾是很不善於辭令的人，一向是長話短說，而今用較長的時間回顧這一屆優異的建樹，是藉此向各位表示崇高的敬意。最後誠摯地恭祝院長、副院長，祝福各位考試委員、王部長、關部長政躬康泰、萬事如意，各位院部會局同仁，事業順利，安康喜樂。

原載於《考銓季刊》8期，民85年10月，頁104。

理事長年會致詞
中國圖書館學會第四十五屆第二次會員大會

各位貴賓、各位先進、各位同道、各位新聞界朋友，早安！

今明兩日，中國圖書館學會舉行第四十五屆第二次會員大會，並舉辦「圖書資訊基礎建設與學習社會」學術研討會，「邁向學習社會圖書館與你一起前進」圖書資訊與雜誌展，適逢週休二日，承蒙大家踴躍參與這個專業活動，充分表現各位對專業的重視，我特別要向各位表示敬佩之意。今年學會年會感到非常榮幸，恭請到　總統在九時半左右親臨致詞，對同道們的努力加以勉勵。

接下來要向各位介紹幾位貴賓，我們首先歡迎倡導終身學習的領航人 ── 林部長清江博士，今年年會的主題「終身學習」，就是受到林部長的啟發，我們熱烈掌聲歡迎他；第二位貴賓，洪立法委員秀柱，她是中華圖書出版事業發展基金會董事長，平日即對於圖書及資訊事業多所關心，今天能邀請到洪委員蒞臨，亦深感光榮。

我們尤其很慶幸的是能請到由遠道而來、國際知名的華裔學者，由於他們的光臨使我們的大會和研討會增色不少、也更為充實。首先介紹的是本會八十六年特別貢獻獎得獎人 ── 吳文津博士，吳館長剛剛由服務三十三年的哈佛大學燕京圖書館館長的職務榮退，他的一生都在海外致力於維護及宏揚中華文化，在維護我國圖書作業方面的權益，更是為我國奮力作戰，例如：力爭 Wade-Giles 拼音制度之沿用，貢獻之大，無可言喻；對學會的協助更是令人感佩，為培育圖書資訊人才，特別為我們爭取到韋棣華獎學金，今年大會恭請吳館長蒞會作精彩的專題演講，對我們提倡終身學習將有許

多卓越的見解，可供我們參考。

下一位我要介紹揚名國際資訊界、美國柯林頓總統資訊顧問陳欽智教授，陳教授對於協助國科會及科資中心資訊事業的發展，對資訊科技及資訊政策都有很獨到的卓見，功不可沒。這次陳教授能抽空蒞臨研討會作專題演講，分享她在美國專業的經驗和看法，我們也覺得非常地難得，在此表示謝意。

深深讓我們感到興奮的是，圖書館界久別的大老賴永祥教授能回國參與今年的年會，賴教授在我國圖書館技術服務方面，例如分類法之訂定；在教育方面，擔任臺大圖書館學系主任，對於圖書館界貢獻良多。今日我們有機會能親領教益，確實非常地難得。還要介紹代表美國圖書館協會和美國華人圖書館員協會來道賀的青年才俊，美國加州大學東亞圖書館的周幼蘭女士遠道來參與我們的年會，讓我們大家再次掌聲歡迎他們。

近年來，社會各界體認到圖書資訊的重要性，企業界紛紛熱情捐款支援圖書館事業，今年年會中，我們特別要向這幾位企業家表示我們由衷的謝意。捐助國家圖書館漢學研究中心研究工作的喜瑪拉雅基金會韓效忠董事長、以及基金會的江執行長；捐助學會成立學術論文發表基金的日月光文教基金會張虔生董事長、皇龍文化事業股份有限公司的黃新平董事長、黃仁中總經理，以及環隆電氣公司的蔡坤明董事長。

過去一年來，承蒙本會榮譽理事王振鵠教授、昌彼得副院長、胡述兆教授、盧荷生教授的卓越指導，各委員會主任委員和同道精心的策畫，學會在訂定圖書館法、向有關單位提供建立圖書館事業組織體系及知識服務系統的建議、進行調查統計規劃以了解圖書館界現況、研訂白皮書、因應千禧年圖書館電腦系統的危機，及提昇圖書館資訊素養、充實圖

書資訊教育內容方面，以及加強圖書館界同道繼續教育等都有所著力，盡力推展。這些工作的內容將由汪祕書長雁秋在會務報告時提出詳細的報告。圖書館法草案的訂定多蒙王振鵠榮譽理事、林文睿主任委員費盡心力才得以完成；圖書館調查和統計方面，亦由王振鵠榮譽理事指導、劉春銀主任委員主持，在極短期內完成規劃工作，備極辛勞；吳美美主任委員為白皮書盡心盡力；彭慰主任委員在出版和資訊系統方面努力不懈；陳昭珍主任委員在千禧年研討會及本會網頁方面的貢獻良多；賴鼎銘主任委員在繼續教育和研討會籌備事宜竭盡心力；李德竹教授、鄭恆雄主任委員在制定標準方面的付出；程良雄主任委員在公共圖書館等方面的大力協助。大家合作無間，不辭辛勞地推展會務，我們應該向他們的敬業表示誠摯的敬意與謝意。同時也要向國家圖書館莊館長芳榮、宋副館長建成和館內工作同仁，致上最深的謝意，國家圖書館不但提供辦公場所和部分設備，並和本會合作進行各項專案計畫之研究，包括全國圖書館調查統計規劃、《中國編目規則使用手冊》的編訂、《圖書館與資訊素養叢書》的編纂；Last but not least，汪雁秋秘書長、王梅玲副祕書長、陳麗玲小姐，義務地努力工作，在此也要特別向她們表示謝意。

我們在這個跨世紀時代裡，的確將面臨多元的挑戰，我們的行業受到不小的衝擊，例如：政府改造聲中，圖書館組織體制問題；新興科技變化中，圖書資訊服務的方式、專業人員培訓的方式和內容等等問題。面臨這種種的挑戰，我們必須以創新的理念及作法來加以因應，亦必須要有團隊合作的精神，全力以赴，來達到目標。最後謹以適用於企業的三個原則 —— 勇於接受挑戰、力持創新觀念、發揮團隊精神 —— 與大家共勉之，共同為推展圖書資訊事業而努力。希望大家都能共同攜手邁進，使圖書館這個終身學習的源泉，能充分的

發揮功能、達成任務。正值歲末，在這裡向各位拜個早年，
敬祝各位萬事如意、身體健康。

原載於《中國圖書館學會會訊》6卷4
期，民87年12月，頁5-6。

賀中國圖書館學會醫學圖書館委員會廿週年慶

　　中國圖書館學會係由圖書館從業人員及對圖書館事業有興趣的人所組成的專業團體，於民國14年成立於北京。政府遷臺後，民國42年在臺復會，以宏揚我國文化研究圖書館學術為宗旨，擔負下列任務：

1. 研究圖書館學與資訊科學之理論與實務；
2. 倡導國民讀書風氣，建立書香社會；
3. 建立圖書資訊從業人員之倫理規範；
4. 研訂圖書資訊之相關標準；
5. 推展圖書資訊從業人員之繼續教育；
6. 促進全國圖書資訊資源之開發與利用；
7. 謀求圖書資訊事業之合作發展；
8. 促進全國圖書館資訊網路系統之發展；
9. 編印出版圖書館學與資訊科學書刊；
10. 辦理其他合乎本會宗旨之必要活動。

　　醫學圖書館委員會是中國圖書館學會所設廿二個委員會之一，在實踐本會的任務方面不遺餘力、績效卓著。歷任主任委員，自民國68年第一屆開始到現在第20屆，經歷各主任委員：梁慕蘭、卓玉聰、張慧銖、副主委陳秀貞、范豪英、鄭建華、侯雲卿、嚴倚帆、王淑君、許英如諸位同道都精心策劃各種活動，使該會會員在工作上能相互支援，經常舉辦研討會，相互切磋，汲取新知尤為難得。內容十分豐富、多元化，研討會的舉辦不但嘉惠醫學圖書館界，對醫學界人士

利用資料方面也大有助益。

　　醫學圖書館委員會更進行多項研究，曾經修訂中國圖書分類法醫學類號，於72年修訂完成「中文醫學類表試用本」，彌補原來中國圖書分類法醫學圖書分號之不足。民國79年到81年間委員會更致力於標準的研訂，公布了醫院圖書館標準、醫院圖書館評鑑、教學醫院圖書館評鑑標準、教學醫院圖書館審查資料表、教學醫院圖書館評鑑評量表等等。

　　圖書期刊訂購費用之日益增高，圖書館界必須以資源共享的方式加以因應，可喜的是醫學圖書館同心合力編製聯合目錄，並訂定館際複印處理模式。使合作館可以確實地掌握各館的館藏狀況，更可以改善全文傳遞的整體流程。館際複印的處理，將不再限於人工時期的作業模式，改以讀者導向的原則來設計整體作業流程，使讀者尋求資訊的過程更為精確、便捷，而達到及時傳遞全文的理想。

　　醫學圖書館委員會能舉辦進修研習活動，修訂分類法、編製聯合目錄都是中國圖書館學會同仁們及個人感到無限欣慰的。貴會成立達廿年之久，成績優良，特此致賀並敬祝百尺竿頭更進一步，會務蒸蒸日上、日益昌隆。

原載於《中國圖書館學會會報》61期，
民87年12月，頁1-2。

1999海峽兩岸圖書館建築研討會講詞

　　主持人、張創辦人、張校長、邱主任、黃教授、黃館長、朱副館長、楊科長、各位貴賓、各位先進、各位同道和媒體界的朋友們，午安。

　　今天欣逢淡江大學舉辦一九九九年海峽兩岸圖書館建築研討會，本人應邀參加這個極具意義且預期有深遠影響、腦力激盪的盛會感到非常榮幸。高等教育學府要圓滿地達成教學、研究和服務的使命，必須要具備能發揮支援功能的圖書館。多年來淡江大學培育英才，從事廣博而深入的學術研究，並提供多元化的服務，此種種卓越的成就和貢獻都是有目共睹，也贏得國內外人士的讚佩。淡江大學的圖書館真正地扮演並印證了「圖書館是大學的心臟」角色和論點，尤其圖書館自動化服務和功能性的圖書館館舍更是促使它發揮大學心臟效用。圖書館的館舍是圖書館運作主要的三大要素之一，淡大早在創辦初期即成立覺生圖書館，和其他六個小型分館，但是根據圖書館資訊服務的理論，圖書館的建築日趨整合化（integration），利用創新服務方式，利用新興科技 — 電子化作業，以加強效率。淡江大學順應這個趨勢和觀念並配合淡江大學「國際化」、「資訊化」、「未來化」三位一體的治校政策，以短短一年的時間完成了這座可充分發揮圖書資訊功能的建築物，兼顧傳統（維持紙本資料）和創新（發展數位化資料，建立電子化圖書館），重視典藏，兼顧師生的需求和讀者查尋及應用資訊的能力，可以說這座因應時代趨勢，配合淡大特色的電子化圖書館是圖書館建築和營運規劃的典範。

　　此次會議邀請到這麼多專家學者，由規劃者、建築者、使用者以不同的觀點共同研討，分享兩岸的經驗的確是很難得的事情。建築物啟用後的檢討以供未來設計的參考更是極有價值，雖然主題是環繞在圖書館建築方面，而實際上所涉及的問題，不只是侷限於館舍。涉及問題層面相當廣泛，例如圖書館和資訊科學的理論、圖書資訊之相關培育從業人員之繼續教育、圖書資訊之相關標準、圖書資訊的利用，以及網站系統之發展。這些問題也是中國圖書館學會所重視的具體工作，此次淡大的會議可以說是實踐了圖書館學會所要推動的一些工作。預期覺生圖書館館務更加蒸蒸日上，在未來廿一世紀能充分達成新館新標誌所象徵的目的：網羅紙本及各種新媒體資料，透過電腦及通訊科技由館員協助讀者開啟知識之鑰（key to knowledge），並朝向全球化開放及未來無限發展空間的資訊及服務邁進，謹代表中國圖書館學會預祝大會圓滿成功，淡大校運昌隆，各位萬事如意、喜樂健康。

　　　　　　　原講詞發表於1999年4月29日在臺北
　　　　　　　淡江大學舉辦之「1999海峽兩岸圖書
　　　　　　　館建築研討會」。

新亞書院慶祝50週年紀念致詞

梁院長、黎館長、各位先進、各位同道、各位女士、先生，早安。

應邀參加母校成立50週年金禧慶，感到非常榮幸，特地專程前來道賀。50年前我是新亞書院第一屆的學生，雖然只讀了一年就到臺灣繼續求學，但是對創辦人錢穆老師、唐君毅老師、吳俊升老師和我父親這幾位熱心的教育家辛苦經營，讓流亡之學生可以在動亂時代獲得終生受用的基礎教育是我永銘於心的。當時校舍設備非常簡陋，但教學內容卻非常豐富。

卅年前我從美國回來在母校期刊部門服務，後來因為哈佛燕京圖書館館長裘開明先生到香港中文大學擔任館長職務，又追隨他到香港中文大學圖書館擔任編目工作。能目睹母校快速的成長和卓越的茁壯，真是令人欣喜。由三個書院合併而成的香港中文大學已成為享有國際盛譽的高等教育學府。更讓我們圖書資訊人士振奮的是母校以舉辦21世紀中文圖書館學術會議來慶祝校慶，可證實母校重視圖書館是教育基石的重要性。在邁向21世紀之際能讓相同語文，相同需求的圖書館可以藉此共聚一堂，研討各種資源共享和館際合作以因應新千禧年的新挑戰和新任務，我想藉這個機會向黎館長和參與會議籌備工作的各位女士表示最高的敬意和最誠摯的謝意。

身為校友也深以曾為新亞人為榮，特別要表示一點回饋的誠意，特別製作了這紀念品和小小捐獻，恭祝校運昌隆、大會圓滿成功！

原賀辭於1999年11月1日至11月5日
香港中文大學發表。

衷心的感謝和祝福

各位先進、各位同道，大家早安。

　　過去兩年來承蒙各位榮譽理事的精心指導，大多數常務理監事和理監事的支持和合作，各委員會主任委員和委員及專案小組對學會活動的投入和奉獻，秘書長和副祕書長不辭辛勞地襄助，我衷心感激。特地在今天來向各位表示誠摯的謝意。尤其要感謝黃代理事長世雄教授在過去兩個月中代理會務所付出的心力。也要特別謝謝國家圖書館莊館長和全體同仁對個人的協助，和對學會各項活動上給予人力和物力的支援。千千萬萬個謝謝也不能表示出我無限的感激。過去廿二個月中，捐募學術研究專案基金，鼓勵圖書館與資訊科學之研究發展，圖書館法、白皮書之繼續修正與撰擬《臺灣地區圖書館事業》之出版，促進圖資界知識與經驗分享和交流，舉辦及參與國際會議，推動資訊素養之提昇，因應千禧年圖書館自動化危機之研究，以及震災等活動，我深深為學會眾多同道們的智慧、才能、打拼和奉獻的精神所感動。我已年逾退休年齡，健康情形非常不理想，的確是交棒的時候了。在迎接新千禧年時，由於你們的努力和才智，讓我深深覺得一向弱勢的圖書館事業會有發揚光大的美景，但任何一個事業，尤其是圖書資訊業的發展，必須要建立在合作和團結上。我誠摯地祝福我國圖書資訊事業在未來理事長卓越的領導下，大家通力合作發揚光大；並向各位拜個早年，祝福每一位同道平安、健康、喜樂。

原載於《中國圖書館學會會訊》7卷4期，民88年12月，頁4。

賀沈寶環教授八十榮壽對聯

寶書發秘惠人多望隆環宇
湘芷揚芬吟詠廣澤應雲華

賀國家圖書館七十週年紀念對聯

圖資重鎮中外名揚
典藏經籍千載流芳

賀勉子炳孫卅初度對聯

濟世懸壺人所尊
學以致用德長存
宏仁博愛同銘感
萬里鵬程祝炳孫

追思文與輓聯篇

悲痛地回憶
母親逝世及喪葬經過

　　六十二年十一月十九日（農曆十月廿五日），那個陰霾下雨的日子，上午　母親聽說外孫開森身體不適，很不放心，特地一早就去鼎鈺寓所看護開森。傍晚，鼎鍾授完臺大的課程，駕車去迎　母親回家。路上談及老人家近日睡眠較差，晚上輾轉難眠，心中感覺不適，不知是否心靈相感，鼎鍾月餘也有那種感覺，每晨三時就醒，心緒不寧，再難入眠，當時即約定次日陪侍一齊去看醫生。（母親自民國五十四年患血管阻塞症時發現患糖尿病，經常注意飲食的節制，六十一年親往市場買菜，跌傷背骨，休養經年，始告康復，身體精神均較前為佳。）

　　晚上八時，鼎鍾帶了三個小孩和次晨早點再次去侍奉時，日本來訪的張無為大叔和惟華妹在家便飯。母親正為大叔餞行，殷勤地招待。不久，　母親以小孩們明晨要上學令速返寓。十時許，鼎鍾和　母親又通一次電話，討論如何招待甫自國外歸來的朋友，言談間並無異狀。十一月廿日（農曆十月廿六日），凌晨十二時卅分左右，鼎鍾尚未入睡，突然聽見惟華妹奔來捶門疾呼，說電話打不通，只有奔來告知：『伯母睡後，突感不適，大聲叫我，入室見老人家坐在床上，手捶胸口，突然倒下去。』鼎鍾即刻馳車趕到，　母親已口吐白沫，呼吸和脈搏都停止了。鼎鈺和剛劍相繼趕來，心臟專家俞瑞璋醫師亦隨救護車趕來，診斷為冠狀動脈栓塞，已無法救治，自發病到逝世只是短短的卅分鐘。據俞醫師說，即使在醫院發病，也要在三分鐘內施救，否則也無法回生。鼎鍾住得離老人家那麼地近，竟沒見到　母親的最後一面，

也沒聽到　母親臨終的一句遺言，真是悲慟遺憾之至，痛不欲生。

父親得悉回生乏術後，雖黯然神傷，以八七高齡，突遭喪偶之痛，情何以堪，但以平日修養，處變不驚，鎮定地指示我們幾項要點：（一）必須鎮定，以慰　母親在天之靈；（二）國難時期，節約為要；（三）覓地土葬，一切禮儀以莊嚴、隆重為原則，絕不可舖張；（四）不組織治喪會，不發訃聞。當時深夜，只電知在國外的源泉從速趕回。鼎鍾鼎鈺為　母親沐浴更衣，未幾梅芳四姨及幾家至親好友聞訊趕到。晨七時起，監察院螳秘書長、曾主任祕書及雲南同鄉多人均來致唁，襄助於九時移靈至市立殯儀館，延僧誦經，依禮成服，並在家設靈堂祭奠。擇訂於十二月八日（農曆十一月十六日）大殮。由十一月廿日至十二月八日，承監察院螳秘書長、曾主任祕書祥寬率同監院諸位先生協助鼎鍾鼎鈺辦理治喪事宜，選定香杉木壽材，特製七領五腰壽衣，曾往各公私墓地尋覓安息佳地，經十餘次實地勘察後，決定在依山面水，環境優美的富貴山建造墓園，由張禮文先生主葬，父親撰墓誌銘，請張定成先生及楊作福先生分別書寫和精刻，墓碑則請朱玖瑩先生法書。

因　母親篤信佛教，除了在善導寺和十普寺做七誦經外，南方寶生佛剎會和劉泗英伯伯及許多居士都自動為　母親舉行法會誦經超度，親友踴躍參加。天主教耕莘文教院郝繼隆神父和舊金山的牧育才神父都獻彌撒紀念　母親。十二月七日傍晚，小殮後即移靈至靈堂，親友及婿女外孫等均在殯儀館守靈，又承佛教法師和孫亞夫伯母等四十餘位居士在靈前誦唸三絲繫念經文至天明。十二月八日上午八時舉行家祭，九時公祭。靈堂中敬懸　總統題頒輓額「淑德貽徽」，對面懸掛著　嚴副總統所頒輓額「懿德長昭」。靈前恭置　總

統夫人及　副總統夫人所贈花圈，陳譚祥伯母所贈輓幛和蔣院長經國所贈花籃。祭壇陳列　母親生前喜用之食物，生果鮮花，香煙繚繞，素蠟高燒。靈堂內外懸滿了輓幛、輓聯，置滿了花籃、花圈。承　嚴副總統、張資政岳軍、陳資政立夫、何敬之將軍、谷正綱先生、倪院長文亞、田院長炯錦、余院長俊賢和鄭秘書長彥棻等二千餘位親友親臨弔唁，備極榮哀。典禮完畢後，移柩暫停於市立殯儀館停柩廳。

　　六十三年一月十四日（農曆十二月廿二日）清晨五時由殯儀館啟靈。歲末酷寒，斜風細雨中，執拂者送殯親友多達四百餘位。抵達富貴山後行告窆禮，由王德齋老伯主祭，於辰時安葬封穴，於是　母親遺體永遠安息於斯土矣。

　　母親一生克己待人，孝女淑媛、賢妻良母、坤元典型，兼備一身，　母親在堅苦中撫養教育鼎鍾鼎鈺成人，諄諄教誨，殷殷勗勵，此深恩尚未報答於萬一，　母親即溘然棄養，女兒等在週年忌辰之時，編印此集，並設立獎學金以紀念我等偉大的　母親。我等當永遠秉承　母親的教訓，在做人上要做到忠孝仁愛，在處世上做到信義勤謹，以告慰於　母親在天之靈。

　　後記：此紀念集承梁寒操老伯題耑，簡明勇先生協助編輯校對，謹此致謝！

原載於《張夫人孝餘女士紀念集》，
民62年，頁174-176。

秋夜哭父
紀念　先父蒓漚府君

病榻十日最後慈音

　　今年暑假裡，為了出席在美國德州舉行的圖書館建築研討會、美國圖書館協會年會，以及在丹麥召開的學校圖書館年會等三項國際性會議，順道收集資料並考察圖書館自動化作業，以為改善我國資訊服務的參考，我在六月十五日就啟程赴美轉丹麥。行前曾經安排照料父親飲食起居的細節，並請妹妹搬來侍候。

　　去國期中，經常函電聯絡，知道父親的身體和精神都很健適，老人家每天的日程都十分緊湊，也辛苦了妹妹往返奔波於辦公室和兩個家之間，外甥也經常和我的小孩一起隨侍在旁，老人家的心情特佳，我旅居在外也因此十分放心。八月下旬，會議完畢後，正打算到西雅圖等地考察圖書館系統作業後返臺，行前和家中通話，才知道那一天（八月二十二日），父親因腰痛入醫院檢查，心裡有點著急，但想到以往父親偶有小恙，我們姊妹都很小心，一定立刻延醫檢查，予以適當的治療，再加上父親在十八日那天還邀約了同鄉晚輩午宴，歡送丁懋時大使，料想四天之內不致有什麼變化，以為是微恙，妹妹只是按例侍老人家去檢查，所以僅僅安排挪動日程，設法早些回家，以備萬一檢查出什麼疾病時，好在傍伺候。豈料當天夜半接到外子由東京來的越洋電話，平日從不緊張的人，突然以慌張的口吻說：「爸爸病了，趕快回去。」這句話震撼了我每一條神經，急忙打電話到三總病房，聽到妹妹焦灼的聲音：「爸爸吐了血，現在加護病房急

救」。這個晴空霹靂的惡耗使我全身顫抖,無法自持,連夜打遍了航空公司的電話,因為暑期是旅遊季節,我國觀光事業又發達,所有飛機都全部客滿,最後用哀求的方式才獲得西北航空公司的座位,率領了父親最鍾愛的長女美孫趕回;美孫出生在美國,十八個月開始就回國跟隨著公公婆婆,老人家百般地寵愛她,剛入大學的她,無論如何要一齊回家侍候公公的病。一路上兩人緊張得無法合眼,不斷地暗泣,也不知道為什麼會有那種恐懼感?好不容易熬過了路途上的二十個小時,於八月廿四日半夜抵臺,直奔病房。加護病房是不准家屬入內探視的,幾經懇求才得入內二分鐘,看見父親躺在一間有六個人的病房裡,鼻孔裡穿入胃管,氣管切開抽痰,膀胱上插著輸尿管,動脈處切開輸入葡萄糖等營養劑,人事不知地躺在床上,誰也料想不到二十二日上午還親自為郎靜山先生撰詩祝壽,下午步行進醫院檢查的父親,不到廿小時就吐血昏迷過去,彈動不得了?任我呼喚,任我哀告,都喚不醒父親。我悔不該離開臺北那麼久,我恨自己無法確知父親患的是什麼疾病。接連下來的四個漫長晝夜,我們姊妹倆守候在病房外,一籌莫展,束手無策,每隔二分鐘,顛起腳尖張望那顯示心臟跳動和脈搏的儀器,除了希望儀器上顯示得正常外,毫無辦法;只有虔誠地祈禱,祈求老人家堅強的意志、對生命的熱愛、強烈的求生慾,和未完成的回憶錄工作,再加上醫藥的效力,可以使他老人家渡過難關而日漸康復。醫生們雖說盡力設法救治,但因昏迷後無法檢查,也不能確實診斷病因,只能治療一些不足以致命的併發症如輕微的肺炎、尿毒和發燒等症。廿五日起父親的手足會動,但神志不清。血壓突然在廿八日下降,上午十時許,醫生陪同我們入病房呼喚,當我們說:「鍾鍾回來了。」「您老人家要趕快醒,要趕快好。」於是父親用最大的力量,在塞滿管

子的喉嚨裡發出使我們驚喜如狂的聲音：「哦，回來了。」
我們繼續呼請他老人家睜開眼睛，早日康復，他老人家的右
眼也睜開了。但因喉嚨裡有管子，一說話就噁心，怕老人家
難過，我們也不敢再繼續說話。但聽了老人家的聲音後，心
裡踏實多了，老人家恢復了神志，既有反應，又會說話了，
料想距康復的時間不遠了。

瞬息之間遽傷永離

　　由於加護病房嚴格而違反人道的規定，我們被「請」了
出來，看不見、聽不到、照料不到；只有在病房門口祈求，
希望藉心電感應，老人家也許可以感覺得到，我們日夜都在
病房外守候，期待他迅速的康復。下午二時護士告訴我們父
親在說話，但聽不懂他說什麼，我們「特許」進去聽，我們
一聽就知道他老人家要小便，當我們說明已有管道在輸尿時，
老人家就很理性地不再說了，只是不斷在噁心，礙於規定，
我們又被「請」出病房，心痛地離開父親。我們多麼企望在
父親患病受痛苦時，可以在傍侍候，來分擔他老人家痛楚的
萬一，但是由於我們一向遵從父親守法的習慣，仍然接受醫
院這種不合理的規定，留他和呻吟不斷重病的人隔絕地躺在
加護室中。因為血壓不穩，遵照院方的指示，沒有移動老人
家到一般病房裡去，以致相隔一層薄薄的玻璃，一道屏風遮
著視線，咫尺之遠，卻似相隔萬里重山。我們姊妹、家人、
護士、秘書和司機都焦急地在通道上徘徊，不停地誦經，求
神給予父親力量和勇氣來承受痛苦，衝過此劫。平日父親都
是有人在旁關心照料著，如今躺在一個陌生而冷酷的醫療環
境裡，老人家心理上一定和生理上一樣十分地痛苦，我們默
禱著老人家的生理不致受孤單的心理狀況所影響。廿九日下
午三時，妹妹隨同醫生入內探視時，發現情況較前為差，剛

離開病榻，老人家的心臟、脈搏和呼吸突然全部停止。醫生們在急救，全家人在病房外跪著祈禱，求神顯示神靈，父親總算得救，掙扎了三天，正以為有希望可以戰勝死神時，突然在九月一日上午十時發生變化，心臟、脈搏及呼吸再度停止，急救無效，不治逝世。九十四年的生命突然消逝，敬愛的父親就此撇下我們與世長辭，心裡萬刀剁割，刺痛到昏絕地步。父親雖僅臥病十日，其所受身心的痛苦是畢生所未經驗過的。為了不忍再讓父親的遺體受到任何的苦痛和傷害，忍住了滿腔的淚水和無比的哀傷，親淨父身，於當日下午入殮。老人家的遺容安詳而慈藹，宛如熟睡中，目睹此情，愧疚難釋，仍血淚盈眶。

由父親入院到逝世的每一分鐘，我們都是提心吊膽，每一秒鐘都和一世紀一樣難熬，父親病情的惡化，好像是千萬個尖銳的利器在錐刺心胘。如今，父親雖已故世二週，這死離的痛苦將是一道無法治癒的創傷。好心的親友一再勸慰說父親高齡了，是福壽全歸了，但因平日老人家頭腦清晰、身體健壯，九十高齡尚可靈活自如，穩健地寫蠅頭小楷和斗大行書，除了耳朵稍稍失聰外，無一處較青年人遜色者。誰也沒料到，瞬息間就天人永隔，叫我們怎能接受這個殘酷的事實？對父親的思念，使我們整個感官麻木了，日夜難寐、苦淚流盡、悲慟如絕，呆呆地回憶老人家一舉一動、一笑一怒，一切好像在眼前，但再也見不到老人家輕健的步履、關切的眼神和慈祥的面顏了。辭別父親出國開會那天，老人家倚廬叮嚀，諄諄訓勉和鼓勵的神態都歷歷在目，時不及三月，還沒等到回家報命時，父親已再也聽不見我要稟告的話了。父親永遠在關心著我們，事無巨細，老人家都不厭其煩地指點我。這次開會的收穫，演講的效益，國民外交的成果都沒法報告給父親聽了，再也得不到老人家的評語和分析了。我椎

心泣血也換不回父親的生命，我寧願以我十年的生命去換取父親一年的歲月；可是天不憫我，就沒有應允我的禱求！天！你為什麼那樣殘忍？

高齡明智關心世事

父親的一生是多彩多姿，充實而生動的。世人活到九十歲的人不少，但能像父親如此高齡時還那樣明智的人卻不多。很少人能從幼年到患病前都能有效地、充實地利用他生命中的每一分秒。對黨國，他盡忠；早年參與辛亥革命，護國之役身負鎗傷，不顧拋頭顱、灑鮮血，為國報效。於建國、市政、地方自治、義務教育、外交、文學和對監察制度都有建樹性和劃時代的貢獻，也都在歷任的職務中一一表現出來。在每一個工作崗位上，由小小縣官到特任官，他都能發揮出最大的潛力和影響力。分秒必爭而予以妥善的運用；是父親能在九十四年裡所作種種建樹的原動力。七年前，父親以為年邁，不宜再掌行政，辭去監察院代院長和副院長的職務，埋頭寫作；出版了長達百萬餘言的漚類稿，修訂並出版了大關縣志。正準備在九十五歲生日時出版回憶錄，未想到這本不僅是他個人的事跡，也是整個中華民國立國以來的歷史珍續竟未能完成，以九十毫年高齡，有如此精力和雄心來親自進行這個艱巨的工作，確是令人敬佩的。老人家的思維精密，工作態度認真，記憶力墓強，觀察力敏銳，以致他可以數十年來都有恆而有計畫地記日記、剪報、做箚記等。回憶錄待續部分，我們姊妹將根據這些紀錄，儘速整理出版，以完成父親的遺志和心願。

父親對國事和國運的關心恰與其年齡成正比；當他不做行政工作後，仍舊出席所應參加的各項政府和民間的會議，不遲到、不缺席、也從不放棄發表意見的機會，例如中美斷

交時，老人家親筆撰寫長達數千字的意見書，春節與岳公老伯交換國事意見長達二小時之久。見解精闢、思想新穎，能與時代並進，和老年、青年和少年們的思想都可溝通，毫無「代溝」的隔閡。

德範教誨永誌兒心

父親生我時已近半百，忙於公務，教導子女的擔子通常是落在母親肩上。但一有閒暇，必親授課業，訓示為人處世之道，告以接物待人之禮，以身教代言教，督導我讀古文、背唐詩、練書法、習作文、溫歷史、學外語都是以身作則，含蓄地指點，耐心地糾正，鼓勵式的啟發，從不厲言疾色，使子女能心悅誠服地接受教誨。接受過老人家所給的嚴格庭訓，我們不敢說能成為立功立德的人，但是父親的「廉」、「正」、「誠」、「勤」、「謙」等等坦坦然的德範，將左右我們一生的言行；秉承這些遺訓，做個腳踏實地、謙和、誠懇、勤儉、廉潔的正直人。

自母親在六十二年冬突然故世後，父親耄年失偶，兩老十分情篤，突然失去母親的細心照拂與陪伴，其心情之苦痛可想而知。但父親修養至深，雖然內心悲愴但不露於色，原因是不願加深我們之哀傷。父親用心之苦，我等何以為報？為了便於侍奉父親，決定不隨夫到職，率子女留臺與父親遷入新店舊居改建的公寓裡；每日能環繞在父親膝下，在出國十餘年後，能回國報效並侍親，團聚一堂，享盡天倫之樂，既可盡孝又便盡忠，這是我一生最值得慶幸和珍惜的一段時光。

兩年前，因為工作負荷日重，除了教學還有行政工作，小孩均在市區上課，每日交通往返頗覺不便，他老人家以敏銳的觀察力，洞悉出大家每日疲於奔命的情況，犧牲自己愛

好的田園生活，命令我們一同搬入市區，愛護子孫之切，可謂無人可以與之相比，如今失去疼愛我們的父親，悲痛、徬徨而無依，整個生活失去了重心。

父親是最能適應現實，支配環境，享受人生的人，市區的小樓並沒有約束到老人家的創作靈感和生活情緒。在書齋外的陽臺上，佈置了一個別有風味的室內花園，有蒼松、勁柏和秀竹。書齋裡則井井有條地排列了萬卷書，一柱香、一壺茶，清脆的聲聲都使這個天地更幽雅。面對著佛像，父親研究佛理、閱讀報刊、寫詩撰聯、整理回憶錄，每天總得工作十小時。休閒時率婿、女看電影、觀平劇，為環繞在旁的孫子們說歷史故事，影射地說明禮義廉恥、忠孝仁愛的至理。在生活細節上流露出來老人家對每個人都十分關心，例如吃飯時，誰不在桌上，一定詳加垂詢，並關照留菜，在筵席上必為四周的人夾菜，所以養成家裡每一人晨昏定省及出入必告的習慣。雖然僱了一位特別護士隨侍老人家的起居，老人家卻喜歡事必躬親，自己能動手的事決不假手於人，也因此在八月九日清晨才會自己起身取書時滑倒，導致去醫院檢查，豈知此一去竟不復返？他老人家體諒他人，仁厚、週到而謙和。遇人有困難，必捨己為人，盡全力以助他人。有時，我真覺不忍，常見他為解決一同鄉晚輩的困難，深夜還親自為之撰寫函稿，一遍又一遍地寫。

老人家從不弄權，也不仗勢，力促子女養成自食其力的習慣。父親一生重視禮儀，每遇婚喪喜事，必定親往道賀或致奠，故而雖在腰部疼痛時還忍痛往弔詹純鑑先生，主祭簡爾康先生太夫人之喪，並親往王雲五先生公館慰唁。近年來更親自撰書輓聯，以表示他對逝世者最後及最深的敬意。舉凡親友貽以禮物，必加倍贈送。老人家記得每位親友的生日。每逢友人來訪，必親送至電梯口。如此仁厚、慈祥的完人，

為何天不假以歲月，使之百齡？

　　爸爸！您捨我們而去已整整二週。九月廿七日您將與母親同穴，安息於富貴山麓。爸爸！您走了！我們悲痛、哀傷！您雖不能復生，但您的精神和浩氣將世世長存！您的風範和教誨將永誌兒心！

　　鼎鍾泣撰於六十八年九月十四日　先父二七忌辰，修正於五七忌辰。

原載於《張純漚先生紀念集》，民69年1月16日，頁387-394。

學歸憶親訓

　　父親已逝世四年餘，母親見背亦已十載。心中的哀傷無法因時間而沖淡；相反地，更與日俱增。每次出國的時間若超過一週，必將兩老遺像恭攜到旅居所，以便隨時瞻仰膜拜。音容宛在，似乎每時每刻都和我們在一起，其一言一笑都歷歷在目。父母親生前以言教身教訓勉我們要持家節儉，為人忠孝，工作勤奮，敦親睦鄰，恪遵禮、義、廉、恥的道德準繩，這些訓示和實踐，時時都湧上心頭，也啟示並影響了我們一生的言行。

　　回憶父母親生前生我育我四十六來，在詩文中給了不少的訓勉，雖然老人家一生撰述甚多，但其中庭訓形諸於詩句者雖不多，卻主宰了也引導了我們的過去與未來，此次《雲南文獻》邀稿謹恭錄如後，以誌不忘。

　　從小身體孱弱，父母親時以為慮，可能也是因為父親在半百以後才生我，對這個老來的長女也十分疼愛。我的天資不算遲鈍，尚自知努力。年青時，在求學方面從來沒讓老人家操心過，但體質不佳，的確也使老人家傷了不少腦筋。臺大畢業後工作兩年，為了給同學精神上的支援，一齊報考留學考，未料自己也上了榜！依當時的家境不可能去自費留學，所幸有些同鄉長輩和友人的熱心相助借貸給我路費及保證金，加上半工半讀，在極艱苦的狀況下完成碩士學位。離臺前父親的期勉表現在下面的詩句裡：

> 十年江左客新都　水秀山明毓掌珠　生甫三齡隨蜀道
> 行將萬里奮雲衢　浮家晚景偕鷗侶　淑世清聲俟鳳雛
> 此去攻研休太苦　自強先要健身軀

　　這首詩中，父母親特別強調身體的主要性，更對我有無

限的期許。父親對於母親教養我們克勤克儉的美德十分推許。外子源泉和我在美結婚時，老人家雖未能親往主持，但寫了一首詩來勉勵和祝福我們：

> 兩家原世誼　萬里締姻緣　幼即天倫篤　俱由母教賢
> 克勤業自廣　相敬愛彌專　合德成雙璧　同心到百年

結婚後，思親心切，源泉和我都常感到父親不斷自修的精神，而體念出繼續進修的重要性；所以在工作之餘，拖著疲乏的身體，仍舊繼續在哈佛聽課進修，父親得悉此事，甚是嘉許，賜給我們四首小詩：

> 鍾山毓秀惠泉清　江右滇南各長成
> 隨國播遷東海嶠　復先負笈渡重瀛
>
> 兩家氣誼本如醇　嘉偶天成信凤因
> 詩禮克承工且讀　夙興夜寐總思親
>
> 相敬如賓笑語溫　齊眉鴻案古風存
> 掌珠掌上珠先掌　兆桂徵男得美孫
>
> 合卺於今正二年　秦嘉徐淑並稱賢
> 同心儷德邀天眷　直到金婚愛益專

在源泉和我偶有意見不同時，則不禁想起此詩，而相互忍讓。

小女美孫自十八個月大就回到外祖父母身邊接受祖國教育，贏得兩位老人家的百般鍾愛，父母親也深深地享受到含飴弄孫的樂趣。當她十歲的時候，父親將歷史上著名好孩子和傑出婦女種種義行美德的例子，寫成一詩來勉勵她。四年前，當她出國讀大學時，父親突然一病不起。美孫得知後，心中痛楚不能自己，趕回來想見外祖父一面，希望外祖父在彌留之時，因愛她而再度清醒；苦苦哀求公公醒來，公公除

在眼角上流出幾滴淚珠，再也不應美孫的呼叫捨她而去。美孫含著沈重悲哀的心情，返回美國，而今年她已畢業了，公公也離世四年了，老人家的期望洋溢在下面的詩句中，這將是照亮美孫一生的明燈。

陸績六歲知懷橘	孔融四歲能讓梨	弘景五歲便能文
李認七歲解賦碁	黃香九歲常溫席	祖瑩八歲嘉吟詩
凡此仁人與孝子	古來列女亦如之	甄后九齡耽筆硯
道蘊才工詠絮詞	樂天有女白金鑾	十歲喜書北山移
如此名媛俱幼慧	巾幗何曾遜鬚眉	國民革命為前鋒
秋瑾諸賢皆英雄	邇來世象炫新異	太空競賽正風馳
物質文明爭強霸	彝倫道義感陵夷	汝生國外新環境
幼識國中舊禮儀	科學方程父作範	文章義理母為師
琅琅上口英京語	念念中懷故國思	文貴在達須雅言
業精於勤戒荒嬉	少小已誇蘭玉質	長成當顯鳳麟姿
十齡初度能知勉	萬里前程自可期	范岫宣稱中外賓
臨川合賦雛鳳辭	經我十年年九五	看汝學生結帨時

父親的文學造詣很高，而我們都因為生活和升學課程的壓力，及在抗日戰亂，時局動盪下，並沒有善於利用時間向父親好好地學習，致而知淺學薄，常常感到自慚。八歲時曾拜義父何敘甫先生為師，學習山水畫；雖無特殊才氣，但尚能抒我情懷。十年前繼由何懷碩先生的指導再執畫，所作雖然不是佳構，但父親都給了無比的鼓勵，為我的兩幅作品題耑。

一首是為鍾兒題畫竹：

晴窗閒寫竹　馨潔不忘供　尋筍冬將至　情應似孟宗

第二首是為我題山水畫：

山似西陵峽　嶙峋壁有瓏　浮雲看玉壘　萬里溯吳艭

　　民國六十二年母親突然去世，父親年邁喪偶其悽情可想而知；我們心中很不安，遷居在一起以便晨昏定省，有盡奉養之責。民國六十六年在師大任教並擔任圖書館館長職務，每日忙碌，自己生日當然不記得，那時父親已經九十二歲高齡，對我的生辰還記得很清楚，那天早上我去父親臥房請早安時，父親給了我一張用正楷寫的墨寶，以一百個字來勉勵祝福我，當時我感動得不能自持，而淚如雨下。這一百個字也是他老人家當時的生活和心情的寫照：

鍾兒甲戌生	今年四十四	泉婿四十八	合為九十二
適與吾年齊	天倫增韻事	吾老得安閒	婿兒敦孝義
夏清而冬溫	務求使吾適	夕膳與晨饎	馨潔必先試
養忘善承顏	供奉無不備	諸孫慧且勤	繞膝多佳致
臘鼓正催年	值兒生日至	貽珍誌吉祥	事事長如意

　　記得十餘年前王宣老伯的公子王達九博士學成歸國，父親很讚羨地指示我們說：「學無止境學貴於恆，你看王博士能攻到最高學位，是多麼值得稱讚的事，你們都已有子女，應該多鼓勵子女有恆心，多讀書。」當時我體念出老人家對子女及年青人的期望，我就經常利用暑假不教書的時候先後赴夏威夷大學和英國進修。六十八年父親去世後，我決心擺脫師大的行政職務，到美國去繼續深造，經過一年時間申請學校和準備；到六十九年九月一日父親逝世週年後那一天，上午誦經紀念，下午即踏上旅程赴美國印第安那大學圖書館學及資訊科學研究所攻讀博士學位。那時已經是個將近半百的人，再重作馮婦入學苦讀三年，這一千多個日子確是歷盡艱苦，可謂是臥薪嘗膽，今年的八月終於通過了全部三大考試關口，撰寫了卅萬字的論文、完成了哲學博士學位，成為

我國第一個在美國取得資訊科學與圖書館學哲學博士學位，返國服務的女生。以半百之齡，離子別夫，辭去工作，鼓起勇氣去讀書，這股勁完全是受到父母親生前的啟示和鼓勵，及冥冥中父母親在天之靈的呵佑。並得到外子源泉全力的支援，孩子們的諒解，使我能咬緊牙關，突破困難，終於如願以償，足可安慰父母親於九泉之下。但另一方面我一直耿耿於心的是父母所授之身體髮膚未能善加珍儱，甚感罪疚萬分。

完稿於母親逝世十週年紀念日（民國七十二年十一月卅日）。原載於《雲南文獻》13期，民72年12月，頁112-114。

廿載深交情同手足，百年纔半痛失英賢

見美：

過去九年的歲月裡，您勇敢地承受著腸疾帶給您的痛苦；自去年十月十一日以來的這十一個月中，您更是受盡了淋巴癌侵襲的煎熬，於九月十三日捨我們而先行離開人世。悲痛之餘，不斷地回憶起這廿年來的友誼，一幕幕往事歷歷在目。尤其是在您生日前夕，不禁對您更加思念，而寫這一封您讀不到的信函。

記得初識您是在譽琪和昌意家，嚐到您為增加收入、因應開支而自製的巧克力糖，知道您有顯赫的家世，更是知名的食品學專家。您自食其力撫養一對兒女，熱心致力於教育工作，不依恃蔣伯伯的地位及權勢而獨立奮鬥的精神，令人由衷欽佩。在認真教學研究、身兼父母兩職教養子女、孝敬雙親之餘，還抽出時間和精神來關心朋友；很多人，不分男女都將您視為傾訴苦衷的知己，有人在心情煩悶時，打電話和您聊天，有人在失意時，深更半夜還跑到您家裡去向您傾訴。再忙，再累，您都不厭其煩地聆聽，親手調製飲料招待，適時地給予同情和開導；和您談完天的人都覺得心情舒暢而豁然開朗。您，不愧是心理良醫，對朋友的關注與忘我的付出，令人深深感動。

我們這一批出國留學，早於民國五十或六十年代就返國服務的人，共同擁有深愛祖國，促進國家進步繁榮的熱誠，常常聚會，彼此切磋互勉，渡過了許多值得追憶的時光。您我除了在工作崗位上努力奉獻，以報效國家之外，也在不同的學術領域中潛心研究；我們關心國際事務，經常以參加國際會議並發表論文來進行學術外交。令我感到十分幸運的，是曾和您一同出席在洛杉磯召開的國建會，提出了很多切實

的建言，更親身聆聽您的卓見。每次我出國開會回來，和您通電話時，您一定給我嘉勉鼓勵，讓我覺得有點成就感。

許多原本經常聯絡的歸國學人，逐漸因為工作調動、遷居、事業忙碌或子女成長而疏遠了，但我們兩家的交往卻絲毫沒有受到這些因素的影響；不但一直保持聯繫，連我妹妹鼎鈺一家人也常常加入我們的聚會，更巧的是您和鼎鈺同年，倍覺親近，我也把您當作妹妹，情同手足。過年的時候，您也會打幾圈麻將，雖然您一年只打一兩次，但技術之精湛、判斷力之準確，遠勝於常打的人，所以總是贏家，您的聰明智慧實在讓人折服。過年時，您總派顯斌送些精緻的食物給我們分享。民國七十三年，我被王安博士徵召去主持創立於麻省的中國學術研究中心，您特地帶了聰玲千里迢迢地到波士頓來看我；海外重逢，無限的喜悅，讓我們渡過一個輕鬆愉快的週末，這些盛情如何不讓人永銘心坎！民國六十二年及六十八年，先父母相繼逝世，您的慰問和悼祭，都出於真心的關切，而不是敷衍與單純的禮數，也讓我們感懷。

去年雙十節晚上通電話，知道您發燒、便血情形嚴重，便建議您入院治療，您說：「這麼晚了，不好驚動人，看情形再說吧！」我擔心您獨自在家，沒人照料，想過去陪您，您自信地說不會有事的；但我整夜都不能放心。凌晨六時打電話探問您的病情，沒人接，我的恐懼頓生，馬上開車去您家，又打電話到蔣伯伯家，都沒有人應。我想您一定是入院了，便向臺大醫院查詢，證實您於凌晨五時餘因便血不止而急診住院，立刻到醫院去看您。當時您的氣色和精神都還不錯，但我仍不放心，打算留下來陪伴，您卻堅持可以照料自己，並說有事按鈴呼叫護士即可，您總是捨己待人，處處為人著想，每次去醫院探望您，您總是體諒我公私兩忙，那麼率真地告訴我不必常去看您，有時甚至趕我走。但是，做朋友

的怎麼放得下心，看您受苦，真希望能分擔一些您的痛楚！

　　我們天天祈禱，求上主保祐您這樣的好人渡過難關，您自己也很有信心，告訴我們說：「我不會死的。」雖然我們也把各種治癒絕症的醫生和藥物介紹給您，但您是最合作的病人，一切聽醫院主治醫生的指示。每經過一個教堂或寺廟，我都進去懇求各方神明護祐您。五月下旬，是我最後一次和您長談，您知道我的二女兒要結婚了，特別恭喜我們，還囑咐說：「Margaret，你不要太累了。」我走出房門，您還叫我回去。告訴我聰玲和顯斌一定會去參與婚禮。在病重時，還是那麼地週到，令我深深感念您對人之真誠。

　　最後的四個月裡，您抵抗力很弱，為了避免您受到任何感染，我抑制自己，並遵照醫院謝絕訪客的指示，儘量少去看您，每天用電話探詢病情，但仍然忍不住每週到醫院一、兩次，透過您兩位孝順的兒女或沈醫師問候您。聽到您發燒、痙攣、膝痛、左手腳失去知覺、視覺障礙等種種令人沮喪的症狀，不知如何是好，更不知如何安慰伯父母、聰玲和顯斌。九月十三日您病情嚴重，但不知當晚就起了變化，沒有能在您彌留時來陪伴您是我終生的憾事。但心有感應，那一夜我幾乎不能闔眼，好不容易捱到第二天七點鐘打電話，蔣伯伯親自接聽，我也不敢問：「見美怎麼樣？」老人家也沒說您已經走了，我只是針對您的病情請他老人家不要太難過，多保重。豈知，八時趕到醫院看您的時候，才知惡耗，我難過得不能自持，直奔太平間向您靈前致意！再和鼎鈺一起去慰問伯父母，得知您去時很安祥；伯父母、聰玲和顯斌也都能接受這殘酷的事實後，始稍釋懷。下午參加治喪小組會議，真希望能為您做一點事，雖然您我都信主，但我仍沿襲中國傳統的禮俗為您燒焚紙錢聊表心意。

　　九月二十八日在您莊嚴而隆重的喪禮中，唱出心聲與再

相見的願望。禮拜結束後送到火葬場，中午再去撿骨，當聰玲與顯斌把您的骨灰放入罈裡的那一剎那，心痛如刀割！

　　見美，您現在安息於主懷中，暫厝於寧靜的修會裡，請千萬不要惦記人世間的事。您先一步走完了坎坷的人生，父母侍奉養，壯志猶未酬，當然不放心也不安心。但罹致重病，心身交瘁，您去了對您毋寧是一種解脫，但對於國家、社會、家庭和朋友都是無可彌補的損失！您有最慈愛的父母親和最好的兒女，伯父母老年喪女，當然傷心欲絕，聰玲、顯斌自更哀慟，但蔣伯伯、伯母是大家所敬重的大家長，正如蔣伯母所說，您的朋友都是他們的子女，我們將會更加地敬愛和孝順二老。您一雙極優秀的兒女，是現代青年的楷模，即將學有所成，也都有理想伴侶，他們的前途與成就是無限的，而我們亦會加倍地愛護與支持他們，請放心安息吧！見美您的肉體雖已化為灰燼，您的精神當不朽地長存人世，獲得永生！

原載於臺北正因文化出版之《至情至性：蔣見美教授紀念文集》，民83年9月，頁122-127。

率直、親切而週到的王亞權女士

　　元月廿日中午一點半收到好友周顧珊女士自舊金山來電告知中華婦女反共聯合會常務委員暨前總幹事王亞權女士於美國西岸時間十九日下午三時半病逝舊金山，噩耗傳來，無限震驚，哀痛的心情一直無法平靜下來。

　　王前總幹事，安徽省英山縣人，生於民國前三年二月十日，是英山望族王勁聞大律師之次女。幼受其尊大人文法學識之薰陶及嚴格之庭訓，家學淵源兼具中西思想及淵博的國學基礎。畢業於北平國立師範大學，在校成績名列前茅，畢業後赴美喬治華盛頓大學深造，獲碩士學位。學成返國後，即任北平市第二女中校長。大陸變色，播遷至臺後，擔任臺北第二女中校長七年之久，辦學認真，知人善任，該校教職員頗多一時之選，校譽日隆，以愛的教育培植了不少傑出婦女，遍佈海內外各界，大都事業有成，對國家社會貢獻良多者甚眾。

　　王女士潛心教育事業，辦學績效優異，民國四十六年調任教育部中等教育司司長，民國五十六年　先總統蔣公睿智遠見，認為我國之發展應建築在知能健全的國民上，義務教育應速予提昇，才能配合臺灣之各項重大建設，提倡重視延長國民教育之措施。王女士乃啄命，廣泛收集相關資料，進行九年國教規劃及立法事項。由擘創至實施，所費心力甚大，建立此百年樹人的基礎。政府特頒贈四等景星勳章，以肯定她的努力與貢獻。民國五十八年再擢升為教育部次長，擔任我國女性高級行政官員，為婦女界爭光，一時傳為美談。王女士不負所託，竭智盡忠，建樹甚多。民國六十一年受聘於中國文化學院家政研究所所長，並擔任行政院顧問，襄助內閣，聲譽卓著。

　　民國六十三年奉婦聯會主任委員蔣宋美齡夫人之命，擔任中華婦女反共聯合會總幹事為期十六年半。王前總幹事在夫人之卓越領導下，發揮了最大的才智和付出了無比的心力和辛勞，促進各界婦女的團結，凝聚婦女力量，成立國內外婦聯會分會、辦理學術研討會、謀求在職軍人和軍眷福利。

　　對於安定軍心提高士氣，發揮婦女潛力及發展重點教育的貢獻很大。她亦非常重視進行國民外交，除接待各國來訪之團體及駐我國之外交使節外，曾代表我國政府出席聯合國婦女地位委員會、聯合國文教組織大會、世界教師組織大會、世界女童軍大會等國際會議卅餘次，以流利之英語介紹我國婦運活動現況及績效並參與討論，獲得國際人士之讚賞。

　　與邵光明將軍結為連理後，生女玉倩，雖自身工作繁重，但對為人妻母之本職從未疏失，是模範的賢妻良母。致而邵玉倩女士亦能承繼母風，在求學、工作、為人處世上，均獲教授、上司及同僚之讚賞。外孫劉世瑜及劉世婉在國外留學均品學兼優，足以告慰王女士在天之靈。王前總幹事之國學造詣甚高，善於書畫。編著等身，著有世界中等教育趨勢，並編輯《中等教育叢書》六十餘種。民國七十九年她老人家自以為年事已高，應由年輕人來接棒，故堅辭婦聯會行政職務，接受玉倩女士迎養之孝心，往美居住四年，頤享天年，未料繼中風後，傳染感冒，於民國八十三年元月十九日逝世，享年八十六歲。

　　我有幸於民國四十四年經鄉長女中豪儀 ─ 張邦珍委員及羅衡委員引見，得識當時女強人的表率 ─ 王亞權女士。先父蒓漚先生當時為監察院監察委員，重視我國教育事業，每年巡視中央機關時均往教育部視察，對王司長、王次長之所作所為推崇備至；經常期勉舍妹鼎鈺和我多多向她學習。舍妹尚有機會在教育部服務親自受教，深以為榮幸之事。我出國深造後返國任教期中，一年總有一、二次去請安，聆聽教

益。她為人率直、親切而週到，獲得不少的啟示。

　　民國七十七年七月當我在波士頓當選為中國國民黨第十三中全會會議海外代表回國開會時，在中山樓見到王前總幹事，她老人家非常關心我，並勸我返國繼續為國家做點事，她還說：她很欣賞我們一家人忠於職責的精神以及負責的工作態度，會後即在張委員邦珍處查詢到我的電話，再三邀我去婦聯會幫忙。當時我已接受臺大客座教授之聘，無法接受老人家培植晚輩之盛情。但總幹事之真誠、親和力及崇高之理想使我無法拒絕，只有勉強同意在課餘時去盡一點點棉薄，協助她成立了西歐婦聯會，辦理了幾項大活動——包括勞軍、工作檢討會、婦女新知研討會、蔣夫人榮獲波士頓大學頒贈榮譽博士學位之大典及會務行政自動化規劃等等。我因教學研究工作過於忙碌，所以不久就無法繼續去效勞了，但我有這麼好的機會向這樣令人敬佩的前輩學習是我畢生的光榮。總幹事親自為我佈置辦公室，一一說明婦聯會的工作重點，指示辦事原則，使我深深體會到她的成功之道 ── 為人謙和，處世仔細，有條不紊，一步一步地規劃，一項項地評估。她忠於職守的原則和體貼部下的情誼，以及自律的精神令人佩服。在短短的一年中我所學到的寶貴經驗，以及王前總幹事待我如妹、如師的情誼讓我永遠感懷五中。她全神投入工作，對她服務機關的關心，是她不可忘懷的第二生命，去年赴美探視她時，她告訴我說最告慰的是嚴總幹事倬雲女士繼續發揚光大婦聯會的工作，後繼有人讓她欣慰不已。

　　王前總幹事渡過了豐富的一生，為國為黨為婦女為教育事業為世人都盡了她最大的力量。二月五日上午十時婦聯會主內姊妹在臺北新生南路懷恩堂舉行追思禮拜，由周聯華牧師主禮，讓大家有機會向王前總幹事致最深的敬意與懷念之意。

　　　　　　　　　　　　　原載於中央日報，民83年2月5日。

人生以服務為目的之楷模

　　彥士老伯崇高的人生理念是樂於助人、捨己為人、雍容大度、豁達無私、有擔當、重原則、深愛中華民國和中華民族，為人更是和藹可親、處世周到而妥適。這一甲子中他老人家所做所為，無論巨細，影響深遠，不斷地為社會、國家、民族、人類的福祉奉獻心力，的確令人敬佩。實在沒有適當的言辭可以充分地描述其萬一；很多值得可歌可頌的事蹟，也不是一篇文章就可以寫得完的。我只能以笨拙的文字，記錄一、二件公事和一、二件他關心人的故事，來感懷蔣伯伯一生以服務為人生目的，以助人為快樂之本的事實。因為蔣伯伯關心各階層和各種領域有益於國家建設的事務，故而有幸結識他老人家。

　　記得近三十餘年前，資訊科學剛發展初期，回國報效，教授圖書館學時，經常閱覽有關專業文獻，涉獵到不少歐美圖書館自動化的資料，使我獲得不少的心得與啟示，再次到英國進修相關課程，因而種下了我研究及發起中文圖書自動化的種子。民國六十年代中期，在出席美國圖書館協會年會中，巧遇美國資訊自動化推動者之一，美國國會圖書館副館長艾芙蘭女士（Henriette Avram），即向她請教並提出許多中文圖書自動化問題，例如：「美國國會圖書館在實驗西文圖書館自動化成功後，對於非羅馬字如中、日、韓文圖書資料之自動化有什麼具體的計畫？」等等。她很坦誠地告知：國會圖書館對非羅馬字資料之自動化覺得相當棘手，最迫切需要的是符合國際標準各種文字的資訊交換碼，這是圖書館自動化最基本的工具。於是我就開始逐步收集到美國國會圖書館所訂定的各種字集、機讀編目格式與其磁帶樣品，以及十餘種國際標準組織（International Organization for Standardization

簡稱ISO）所訂的有關標準。

為了要實驗中文圖書資料自動化之可行性，引起眾人對資料利用的重視，加強國內研究資源，改善學術研究環境起見，引進國際百科資料庫、製作中文教育論文摘要資料庫提供線上服務、推動其他學術圖書館之自動化作業；一方面將收集之資料提供有關單位使用，另一方面向蔣伯伯、李資政國鼎、孫資政運璿及有關人士反應制訂資訊碼的重要性。

民國六十八年六月，赫格博士（John Haeger）受美國學術團體審議會（American Council of Learned Societies）之委託，訪問我國與日本，調查有關處理漢字體的電腦技術，以因應美國國會圖書館即將停止人工編目及製卡活動後的需要。赫格博士在獲得我國處理中文資訊之資料後，美國學術團體審議會（ACLS）召開一次東亞圖書館自動化會議，由謝清俊教授代表我國參加。此次會議的重要議題是東亞資訊交換碼，會議中討論是否採用日本工業標準碼 JIS 6226 來處理漢字。所幸我國處理中文資料系統亦具很卓越的績效，大會決議待觀察我國發展情況而後再決定。當謝清俊教授開會完畢返國後，和我共同聯絡電腦界、文字界和圖書館界來進行國字整理、加碼、及建立計算機檔案的工作，並由本人推動國際資訊標準之審查認可、宣傳及落實自動化工作。當時情勢急迫，若在短期內我國不能提出具體的資訊碼，則中華文化及正統文字均將受到嚴重的損害。為防止日本漢字和中共的羅馬拼音法，藉機摧毀中國正統文字和文化的陰謀，在極匆忙、短暫的時間內要完成這種富有時代意義的任務，必須要有充足的人和物的資源。當時人力資源已因團結文字界、電腦界、和圖書館界人士，力量很充分，但物力的支持的確是非常缺乏。我就很冒昧地求見蔣伯伯，代表這些研究人員說明情況，他老人家耐心地聽我報告，細心地追詢原委，當

他了解這件工作的重要性後，不但自己全力支持，還為之奔走，從而徐元智基金會、明德基金會給予很大的資助，使制訂我國資訊碼的工作能及時進行，而獲得國際人士之利用，成為國際認可之漢字字集。假如不是蔣伯伯的睿智予以支持，這件成功地維護我國文化與文字的工作是無法順利地進行，更不可能獲得國際的認可。

另一件事亦是發生在我擔任國立臺灣師範大學圖書館館長時，在文化建設聲中，深深感到有成立實習兒童圖書服務的必要，提供一示範性兒童圖書館的管理方式、服務項目、理想設備，以便其他單位建立兒童圖書館時參考，並蔚成重視兒童圖書服務的風氣，養成兒童良好的閱覽習慣和興趣，培養兒童獨立學習和利用圖書館的能力。雖然當時師大郭校長為藩給予全力的支持，撥給館舍但缺乏經費充實設備及藏書。在一偶然機會中，向蔣伯伯反應此事後，他立刻吩咐我去拜訪徐元智基金會傅顧問安明先生，請求基金會撥款支持，如此，師大的實習兒童圖書館才順利成立，發揮服務社區及教育兒童的功能，頗有績效。本來蔣伯伯可置身事外，多一事不如少一事，而為什麼要熱心支持這些事，就是因為他深愛中華文化、具國際宏觀的認知、教育家和外交家的遠見，以及有凡事必須從基礎紮根做起的精神。

我常因為這兩件事驚動他老人家表示歉意，但蔣伯伯認為：凡是對社會、國家、民族有益，並不是為私利，也不是為個人的事，他都義不容辭地樂予支持。他亦了解我的為人，我決不會為私事而有所請託，所以在一切為公的原則下，他都盡力地協助予以鼓勵或指點迷津。

以下我再以三件私事來舉例，可見蔣伯伯之細心、周到及仁厚。民國六十八年蔣伯伯和伯母知道小女即將出國留學，就賜她一個電子鬧鐘，提醒青年人要珍惜光陰，隨時應自我

警惕時光之飛逝，而應及時善予掌握。蔣伯伯時常以慈祥的神態，用潛移默化不著痕跡的方式來教誨青年人。同年先父病逝三軍總醫院，在心跳和呼吸停止的那一剎那，蔣伯伯就親自趕到醫院病房來致意慰問家屬表示關切。雖然父親一生為國家奉獻，可謂功在黨國，但已退隱多時，而蔣伯伯身為總統府秘書長，日理萬機，忙得不可開交。若是勢利的人，就不會親自來為一位去世前已下臺多時的老人送終。但他仍親自及時趕到，可見蔣伯伯敬老尊賢及關心晚輩的誠摯。蔣伯伯觀察力敏銳，對每個人都非常關心。舉一個例子：在最近一個餐會中，蔣伯伯察覺我頸部受傷不易轉動，他老人家馬上熱心地為我推薦針灸醫師，立即查出那位醫師的電話並詳告地址，還立刻要親自帶我去治療，我當然不敢當，而加以婉謝。第二天我去看傅醫師木連時才得知，蔣伯伯已經親自打了電話給傅醫師，並且叮囑他妥為治療，使我深深感激長輩如此的關懷！

　　去年蔣伯伯、蔣伯母老年喪獨女，哀痛之情逾恆。但我們卻不知以什麼行動或言語來安慰兩位慈祥老人家。在白髮人送黑髮人這麼悲痛的打擊下，蔣伯伯仍舊為國事傷神操心，不但沒有疏忽他對國家、社會的責任，反而更投入、更用心。蔣伯伯為他人、社會、國家、民族奉獻他一生中的每一分秒，除了他睡眠時間外，他永遠是在服務、在助人，以身作則地做一位「人生以服務為目的」的楷模。

　　在病中仍不斷關注國事，每週一次到醫院探視時，他從不氣餒，總是一再交待鼎鍾要自己多注意身體；去年六月下旬，因我要出國參加國際會議發表論文，行前到汐止山上老人家養病居所請安和辭行時，他老人家體力已經很弱，當我辭出時，還要站起來送我，真讓我感到萬分地不敢當，不料這竟是最後的一面。

　　他的仙逝是國家民族社會的大損失，是親友的至痛，時

光飛逝週年忌辰已屆，除了默默地追念外，並切望所有與他老人家結識的人們都自勉、力行蔣伯伯所示範的種種做人處世之道，使他的精神能永垂不朽。

原載於《將名字刻在人心中：蔣彥公逝世周年追思文集》，民88年7月2日，頁72-77。

悼祭母親輓聯

哺兒乳成創百日病臥復憐弱質虛羸拊育劬勞由幼學遞升
大庠更勗出國深研留美逾十年時值多艱顯承愧比克家子
思親心至切萬里馳歸幸見慈躬康健歡欣定省為老父略償
夙願爰請環海偕遊返臺甫三月天胡不吊哀痛俄為無母人

原載於《張夫人孝餘女士紀念集》，
民62年，頁132。

悼祭父親輓聯

撫字感深恩自孩提以迄如今奉職持家膝下每親忠孝訓
攖疴纏數日痛藥石無靈能救椎心泣血心中永誦蓼莪篇

原載於《張莼漚先生紀念集》，民69
年1月16日，頁218。

悼祭錢穆（賓四）教授對聯

遵孔門一脈心傳微危精一中受業長懷新亞院
主夫子千秋期範溫良恭儉讓徙居何礙素書樓

悼祭陳立夫（祖燕）老伯對聯

輔國典先君共策抒忠兩代交親愛日樽輝無盡感
貫道弘昔儒微言大義四書導讀開平繼絕有深功

訪問篇

訪問張鼎鍾女士

職稱/考試委員・中國圖書館學會理事長
訪問/黃克武
記錄/潘國華
時間/民國88年6月16日上午10:40至11:30
地點/臺北市中山南路國家圖書館

　　蔣先生和我的淵源可以追溯至先父張維翰先生（前監察院代院長）與蔣先生的情誼。監察院的巡查制度規定委員每年須到各相關機構視察，先父為教育委員會的成員，經常巡察文教機構、接觸文教人士。他非常推崇當時擔任中央圖書館館長的蔣復璁先生，對其在文化教育方面的貢獻讚不絕口。因為先父經常讚揚這位圖書館先進，因此蔣先生在我心中留下深刻的印象，成為我效法的典範。

壹、踏入圖書館學領域

　　自臺大外文系畢業後，因雙親年邁、家境亦不富裕，不擬出國留學，通過多場就業考試，最後選擇到美援會服務。後來為陪同同學考留學考，不料竟考上了，經朋友鼓勵，於民國四十六年前往美國的奧立崗大學攻讀教育。記得第一堂課老師就列出一張清單，要每個學生選一個哲學思想方面的題目在下週作報告。初到異地便面對這種不同以往的上課方式，當時我簡直嚇死了。系上的助教建議我去圖書館找資料，到了圖書館以後，只見茫茫書海，也不知從何找起。幸好一位館員指點可以從百科全書中找尋，才讓我猶如黑暗中看到一線曙光，進而在百科全書裡找到諸多相關資料。以前在臺大時，大家進入圖書館是唸自己帶來的書，經過此次經驗，

使我見識到圖書館藏書之豐富、整理之詳盡完善，對我可說是發現了一片新天地，自此便經常前往圖書館，享受縱橫書海的悠悠樂趣。

　　基於對圖書館學的愛好與肯定，也希望日後將這門學問帶回國內，改進我國的圖書館事業，就在我只剩三個學分即可修完教育碩士時，便毅然轉學到東部的天主教學校改習圖書館學。取得圖書館的碩士後，我先至聖約翰大學圖書館及麻州公共圖書館工作。我一直想在實習完後回國報效，但學成後，發現自己不知道如何管理中國書籍，於是就轉到哈佛大學的燕京圖書館任事，想要多學些處理中國書籍的經驗。雖然在哈佛我擔任職務的層級和薪水比原先的工作低，但六年期間，使我以學徒的心情來涉獵眾多中文圖書，並學習科技時代中處理中文圖書的方式，使我了解中文書籍之特質，以及科學方式整理圖書的新知，回國後擔任教職時得以傳授這些知識。

貳、以央圖發展為博士論文

　　民國六十九年我進印第安那大學攻讀圖書資訊科學博士。因為自己修習的是跟文化有關的領域，在尋找論文題目時，心想大家常說中國是文化大國，但究竟如何成為文化大國？是哪些因素所致？實可加以探討。圖書館學的背景讓我想到了在保存國家文化資產方面居功厥偉的中央圖書館，該館館藏如此豐富，乃是蔣館長在戰亂時深入敵區、冒死搶救國寶的結果。央圖在蔣館長的帶領下，克服經費、資源等種種缺乏，白手起家而漸有規模，成為中華文化保存及傳播的重鎮。這期間歷經之辛苦艱難，實有必要讓世人了解。加上當時找的論文指導教授 Dr. David Kaser 十分推崇蔣館長，覺得蔣先生很了不起，認為我運氣很好，趁創館的館長還健

在時，撰寫有關央圖的論文，便可直接從他那裡獲得第一手資料。在上述考量之下，我決定以中央圖書館創館到蔣館長卸職的發展過程（The Evolving Social Mission of the National Central Library in China 1928-1966）作為博士論文。即刻返國聯絡蔣先生，他一口就答應接受我的訪問，自此就透過這位創建和見證央圖茁長的老館長，來記錄這段發展史。

參、蔣館長對央圖的貢獻

我定期訪問蔣先生，從他的口中實際了解央圖成長的辛酸，因而極為佩服他對此國家圖書館的付出與貢獻。蔣先生時常提到幾件事：首先是關於出版法修訂的原委，起先出版法雖規定出版商出版的書刊要繳交一份給當地政府教育局，但出版商有否呈繳，與教育局是否再將之轉繳中央，則乏專責單位負責，因此央圖的圖書來源便不確定。民國廿四年，蔣館長代表教育部出席行政院召開的修改出版法審查會，建議出版商所出書刊，應直接送繳央圖一份，否則可函請內政部予以行政處分。經過蔣先生的爭取，此修法得以通過，從此央圖集藏全國文獻有了法律保障，且無需任何經費。其次是有關重印四庫全書的事。另外他也常講述如何透過外交向美國國會圖書館索回抗戰時北平圖書館寄存的善本書，他說若非其努力奔走，美國國會圖書館不可能歸還這些極珍貴的文物。

蔣館長對央圖最大的貢獻是對它的任務和功能予以定位，使央圖成為典藏國家文物的最高機構，並輔導其他地方圖書館，共同為維護及傳播文化而戮力。他雖強調傳統文化的保存、維護，但本身的觀念十分新潮，一點也不守舊。他常告訴我發展圖書館要跟著國際的腳步走，國際上怎麼做，我們就得怎麼做。我推動圖書館自動化時曾去請教他，他回答說應該國際化，隨著潮流來改變。我認為編目規則必須修

改，他非常贊成，因此我提倡按 ISBD 國際圖書書目著錄標準來修正我國的編目規則，也研訂了多種標準，如資訊碼及中文圖書機讀編目格式等等。如今我國圖書館自動化已發展到很成熟的階段，使圖書資訊服務績效卓著，歸結其因，蔣先生當初的鼓勵實功不可沒。

　　蔣館長除了在蒐集、維護文獻上極具成果之外。他對圖書館專業教育也很有貢獻，例如他在師大開過「史部目錄學」這門課，獲得相當好評。聽說曾請一位教授幫他整理講義，以指引後輩如何整理古書，但可惜一直沒有結果，使他臨終前還耿耿於懷，實在很遺憾。

肆、待人真摯　信仰虔誠

　　蔣先生不只在工作方面相當認真、敬業，對人也十分客氣、包容，尤其是禮數非常周到。他與媳婦和媳婦的母親劉太太住一起，劉太太下樓時他一定會站起來，吃飯也必定等劉太太一塊吃，客人到訪、辭別時他都一定要送客人到門口；其對部屬的要求雖然多，但均一切為公，對事不對人，令屬下頗為佩服；對圖書館同道他則不時鼓勵，有機會就加以提攜。這位資深前輩對他人的關心讓人感覺是完全發自內心，不求回饋的。

　　蔣先生與我同是天主教徒，他的虔誠令我相當感佩。例如他不論刮風、下雨，一定會去望彌撒，甚至連生病也不例外。我並不像他那樣勤跑教會，但他說望彌撒很重要，是一種自我檢討的機會，人應該為所犯的過錯悔改贖罪，因而常鼓勵我去敬拜天主。他時常跟我分享信仰，他的信仰是落實在生活中，以身作則的態度，成為我效法的最佳榜樣。

伍、自家的長輩

　　在專業上，蔣先生給了我很多指導，我們也像自家人一

樣，心存一股真摯的情感。民國五十五年回國後，蔣先生立即找我去央圖的國際交換處做事，但先前我已接了臺大的聘書，欲回臺大教書，就婉拒了他的好意。任教臺大、師大時期，我常去向他請教圖書館方面的理論和實務，另外也基於那份同情他隻身在臺的情懷，常懷著子侄後輩尊老敬賢的心情去探望他。蔣先生轉任故宮博物院後，我每個月仍至少去看他一次。這時他雖然已接掌故宮，但對圖書館事業的熱心並未消退，還是持續關心及提攜同道。他經營故宮的方式好像是辦圖書館，注重文化的維護及宣揚，引用最新科技來保存古物，不脫其圖書館人的色彩。

蔣先生晚年生病時我曾多次前往榮總探病。他雖然重病在床，但卻一點也不頹喪，求生意志十分堅強。他把生死看得很淡，覺得人生在世不應浪費時間，活得充實最重要，始終抱持豁達的人生觀。他的媳婦劉琳琳女士非常孝順，蔣先生臥病在床期間完全由她照料，反而是他由大陸返臺灣定居的小兒子很引人非議，父親病重也不在身旁，甚至沒來奔喪，這的確顯示出大陸教育違反人性的一面。

父親很推崇蔣先生，我一學成歸國，家父要我做的第一件事就是拜訪蔣先生，可見他對蔣先生的肯定與重視。而我從蔣先生那裡學到的除了一些本行的知識外，他的敬業、樂業精神也深深影響我的處事態度，積極的人生觀及寬容豁達的待人接物，更讓我知道如何去面對人生。對我來說，他是一位身教言教並重的老師，也是一位親切的長輩，時時在旁叮嚀扶持。雖然他已過世多年，但與他相處的種種情景，將令我永遠懷念。

原載於黃克武編撰之《蔣復璁口述回憶錄》臺北：中央研究院近代史研究所。民89年5月。頁125-131。

跨世紀的驕傲

主題：為愛心加把勁

製作人：李蕙　播出臺別：臺視　　日期：1992年8月22日

主持人：戴忠仁

第一節

主持人：當我們看到社會上很多的新聞，包括電子媒體鏡頭所披露出來很多溫馨感人的故事，是不有一個問題，就是說可能很多人熱心公益，參加很多公益活動，也在螢光幕上曝光，有沒有可能他們實際上利用這樣的方式來打自己的知名度？

張委員：當然也有這個可能，不過這種情況我相信並不是那麼地多。為善不欲人知這種美德，很可能還是存在在我們的社會當中，因為有很多很多的人，還是在默默地奉獻自己、在關心他人，然後在回饋社會，他們在做很多的公益事情。

主持人：您認為為善真地不欲人知嗎？

張委員：假如說這個工作是沒有什麼私心的，為什麼不能讓別人知道？但假如是要達到某種目的，那我們就覺得大眾媒體、傳播界不要把這個重點放在有其他作用的公益活動上。

主持人：許多與社會福利相關的團體，民間團體可能比較屬於弱勢的團體。您覺得這些真地懷有社會理想的團體，應該以什麼樣的方式把自己從弱勢團體的局面改觀，使他們的目標功能更加發揮、受到別人的重視？

張委員：我覺得這個要靠新聞界多來把這些弱勢團體的訴
　　　　求讓大家了解。這個可以從節目上，當然這些團體
　　　　也許可以做廣告。從節目、從新聞的報導上讓這些
　　　　弱勢團體的訴求能夠讓大家知道、讓大家能夠了解
　　　　這些社團的需求，同時了解他們要幫助的對象的需
　　　　求。這個是要靠大眾傳播界、媒體的充分發揮功能
　　　　就可以達到這個目的。

> 原播出於臺灣電視公司製作之節目——
> 跨世紀的驕傲，民81年8月22日。

刮目相看

主題：國建成果
製作人：李蕙　播出臺別：臺視　日期：1994年8月21日
主持人：張月麗

第一節

主持人：一般民眾對於國建的認識不是那麼明確，其認知的
　　　　程度和我們建設的實質上有一些差距，關於這種現
　　　　象，請問您有什麼看法？

張教授：現在大部分的民眾，可能實在是因為事情很忙，
　　　　所以對關心國事的事情沒有那麼積極。覺得像這麼
　　　　一個整合性的國建計畫，可以說是相當多元性的計
　　　　畫，因為以前的國建大部分要就是經建，要就是文
　　　　建，而這是一個綜合性的計畫的話，在付諸執行的
　　　　時候，必須要有全民的參與。也就是全民的支持，
　　　　讓他們對這方面多一些認知，我們才能夠促使這個
　　　　早日能夠實施出來。在規劃的當中，我知道政府作
　　　　了很多溝通的工作，可以說是一種金字塔的工作，
　　　　就是倒金字塔的工作，是從基層的公務同仁都有參
　　　　與，但是民眾的參與的確太少，所以我們宣導方面
　　　　可以由電視、媒體、刊物、座談會，甚至小冊子，
　　　　還有一些學會，一些民間的組織方面，我們可以加
　　　　強宣導，我相信效果一定比較好。

第二節

主持人：您覺得在培育國內的人才、做人力的資源上面，您

個人有什麼樣的看法？

張教授：在六年計畫裡面，也有對人才的規劃上面有所說
　　　　明，但只是一些很多的數字，有的計畫上面也有關
　　　　於「要怎麼舉辦講習班」、「對於某一些專業人才
　　　　的培育」，不過我是覺得六年國建計畫裡面有一些
　　　　重點的的計畫，例如博物館的設立。但是我們沒有
　　　　在這方面的人才，沒有一個科系是專門培養這方面
　　　　的人才，所以我們應呼籲教育當局來重視這一方面
　　　　人才的培育。另外一方面就是我們國家都是考用合
　　　　一，是考試院考，為國掄才，用考進來的人來為各
　　　　個機關服務，所以我們覺得恐怕要用各種不同的考
　　　　試來配合國建的需要、來選拔優秀的人才、來盡力
　　　　為國建而努力。

第三節

主持人：倫理道德的觀念應該是從小，而且從每個人心目中
　　　　所發揮出來的，對於這方面，請問張教授有什麼樣
　　　　的看法？

張教授：我覺得群倫這個運動是最近才興起的，也就是說實
　　　　際上就是我們以前只有五倫，再發展這個群倫，希
　　　　望為大眾做，就是大家關心大眾的公益。所以我覺
　　　　得在這個六年國建當中，在進行的時候，一定有很
　　　　多不方便的地方，給民眾很多不方便的地方，我們
　　　　大家都應該想一想，看我們這一個建設成功以後，
　　　　對整個的現代化有很密切的關係，也提升了生活的
　　　　品質，所以我們應該是為大家想一想，自己的一點
　　　　不方便，我們暫時能夠忍耐，也能夠儘量地提升這

個群倫的精神。

　　　　　原播出於臺灣電視公司製作之節目——
　　　　　刮目相看，民83年8月21日。

妙語如珠

主題：婦女權利的前進與反挫

製作人：李蕙　播出臺別：臺視　日期：1995年3月14日

主持人：單小琳

第一節

主持人：就民法親屬篇中不平均的東西（父權優先…等），
　　　　不曉得我們站在婦女立場，對於親屬篇有什麼樣的
　　　　期望？請問張委員覺得應該用什麼方向去期許它？

張委員：我們非常高興社會上對於這個事情的關注，尤其是
　　　　民法親屬篇的1089條這方面，對於青年人（子女）
　　　　義務、權利、監護方面的問題。以前有人講過，
　　　　是要以尊長的會議、家屬的會議來決定，而實際上
　　　　現在已經沒有大家庭的存在，以小家庭來產生這樣
　　　　的會議非常困難，所以我們還是覺得由法院來處
　　　　理比較恰當，因為我們現在有兒童福利法，這個
　　　　福利法很重要的重點，就是要重視兒童心、身的發
　　　　展，不是說父母親哪一方面有經濟能力就能夠撫養
　　　　小孩，而是什麼樣的條件下是最好的來使青年人成
　　　　長，而能夠得到監護權。所以法院做一個公平的先
　　　　來協調，假如協調不成功、相互不能達到一個共識
　　　　的話，最後還是由法院來收集各種資料，然後再判
　　　　決，這樣是比較客觀的。

主持人：所以於於子女監護的問題，我們可以有一個方向。
　　　　另外對於夫妻財產的管理，還有像子女是不須要冠

夫性、夫婦的的居住所等，我覺得很多東西都需要重新思考。

張委員：的確是。現在面臨二十一世紀，有很多社會的情況與40年、50年以前的完全不一樣，因此需要做適當的調適、配合。不過這種基本上問題也非常大，因為和整個社會的結構、制度的產生都有很密切的關係。

第二節

主持人：怎樣讓女性不要有後顧之憂的育嬰或者是生孩子，在制度上面應該怎樣去努力？

張委員：我們對於育嬰的一些設施，如幼稚園、托兒所應該加強提供，尤其還有老人院也須加強提供，因為不光是育嬰，我們現在的婦女也有伺候老人家，家有老人家的情況，我們需要照料他們。因此政府在這方面應該加強一些措施，如多設一些好的托兒所和育嬰的單位。像國外有很多大的企業有好的育嬰設備，不單是讓母親、父親也是一樣，沒有後顧之憂，讓他們對於家裡面的老弱沒有掛心的地方，他們才能全部的投入工作。

主持人：養育子女其實是個很重要的事情，如果暫時離開工作崗位，有沒有讓她再重新出發的機會？現在好像沒有什麼法令的保障、訓練讓她再就職？

張委員：應該是有第二階段的就職情況，就是做了母親之後，有一段時候因為義務責任必須要離開工作崗位的話，這個婦女自己應該也要一直不斷的求知，同這個社會能夠同樣成長，然後在技能上要盡量吸收

新的技能，使她能夠到一個階段的時候還可以繼續
為社會服務、為國家盡一些力量，所以培訓的工作
是相當重要的。這也就是說我們國家現在在公務員
方面成立一些培訓委員會主要的目的，就是增加培
訓、給予各種不同等級的訓練。

第三節

主持人：您認為二十一世紀的新女性應該要有什麼樣的特
　　　　質？

張委員：最重要的就是隨時提醒自己不要以弱者自居，既然
　　　　要要求平等，我們就要同工同酬、真實的平等，不
　　　　要特別的待遇。第二點就是我們必須要隨時充實自
　　　　己、讓我們自己的知能能夠迎合時代前進的步驟，
　　　　因為以我個人來講，以前在教書的時候，我到了每
　　　　一個暑假總要出去進修一下 ― 六個星期、三個星
　　　　期也可獲益良多。這兩方面是婦女必須有的認知。

原播出於臺灣電視公司製作之節目―
妙語如珠，民84年3月14日。

索 引 編 例

1　本索引收錄有助於檢索正文之語詞，包括人名、機關團體名稱、會議名稱、文獻（含書、刊）及其編著者，以及其他專有名詞、術語等。

2　索引款目的形式，有單級款目和多級款目（包括二級款目和三級款目）之分。多級款目之副款目以不同字體編印，並依級別依次縮進一個字或兩個字排列。

3　索引款目著錄時儘量以「照錄」為原則，唯副題名、中英文題名等款目著錄時調整如下：

　　3.1　副題名其前一律以冒號（：）標識之；

　　3.2　中文題名款目一律以書名號《　》標識之；

　　3.3　英文題名款目一律以斜體字標識之；

　　3.4　特殊用語一律以單引號（「　」）標識之；

　　3.5　部分款目詞後以圓括號加註「說明語」或「限定語」，以說明或限定詞義。

4　凡文章內容以第一人稱「我」或「本人」行文者，款目著錄時依文義一律以「張鼎鍾」本名著錄之。至於其他人物款目之著錄，例如「張維翰」、「張仲孝餘」等亦仿此，即不論其原文稱呼為何，均以本名著錄之。人名如有字號者，則為其字號編製「見」款目，以指引至本名款目。

5　索引款目依電腦字集內中文筆畫順序排列，凡數字起始之索引款目及英文款目，則依數字及拉丁字母順序排列於中文款目之前。

6　中、英文索引款目間若存有參照關係，則於各索引款目後加註「見」或「參見」字樣，以指引至正確之索引款目位置。

7　索引款目中之首字為冠詞者，依慣例不列入排序字，該款目則依第二個字序排入正確之位置。

國家圖書館出版品預行編目

鼎鍾文集 / 張鼎鍾著. -- 一版. -- 臺北市
秀威資訊科技, 2004 [民 93]
　　面: 公分. -- (語言文學 ; AG0068)
含索引
ISBN 978-986-7614-23-0

1. 圖書資訊學 - 論文, 講詞等 2. 人事制度
- 論文, 講詞等
020.7　　　　　　　　　　　　93008628

 語言文學類　AG0068

鼎鍾文集

作　　者 / 張鼎鍾
發 行 人 / 宋政坤
執行編輯 / 林世玲
圖文排版 / 張慧雯
封面設計 / 莊芯媚
數位轉譯 / 徐真玉　沈裕閔
圖書銷售 / 林怡君
法律顧問 / 毛國樑　律師
出版印製 / 秀威資訊科技股份有限公司
　　　　　　台北市內湖區瑞光路 583 巷 25 號 1 樓
　　　　　　電話：02-2657-9211　　　傳真：02-2657-9106
　　　　　　E-mail：service@showwe.com.tw
經 銷 商 / 紅螞蟻圖書有限公司
　　　　　　台北市內湖區舊宗路二段 121 巷 28、32 號 4 樓
　　　　　　電話：02-2795-3656　　　傳真：02-2795-4100
　　　　　　http://www.e-redant.com

2004 年 6 月 BOD 一版
定價：500 元

讀 者 回 函 卡

感謝您購買本書，為提升服務品質，煩請填寫以下問卷，收到您的寶貴意見後，我們會仔細收藏記錄並回贈紀念品，謝謝！

1.您購買的書名：＿＿＿＿＿＿＿＿＿＿＿＿＿＿＿＿＿＿

2.您從何得知本書的消息？

　　□網路書店　□部落格　□資料庫搜尋　□書訊　□電子報　□書店

　　□平面媒體　□ 朋友推薦　□網站推薦　□其他＿＿＿＿＿＿

3.您對本書的評價：(請填代號　1.非常滿意 2.滿意 3.尚可 4.再改進)

　　封面設計＿＿＿　版面編排＿＿＿　內容＿＿＿　文/譯筆＿＿＿　價格＿＿＿

4.讀完書後您覺得：

　　□很有收獲　□有收獲　□收獲不多　□沒收獲

5.您會推薦本書給朋友嗎？

　　□會　□不會，為什麼？＿＿＿＿＿＿＿＿＿＿＿＿＿＿＿＿

6.其他寶貴的意見：＿＿＿＿＿＿＿＿＿＿＿＿＿＿＿＿＿＿

＿＿＿＿＿＿＿＿＿＿＿＿＿＿＿＿＿＿＿＿＿＿＿＿＿＿＿＿

＿＿＿＿＿＿＿＿＿＿＿＿＿＿＿＿＿＿＿＿＿＿＿＿＿＿＿＿

＿＿＿＿＿＿＿＿＿＿＿＿＿＿＿＿＿＿＿＿＿＿＿＿＿＿＿＿

讀者基本資料

姓名：＿＿＿＿＿＿＿＿＿＿　年齡：＿＿＿＿　性別：□女 □男

聯絡電話：＿＿＿＿＿＿＿＿　E-mail：＿＿＿＿＿＿＿＿＿＿

地址：＿＿＿＿＿＿＿＿＿＿＿＿＿＿＿＿＿＿＿＿＿＿＿＿

學歷：□高中(含)以下　　□高中　□專科學校　□大學

　　　□研究所(含)以上 □其他＿＿＿＿＿＿＿＿

職業：□製造業 □金融業 □資訊業 □軍警 □傳播業 □自由業

　　　□服務業 □公務員 □教職　□學生 □其他＿＿＿＿＿

(請沿線對摺寄回,謝謝!)

秀威與 BOD

BOD（Books On Demand）是數位出版的大趨勢，秀威資訊率先運用 POD 數位印刷設備來生產書籍，並提供作者全程數位出版服務，致使書籍產銷零庫存，知識傳承不絕版，目前已開闢以下書系：

一、BOD 學術著作—專業論述的閱讀延伸
二、BOD 個人著作—分享生命的心路歷程
三、BOD 旅遊著作—個人深度旅遊文學創作
四、BOD 大陸學者—大陸專業學者學術出版
五、POD 獨家經銷—數位產製的代發行書籍

BOD 秀威網路書店：www.showwe.com.tw
政府出版品網路書店：www.govbooks.com.tw

永不絕版的故事・自己寫・永不休止的音符・自己唱